消失的文明

腓尼基文明

［美］瓦季姆·S.基高洛夫 著
燕子 译

中国科学技术出版社
·北京·

图书在版编目（CIP）数据

消失的文明. 腓尼基文明 /（美）瓦季姆・S. 基高洛夫著；燕子译 . -- 北京：中国科学技术出版社，2025.
2. -- ISBN 978-7-5236-1217-0

Ⅰ . K109；K124-49

中国国家版本馆 CIP 数据核字第 20246YC169 号

著作权合同登记号：01-2024-5961

The Phoenicians: Lost Civilizations by Vadim S. Jigoulov was first published by Reaktion Books in the Lost Civilizations series, London, UK, 2021.
Copyright © Vadim S. Jigoulov 2021.
Rights arranged through CA-Link International LLC

本书已由 REAKTION BOOKS LTD 授权中国科学技术出版社有限公司独家出版，未经出版者许可不得以任何方式抄袭、复制或节录任何部分。
版权所有，侵权必究

审图号：GS（2025）0169 号

策划编辑	王轶杰
责任编辑	徐世新　王轶杰
封面设计	周伶俐
正文设计	中文天地
责任校对	吕传新
责任印制	李晓霖

出　　版	中国科学技术出版社
发　　行	中国科学技术出版社有限公司
地　　址	北京市海淀区中关村南大街 16 号
邮　　编	100081
发行电话	010-62173865
传　　真	010-62173081
网　　址	http://www.cspbooks.com.cn

开　　本	710mm×1000mm　1/16
字　　数	204 千字
印　　张	21.25
版　　次	2025 年 2 月第 1 版
印　　次	2025 年 2 月第 1 次印刷
印　　刷	北京博海升彩色印刷有限公司
书　　号	ISBN 978-7-5236-1217-0 / K・465
定　　价	118.00 元

（凡购买本社图书，如有缺页、倒页、脱页者，本社销售中心负责调换）

年表

约 70 万年以前	» 最早的人工制品在西顿（Sidon）附近的基纳里特堡（Borj Qinnarit）被发现
约公元前 3500 年	» 西顿建城
约公元前 3300 年	» 比布鲁斯（Byblos）建城
约公元前 3000 年	» 比布鲁斯和埃及开始接触
公元前 2750 年（传说的日期）	» 提尔（Tyre）建城
约公元前 2600～前 2300 年	» 最早的文字在比布鲁斯出现
约公元前 2181～前 2040 年	» 古埃及王国"第一中间期"（First Intermediate Period）
公元前 1437 年	» 埃及的图特摩斯三世（Thutmose Ⅲ）对黎凡特（Levant）地区发动突然袭击，古埃及在古近东（Ancient Near East）确立其霸权地位
公元前 14 世纪	» 《阿玛纳文书》（Amarna Letters），是一部有关古埃及法老和古近东各统治者之间的外交信件合集
公元前 14 世纪	» 在塞浦路斯建立基蒂翁（Kition）
公元前 13 世纪	» 原始的迦南语（Proto-Canaanite）手写文字出现
约公元前 1200 年	» 公元前 12 世纪初，乌加里特（Ugarit）遭到海上民族的破坏；腓尼基城邦出现，提尔和西顿取代比布鲁斯成为最为杰出的城邦
公元前 1114～前 1076 年	» 亚述（Assyria）的提格拉特-帕拉沙尔一世（Tiglath-Pileser Ⅰ）统治时期，腓尼基（Phoenicia）被打败，成为亚述帝国的一部分
公元前 11 世纪	» 一个具有 22 个字母的腓尼基辅音字母系统出现
约公元前 1000～前 900 年	» 提尔人开始到地中海西部地区进行贸易扩张
公元前 814 年（传说的日期）	» 迦太基（Carthage）建城
公元前 744～前 727 年	» 亚述的提格拉特-帕拉沙尔三世（Tiglath-Pileser Ⅲ）的统治时期

公元前 7 世纪 20 年代	》	腓尼基人（Phoenicians）在西西里岛开始建立定居点
约公元前 8 世纪中叶	》	荷马（Homer）创作《伊利亚特》（Iliad）和《奥德赛》（Odyssey）
公元前 662 年	》	提尔对亚述巴尼拔（Ashurbanipal）造反
公元前 612 年	》	亚述的首都尼尼微（Nineveh）陷落
公元前 605 年	》	在卡赫美士战役（Battle of Carchemish）中，巴比伦（Babylon）的国王尼布甲尼撒二世（Nebuchadnezzar Ⅱ）战胜亚述和埃及的联军
公元前 585 年	》	尼布甲尼撒开始围攻提尔
公元前 546 年	》	波斯居鲁士二世（Cyrus Ⅱ）击败吕底亚（Lydia）的克里萨斯（Croesus）国王
公元前 539 年	》	波斯居鲁士二世攻陷巴比伦
公元前 525 年	》	波斯冈比西斯（Cambyses）征服埃及
公元前 513 年	》	大流士一世（Darius Ⅰ）入侵小亚细亚（Asia Minor）
公元前 492 年	》	大流士一世（Darius Ⅰ）入侵希腊
公元前 480 年	》	在萨拉米斯海战（Battle of Salamis）中，薛西斯一世（Xerxes Ⅰ）被希腊人击败
约公元前 450 年	》	腓尼基引入硬币
约公元前 449 年	》	传说的希腊人和波斯人签署和平条约
公元前 405 年	》	在埃及发生反对波斯的叛乱
约公元前 359～前 355 年	》	西顿国王阿卜达什塔特一世（Abdashtart Ⅰ）对波斯帝国阿契美尼德（Achaemenids）王朝造反
公元前 351～前 347 年	》	西顿国王坦尼斯（Tennes）对波斯帝国阿契美尼德王朝造反
公元前 333 年	》	亚历山大大帝（Alexander the Great）征服艾尔瓦德（Arwad）、比布鲁斯和西顿
公元前 332 年	》	亚历山大大帝征服提尔
公元前 331 年	》	亚历山大大帝在高加米拉（Gaugamela）战胜最后一位波斯帝国阿契美尼德（Achaemenid）王朝国王大流士三世（Darius Ⅲ）
公元前 146 年	》	罗马在第 3 次布匿战争（Punic War）最终摧毁迦太基的统治，迦太基覆灭
公元前 64 年	》	希腊塞琉西（Seleucid）王朝统治崩溃。在近东，罗马帝国时代来临

序言

本书探索的主题是极具神话色彩的腓尼基人（Phoenicians）的历史及其艺术遗产，并且探索腓尼基人在地中海地区的海上活动和殖民活动。与其他关于对腓尼基历史的研究相比，本书在两个方面将有显著的不同：一是本书采用聚焦原始文献的研究方法；二是对于"腓尼基人"究竟是什么人这一问题，本书特别关注古今各种偏见所导致的各种各样的、传播很广的误解。

我们将分析各种各样的原始资料（铭文、钱币及其他考古遗物），并且讨论历史学家是怎样利用幸存下来的很少的文学遗产得到一个种族的信息。我们也将研讨"腓尼基人"这个词是怎样由外人附加给他们的一个称谓，并坚持认为，"腓尼基人"并没有把自己看作一个单一的种族或文化实体。相反，我们认为他们只是保持他们独特的作为单独城邦［西顿（Sidon）①、提尔（Tyre）②和比布鲁斯

---

① 西顿，黎巴嫩西南部港口城市，亦称作赛达（Saida, Sayda）。——译者
② 黎巴嫩西南部港口城市。曾为古代腓尼基国海港提尔，亦译蒂尔。腓尼基语为Ṣur，译为苏尔，拉丁语为Tyrus，因此很多文献译为推罗，亦译为泰鲁斯。——译者

（Byblos）①] 居民的身份，而这些城邦的地理位置恰巧彼此极为接近。

腓尼基人在《希伯来圣经》(Hebrew Bible) 中经常被提到，因此，我们也将探索古犹太人对腓尼基和腓尼基人的看法。最后，我们把地中海看作是一个在政治和经济领域进行竞争的场所，在地中海区域内，我们探索腓尼基人的殖民活动，腓尼基人与古希腊人以及其他人的相互影响和竞争。

本书旨在聚焦于值得更深入探究的腓尼基和腓尼基人的各个方面，包括在原始资料（古典、近东和圣经）中关键性的看法、腓尼基人世界和迦太基人世界之间的关系，以及在现代状态下如何看待腓尼基文化遗产中袭用其他文化的问题。

在资料及翻译方面，有一些话要在这里说明。在查考原始资料的过程中，优先选用的是英语资料，但也采用了其他语言的一些原始资料。最通常使用的是音译或直译，并在翻译过程中，更倾向于对词语使用简化的变异拼法，使读者查人名和地名更容易。

如果我们不把腓尼基人当作一个单一的种族，也不把腓尼基当作一个单一的政体，那么可能会有争论

---

① 比布鲁斯，亦译比布罗斯、俾布罗斯、拜布洛斯，古代腓尼基港口，现今黎巴嫩朱拜勒（亦译"半拜勒"，Al Jubail）的古称。——译者

出现。虽然为了方便和简单起见,"腓尼基人"和"腓尼基"这两个词语在本书中被通篇使用,但是当实际涉及腓尼基人和腓尼基时,我们并不是意味着有这样的统一的民族。

(本书中插附地图系原文插附地图)

效劳国王：腓尼基人在《圣经》里的角色 071
《希伯来圣经》 072
在古犹太人文本中的腓尼基城邦 081
历史的文本 082
申命记历史和考古学 090
《以斯拉记》《尼希米记》和《历代志》 092
在犹太人历史文本里的腓尼基 095
犹太各先知文本中的提尔和西顿 097

非凡之音：腓尼基的文字 105
字母系统和语言的发展 109
腓尼基的铭文 113
腓尼基故土之外的铭文 123

货币往事：腓尼基的硬币 129
硬币的历史 130
在腓尼基采用的硬币 135

众神之城：腓尼基的宗教 155
阿斯塔蒂 157
巴力 159

目录

依稀的记忆：腓尼基的历史与考古	001
腓尼基的地理和气候	003
最早时期的腓尼基	004
青铜器时代早期的腓尼基	006
青铜器时代中期的腓尼基	008
青铜器时代晚期的腓尼基	011
腓尼基城邦的起源	016
铁器时代的腓尼基	019
铁器时代的腓尼基经济	026
波斯帝国阿契美尼德王朝时期的腓尼基	028
在波斯帝国阿契美尼德王朝统治下的腓尼基经济	033
波斯时期腓尼基城邦的政体组织形式	037
波斯时期腓尼基的考古遗迹	039
古希腊时代以及在此之后的腓尼基	040
	043
迷失他乡：腓尼基人在古希腊和古罗马文献中的印迹	051
古希腊的文献	054
其他古希腊的原始文献	062
背信弃义	065

塞浦路斯	238
爱琴海地区	243
西西里岛	248
亚平宁半岛	251
撒丁岛	254
马耳他和戈佐岛	256
伊维萨岛	258
伊比利亚半岛	261
葡萄牙	264
非洲北部	266
腓尼基在地中海地区的贸易	270
尾声	275
引用文献	280
参考文献	310
致谢	318
图片致谢	319
索引	320

巴拉特·古巴尔或比布鲁斯的女主人	165
埃什蒙	165
麦勒卡特	166
坦尼特	169
海神	171
祭祀活动与对神的崇拜	174
殡葬的人工制品、习俗和信仰	185
工艺大师：腓尼基的艺术与贸易	189
陶器和制陶术	192
玻璃	198
象牙	201
金属制品	204
印章	209
赤土陶器	210
石雕工艺品	215
珠宝	220
纺织品和染色工艺	222
其他小件的手工艺品	226
航海贸易：腓尼基向地中海西部的殖民扩张	229
腓尼基的造船和航海	230

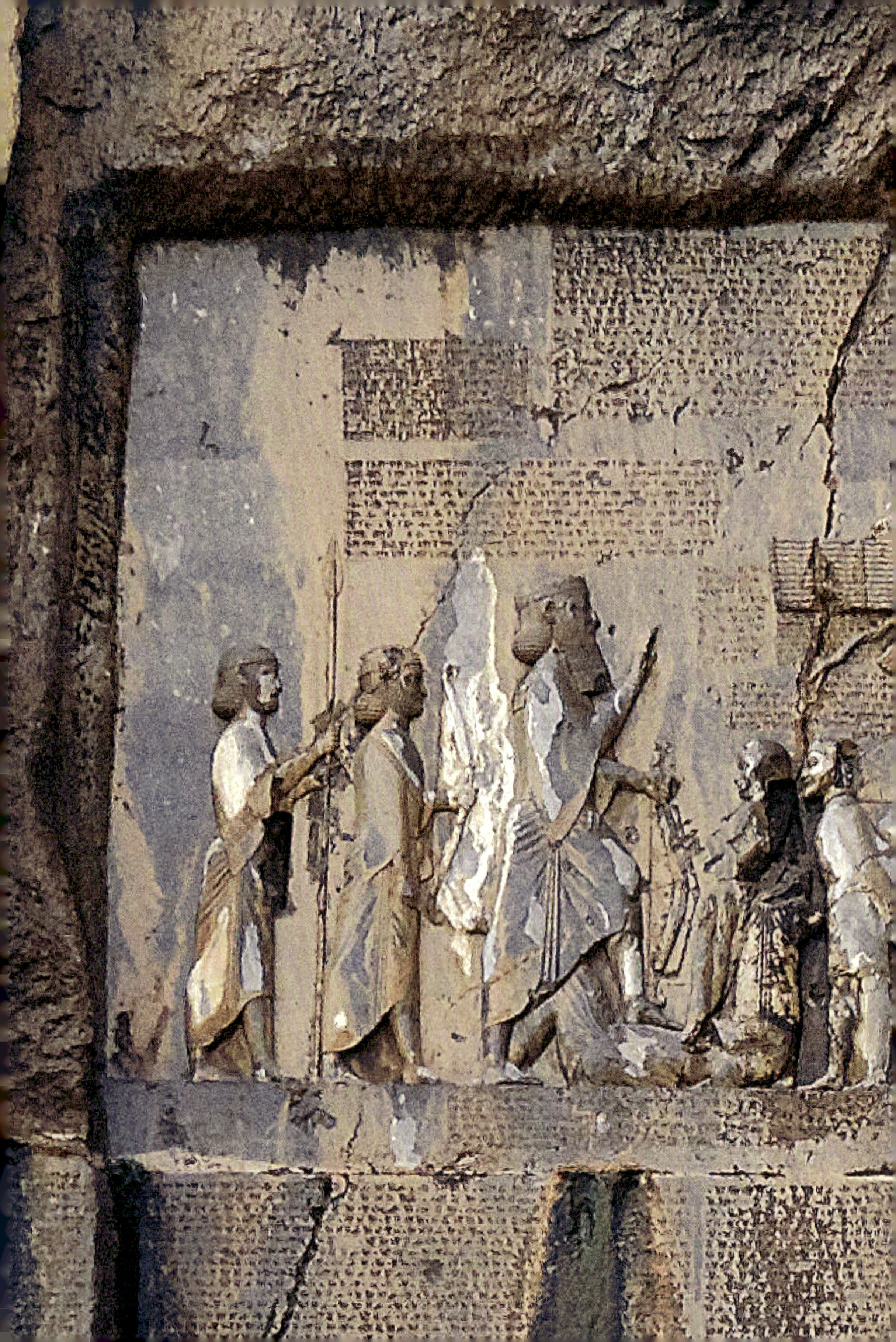

依稀的记忆：
腓尼基的
历史与考古

腓尼基人是人类中具有聪明才智的一个分支，在处理战争与和平的关系上，尤其出类拔萃，因此，腓尼基闻名于世。他们还发明了字母系统、创造了文字和其他艺术。他们懂得怎样利用舰船成功横跨海洋，怎样利用海军进行作战，怎样统治其他民族。他们形成了争取霸权的能力，并发展了作战的技巧。

上面的这段文字，是公元 1 世纪古罗马地理学家蓬波纽斯·梅拉（Pomponius Mela）在他的《世界概论》(*De situ orbis*) 中写下的。[1] 就像很多古代的其他人一样，他非常赞赏腓尼基人对人类文明的贡献。在本章中，我们将把腓尼基置于古近东地区的背景之下，研究腓尼基的历史，介绍腓尼基人的故土，介绍他们在更广泛的地中海地区发生的主要事件，以及与其相关的主题和详细的内容。我们关注的焦点是从公元前 1200 年到波斯时期结束（公元前 332 年），因为这段时期是学术界一致认为的腓尼基人在国际舞台上最为显赫的时光。当然，我们也会简要地涉猎古希腊和古罗马时期。我们还将论述物质文化（主要是陶器、墓葬和建筑遗迹），目的是探究并且获取遗漏的信息或者验证源自文字记载中的内容。我们将主要关注腓尼基人的故土，从而能理解在地中海地区的来自腓尼基的殖民开拓者，他们一旦建立了根基，站稳了脚跟，就会以并不直接继承他们传统遗产的方式，发展和维持他们新的艺术及文化传统。

腓尼基的地理和气候

地理对于研究腓尼基人的社会、文化和政治生活是至关重要的。虽然古希腊和古罗马作者认为的腓尼基是在亚历山大勒塔湾（Gulf of Alexandretta）[①]与苏伊士湾（Gulf of Suez）之间的一片地域，但实际上，腓尼基人占据的只是一块相对狭窄的地带（最宽的地方只有10千米），这一地带南北方向是从叙利亚的东部延伸到巴勒斯坦的北部，东西方向介于黎巴嫩山脉（Lebanon Mountains）和地中海之间。这块土地又进一步被河流和山脉自然地分隔开来，其中包括了东部的外黎巴嫩山脉（Anti-Lebanon Mountains）。外黎巴嫩山脉与黎巴嫩山脉平行，成了在腓尼基和叙利亚之间的天然边界。借助于山脉的保护，居住在腓尼基的人们可以免受来自东方的入侵，因而有一个较为安逸、安全的生存环境，并且在这种环境下，建立和发展了一种城市型的定居体系。由于靠近海岸，腓尼基人有了航海的机会。在最开始的阶段，这种地理位置为两个最大的城市艾尔瓦德（Arwad）[②]和提尔（Tyre）提供了向西航海的便利条件。贝卡谷地（Beqaa Valley）提

[①] 位于土耳其南部，伊斯肯德伦（İskenderun）湾的旧称。——译者
[②] 在叙利亚塔尔图斯镇岸外的地中海东部，公元前2000年初由腓尼基人拓居，成为进入阿西河谷、幼发拉底河腹地及埃及的贸易基地。——译者

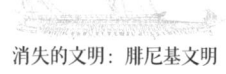

供了发展农业的机会。贝卡谷地距贝鲁特以东 30 千米，海拔从海平面上升到大约 1 千米，这个谷地位于黎巴嫩山脉和外黎巴嫩山脉之间。[2] 奥龙特斯河（Orontes）① 和利塔尼河（Litani）流经谷地，谷地的农作物可以得到很好的灌溉。

根据研究古环境的证据表明，腓尼基那时的气候差不多与黎巴嫩现代的气候相似，[3] 大体上是一种具有亚热带特征的地中海型气候。在冬季，来自地中海的风暴向东移动，暴风雨带来丰富的降水量（750～1000 毫米）以及温和的气温（低温为 10 摄氏度左右）。但是在夏季，则通常是炎热干旱，气温在 30 摄氏度以上。[4] 气温和降雨量的变化还取决于所在的位置，位于海拔较高的地方，会有更多的降雨（在冬季为更多的降雪）。这样的气候，能够让很多种类的树得以生长，包括雪松。在古代，雪松是造船和建筑业的一种珍贵的资源。雪松是黎巴嫩的象征，它甚至被印在黎巴嫩货币的显著位置上。

最早时期的腓尼基

我们现在所认为的腓尼基，是一个从人类出现以来，一直被人类连续不断栖息居住的地方。在西顿附近的基纳里特堡（Borj Qinnarit）发现的在大约 70 万年以前被打磨锋利的坚硬的燧石碎片，是最早的人工制品。在

---

① 亦译奥伦特河，在现代地图上一般标注为阿西河。——译者

黎巴嫩的许多石器时代的遗址都发现了人类曾经栖息居住的痕迹。[5] 乔塞特·艾拉伊（Josette Elayi）指出：最早时期的栖息居住形式主要有3种，它们是洞穴、岩石附近的隐蔽处和露天定居点。[6] 我们很少有最早期社会的具体信息，但是可以猜测，他们主要靠采集、狩猎为生。不过，在红铜时代（Chalcolithic period）①，情况开始有所改变。在沿着黎巴嫩海岸的比布鲁斯、西顿－达喀尔曼（Sidon-Dakerman，在西顿附近）、海勒代二号（Khalde II）和米内特埃德－达利（Minet ed-Dalieh）考古遗址的考古发现，以及在内陆的蒙戈兹（Mengez）和盖拉村（Kfar Gerra）等遗址的考古发现，都最好地说明了在最早时期的情况。[7]1924～1975年，法国考古学家莫里斯·迪南（Maurice Dunand）在比布鲁斯考古遗址进行了彻底的发掘，而比布鲁斯是在黎巴嫩的人类早期连续栖息居住最久的地方。我们对人类在黎巴嫩海岸最早时期栖息居住的了解，主要是基于他在比布鲁斯取得的工作成果。在比布鲁斯和其他红铜时代考古遗址发现中，突出特征是出现了坛罐葬（除普通葬和洞穴葬以外），并且还有大量的各种随葬品。另一个突出的特征是，居住场所的构成有了私有房屋、筒仓和铺成的道路。私有房屋主要是具有石头围墙

---

① 亦称铜石并用时代、铜器时代，是介于新石器与青铜时代的过渡时期。红铜即自然铜，也称"赤铜""紫铜"，因质软而不适于制造工具，故当时石器仍占绝对优势。——译者

结构的单人房，面积达到 54 平方米，到了红铜时代末期，逐步形成了圆形或者方形的居住场所。[8]

由于墓地与居住场所离得非常近，考古学家因此得出结论：在红铜时代，黎巴嫩的社会通常是固定的，没有明确的社会等级制度，这是因为发掘出的随葬品既包括了权力的象征（兵器），也包括了日用品。[9] 随葬品对于考古学家来说是不可或缺的，可以从最平凡的物品中得出有价值的结论。对于红铜时代的腓尼基来说，那些用骨头做成的人工制品、陶器、装饰品和金属物品，都提供了关于人类栖息居住的线索，生存方式包括畜牧、农业、捕鱼、打猎和手工艺等形式。这些墓穴中的物品也揭示了，在红铜时代的陶器相当简单，制作时并没有使用陶工旋盘，这间接地表明了，陶罐要在尽可能短的时间内被制作出来，以供日常使用。逐渐地从骨制品到金属制品过渡，是红铜时代所有社会群落具有的特征。在腓尼基发掘的随葬品中，有用于兵器的铜制箭头以及银制的装饰品，这便很好地说明了这一过渡时期的特点。总体说来，在红铜时代，人类实现技术进步，为后续时代的社会发展铺平了道路。

青铜器时代早期的腓尼基

青铜器时代早期（Early Bronze Age，约公元前 3500～前 2000 年），对于腓尼基的研究来说，在很大程度上是一个秘密。有 140 个已知的遗址仍然没有被挖掘，并且已经被挖掘的那些遗址也还没有被完全辨别和描述。[10] 比布鲁斯和西顿－达喀尔曼的遗址仍是能够提供大多数信息的遗址。罐葬被再次验证存在，但是看起来好像出现了社会阶层划分的迹象，这是因为一些随葬品包括了金银珠宝，而其他的一些随葬品则是更为朴素的物品。[11] 在这一时期的陶器仍然是用手工成型，但是在比布鲁斯，我们现在遇到了被装饰的罐子，有着红色的和褐色的条纹（由一种水、黏土和颜料构成的混合物绘制）。加盖印章的标志，用于标明物品的所有权，出现在一些随葬陶罐的把手和肩状突起部上。[12] 工具主要是由燧石做成的，但也存在铜制和银制工具。

从建筑学的观点来看，居住的场所主要包括了几个房间，并且建筑本身使用了石灰石或泥砖进行建造，并沿着狭窄的街道排列。[13] 在离定居点有一段距离的地方，墓地变成了用岩石切块造的坟墓。

这样的坟墓具有多种用途，也许属于某个单一的家族或王朝。随着时间的推移，在青铜器时代早期，陶器的生产取得了显著的进步，这可以通过采用了陶工旋盘和专门的烧窑得以证明。这些创新反过来在整个地区启动了陶器类型标准化的进程。[14] 居住区的人口变得稠密，打猎已经不太重要了，捕鱼和畜牧取代打猎，成了获取食品的主要方式。

在青铜器时代早期，古埃及在黎巴嫩成为有实力的主要竞争者。从公元前3千纪开始，比布鲁斯就成为令古埃及人感兴趣的主要对象，提尔和西顿与古埃及进行贸易活动。虽然像葡萄酒和橄榄油这样的农产品也是珍贵的进口产品，对古埃及更有吸引力的主要是比布鲁斯港口腹地地区的木材，还有用于形成木乃伊干尸的天然松香树脂。[15]不过，这并不是一个单向的商品流通，比布鲁斯从古埃及进口金属和黑曜岩等材料，暗示着比布鲁斯这座城市处于一个大范围的贸易网络中。

青铜器时代早期的最后阶段，在比布鲁斯出现了不安定的迹象，考古挖掘显示在将近公元前3千纪末发生一场大灾害的痕迹（古埃及的用石头做的花瓶，古埃及法老送给比布鲁斯王室的礼物，被厚厚的一层火山灰覆盖）。[16]但传统上，历史学家曾解释是由于亚摩利人（Amorites）①的突然袭击引起了这场动乱，亚摩利人是那些来源于叙利亚的半游牧部落。不过，最近的研究不赞同这一观点，因为在比布鲁斯受到破坏的情形，在其他的一些遗址并不存在。在最近提出的其他各种解释当中，有一种解释是气候变化以及在地区间进行对渐渐减少的自然资源的争夺，两者的叠加所造成的结果。[17]不过，在比布鲁斯的动乱并没有导致它的消亡，因为这座城市被重建并得以继续存在和繁荣。

青铜器时代中期的腓尼基

大多数在青铜器时代早期开始发生的变化持续到了青

---

① 公元前2000年左右的古闪族人。——译者

铜器时代中期（Middle Bronze Age，公元前2000～前1550年）。大体上来说，这是一段和平的时期，见证了在很多腓尼基人的原遗址在技术和贸易方面的发展，例如阿尔盖（Arqa）①、比布鲁斯和西顿。¹⁸比布鲁斯从前期的破坏中恢复过来，并且建立起与古埃及的联系，这种联系曾在古埃及王国的第一中间期（First Intermediate Period，约公元前2181～前2040年）中被中断了一段时间。¹⁹在青铜器时代中期人口由显著增加变为急剧增加，这促使了新的城市中心在靠近水源的地方涌现出新，特别是在靠近水源的阿卡尔平原（Akkar Plain）和贝卡谷地。为了争夺自然资源，新形成的小社会形态控制了更小的定居点，后者贡献出农产品，用来换取前者的保护。沿海的城市为了便于船只的抛锚停泊，通常位于天然海湾的附近，城市彼此距离在15～20千米，这就表明它们之间的影响范围。

在这一时期，修建堡垒防御工事得到了很大的重视，在比布鲁斯、卡米德-洛斯（Kamid el-Loz）、阿尔盖和贝鲁特的土垒城墙暗示了威胁的存在和修建的方法。人居建筑的特点是房屋相对比较大，内部有烤炉和玄武岩制作的磨盘，间接地表明了繁荣程度又上了一个新的台阶。被发现的宗教建筑主要是在比布鲁斯，而黎巴嫩有大量青铜

---

① 黎巴嫩北部阿卡尔地区米尼阿拉附近的一个村庄，位于的黎波里东北22千米处，靠近海岸。它可以追溯到新石器时代的考古遗址Tell Arqa，在十字军东征期间，这里曾有一座具有重要战略意义的城堡。——译者

009

器时代中期的神庙，这些圣殿中最著名的是方尖碑神庙（Temple of the Obelisks），这是一所保护得很好的圣所，建在一个平台上，四周环绕着一个院子。方尖碑是这种神庙的主要特征，其中有一个方尖碑上刻有象形文字的铭文，提到了古埃及神哈里谢夫－雷（Herishef-Rẹ），这座神殿也许是供奉这个神的。在青铜器时代，埋葬的习俗逐步形成，包括4种新的埋葬方式：井墓（shaft tomb）、洞穴葬（pit burial）、石棺葬（cist burial）和建造的墓室（built tomb）。[20] 但是对未成年人，埋葬方式通常是埋葬在贮藏罐里，他们的遗体被按照胎儿的姿态安置在罐中。很多随葬品包括了日用陶器，事实上可以间接地表明，在青铜器时代中期，相信死后有灵魂生活的这种信仰的萌芽已经出现。[21] 虽然罐葬使用的罐子通常是一次性使用的，但是有时埋葬场地是被重复使用的。葬礼常有食品的供奉，食品既包括了肉类（羊肉、牛肉、猪肉），也包括了面包和啤酒，在比布鲁斯发掘的情况就是这样的。可以想象，在埋葬之后，还会有葬礼宴会，因为在西顿的埋葬地点有烤炉的残迹。[22] 不过，还不清楚葬礼宴会是否为所有腓尼基城市的共同特点。

陶器的制作在青铜器时代中期变得多样化，并且陶器的装饰保留了从前的装饰物。陶器在出口农产品时能够派上用场，包括盛装橄榄油和葡萄酒。贸易网络活动繁忙，腓尼基进口的货物包括来自塞浦路斯的铜，埃及的鱼、农产品、珍宝、墓葬用品，安纳托利亚①的银以及爱琴海的青铜和青铜合金、陶器。[23] 金属加工术取得了明显的进展，腓尼基人凭借金属加工，按照埃及的、叙利亚的和美索不达米亚（Mesopotamian）的图案和式样，制作出了兵器、家庭用具和装饰品。

青铜器时代晚期的腓尼基

在青铜器时代晚期（公元前1550~前1200年），埃及、米坦尼（Mitanni）②、赫梯（Hittites）③和亚述（Assyria）④的政治野心对腓尼基的各个城市造成相当大的影响。古埃及第十八王朝的第6个法老图特摩斯三世（Thutmose Ⅲ，在位时间：公元前1479~前1425年），下决心要最后征服现在的黎巴嫩南部、黎巴嫩海岸和叙利亚南部。这一雄心壮志曾被他的祖父图特摩斯一世（Thutmose Ⅰ，在位时间：公元前1504~前1492年）成功地完成了一部分。在图特摩斯三世统治的第42年，今巴勒斯坦、黎巴嫩和叙利亚沿海城市的国王组成了一个联盟，对向他们提出领土要求的古埃及发起挑战。在一个重要城市美吉多（Megiddo）的附近，在一次决定性的征战中，图特摩斯三世取得了胜利，在此之后的16次

---

① 小亚细亚的古称。——译者
② 约公元前14、15世纪在美索不达米亚西北部建立的王国。——译者
③ 小亚细亚中部古国。——译者
④ 古代西亚奴隶制国家，在它的强盛时期，领土包括现阿拉伯半岛和亚美尼亚地区。——译者

征战中，他把埃及建成了古近东地区不可战胜的强国，控制了这个地区重要的通商路线。不过，古埃及的强权还是受到挑战。在公元前15世纪的下半叶，刚成立的胡利安①–米坦尼（Hurri–Mitanni）国声称对叙利亚南部拥有主权。两大力量为此一决雌雄，最后达成协议，把叙利亚北部归米坦尼，南部地区归古埃及。另一个挑战者，赫梯帝国及其国王苏皮鲁流马一世（Šuppiluliuma I，在位时间：约公元前1343~前1322年），想通过把米坦尼从叙利亚北部驱逐出去来抑制古埃及的野心。紧张局势得到了缓和，赫梯人和古埃及人设立了各自的势力范围，赫梯人接管叙利亚的重要贸易中心乌加里特（Ugarit）②和卡特那（Qatna）③，而比布鲁斯、大马士革和贝卡谷地仍继续留在古埃及手中，直到古埃及第十九王朝（约公元前1295~前1189年）。

在青铜器时代晚期，阿卡尔平原、贝卡谷地以及向南一直到提尔的地中海东海岸是3个主要的定居地区。对阿尔盖、贝鲁特、卡米德–洛斯、提尔、西顿和比布鲁斯遗址的挖掘表明，大多数定居点都演变成了城市的形态。[24] 这些城市中心与农村地区相互往来，形成了互惠的关系，

---

① 公元前2000~前1000年居住在中东地区的非闪米特人。——译者
② 现称作沙姆拉角，位于叙利亚北部地中海沿岸，是一座古老的国际港口城市。——译者
③ 叙利亚的一座古城，位于大马士革以北的200千米处，即泰勒–米什里夫（Tell-el-Mishrife）现址，是叙利亚西部最大的青铜时代城镇之一。——译者

城市提供管理上的服务以换取农村的农产品。[25]考虑到各帝国的强权行为对这一地区的威胁,大多数定居点被用石城墙和高耸的堡垒严密设防,但这些不能保护城市居民免受势不可挡的军队的进攻,这一点并不令人感到奇怪。在这样的情况下,所有的产业活动都必须在靠近居住区的地方进行,这就是为什么在萨雷普塔(Sarepta)①遗址的发掘中发现,出土的陶窑都位于住宅区的中间。[26]在青铜器时代晚期,建筑物如何排列布置,不是由它们的功能来决定的,而是让它们彼此接近。甚至死者被安置在活人的附近,如被放在楼下或在院子里,就像在卡米德-洛斯和萨雷普塔遗址发掘中所显示的那样。如同在以前的时代一样,各种各样的随葬品与死者埋放在一起,包括了陶器、兵器和珠宝。许多随葬品都是日用物,应该是陪伴死者在死后的灵魂生活的。与相信死后仍有灵魂生活这种信仰紧密相关的,是死者身体最后会复活的观念。这个观念可以解释为什么在青铜器时代晚期的黎巴嫩没有发现火葬,就是因为身体必须是完整无缺的,才能死而复生。

在大多数腓尼基城市,古埃及的影响随处可见,特别是在比布鲁斯、贝鲁特和提尔。在比布鲁斯,考古学家发现图特摩斯三世的名字被铭刻在碑石上。[27]与此类似,在贝鲁特发现了一个雕刻有拉美西斯三世(Ramesses Ⅲ,在

---

① 黎巴嫩海岸的腓尼基古城,位于在西顿和提尔之间。——译者

位时间：公元前1186～前1155年）名字的方解石器皿。[28]提尔与埃及的关系通过发现的《阿玛纳文书》(Amarna Letters)得到了证实。《阿玛纳文书》是古埃及法老阿蒙霍特普三世（Amenhotep Ⅲ，在位时间：约公元前1390～约前1352年）和埃赫那吞（Akhenaten，在位时间：公元前1353～前1336年）与古近东的各个统治者的外交信件合集。[29]从发掘出来的陶器来看，除了古埃及以外，腓尼基的城市与迈锡尼人（Mycenaeans）和塞浦路斯人（Cypriots）也从事贸易活动。不过，在挖掘中发现的古埃及人进口的物品与其他人的不同，主要用于迷信崇拜和供王室使用。其他人的进口物品用来提高拥有者的社会地位，显示拥有者与那时强大的帝国有着合作的关系。而古埃及的上层名流精英和黎巴嫩沿海城市的上层名流精英之间的物品交换，则是王室精英之间表示外交姿态和从事国际交往的重要组成部分。[30]一般而言，黎凡特地区（Levantine，地中海东部地区，见图1）沿海城市与外部世界之间的贸易，是青铜器时代晚期许多国家从事全球扩张进程的延伸。黎凡特地区的城市，有很多东西可以提供给外部世界，包括陶器、手工艺品，尤其是雪松。对于木材资源匮乏的古埃及来说，雪松是令人羡慕、引起嫉妒的宝贵财富。企图控制这些资源的愿望，无疑驱使各个帝国想要图谋控制黎巴嫩的领土。

依稀的记忆：腓尼基的历史与考古

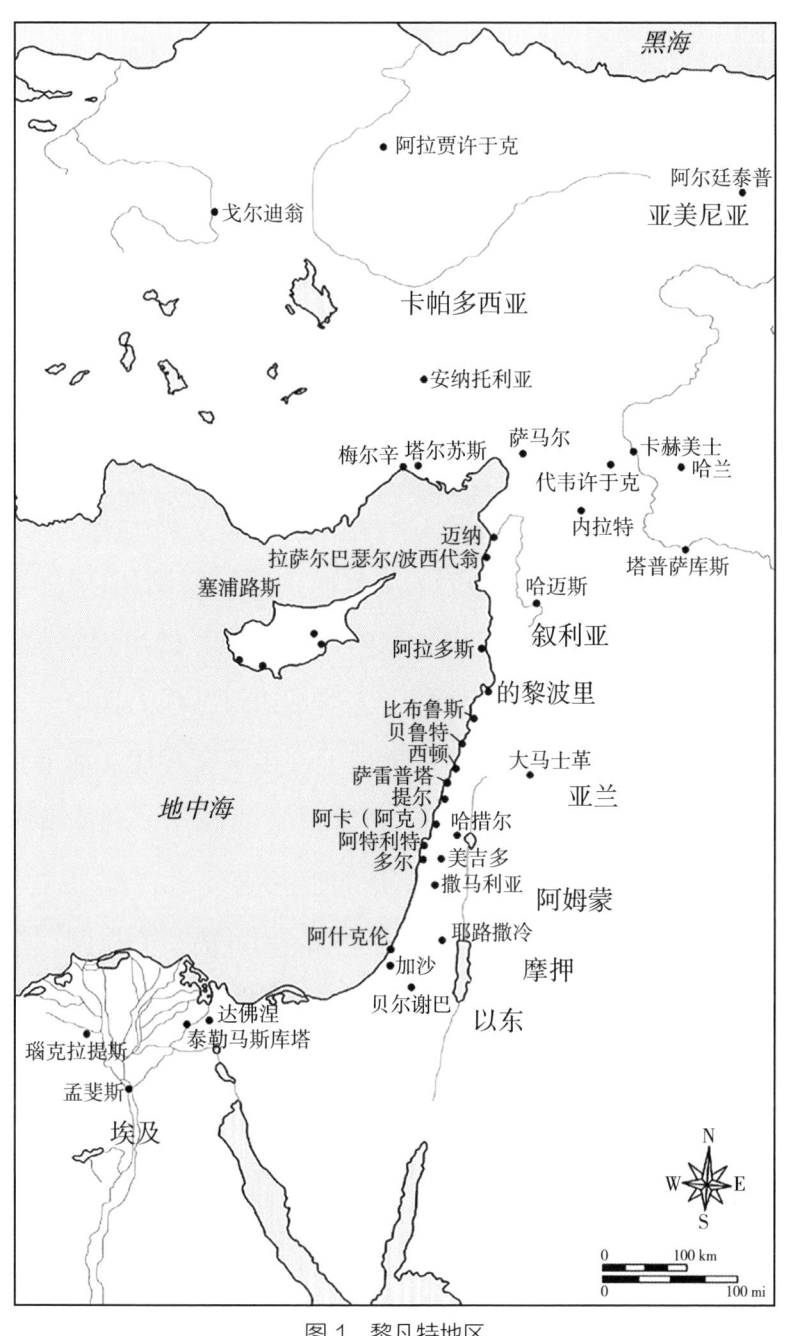

图 1 黎凡特地区

腓尼基城邦的起源

希腊人将"腓尼基"（Phoenicia）这个词汇最早与这片土地联系到一起，但我们很难说出它的起源。相反，我们可以谈论黎凡特人，他们逐渐组织起来，形成自给自足和自治的腓尼基城邦。大多数历史学家认为，腓尼基人是在公元前13世纪从该地区的迦南原住民中产生的，这与传统文献认为腓尼基人移民到这片土地的说法截然相反。苏珊·谢拉特（Susan Sherratt）表达了另一种见解，提出腓尼基人源于"陈旧的集权政治经济规则"（国际贸易）的经济崩溃和"集权分散的经济体制"的出现。[31] 谢拉特提出的模式类似于解释以色列是如何出现的理论——在青铜器时代晚期的动荡中出现了许多国家政体。如果我们按照相同的思考模式推广到腓尼基的城邦，就能够理解黎凡特所有新的国家政体是如何和为什么在那个关键时刻出现的。[32] 安·基利布鲁（Ann Killebrew）强调，把当地黎凡特地区元素与注入的少量的非黎凡特地区元素结合起来，出现了明确的腓尼基的物质文化。他把腓尼基描述为"一个主要沿着黎凡特中部和北部海岸地区的原住民组成的商业共同体联盟，原住民拥有相似的物质文化和语言，可能按照他们的城市和家庭血统进行自我认同"。[33]

青铜器时代晚期的混乱，既在古老的原始文献中，也在考古记录中得到了证实。关于在这之前的情况，我们可以参考《阿玛纳文书》。在这个文书中，提到腓尼基城邦那时已经存在了。乌加里特是叙利亚的北部海岸的一重要港口。作为证据，来自那里的一些刻有铭文的石碑很具说服力。这些石碑，记载的是公元前14~前12世纪发生的事件，也提到了贝鲁特、西顿、提尔、阿卡（Akko）[①]和比布鲁斯等腓尼基城市。虽然来自乌加里特的铭文主要是商业交易的记录，但是它们仍然提供了大量的历史信息。如同小说一样的《温阿蒙报告》（*Report of Wenamun*，也拼作 *Wen-Amon*），也清楚地讲述了青铜器晚期结束时发生的事件，并且提到了比布鲁斯城邦。温阿蒙是来自凯尔奈克（Karnak，卡尔纳克）[②]的阿蒙大神庙（Temple of Amun）[③]的一名祭司。报告谈及温阿蒙祭司前往比布鲁斯的旅行，他的目的是买到木材为阿蒙大神庙建造一艘用于宗教仪式的船。不过，温阿蒙祭司没有足够的资金，表明了古埃及当时的虚弱和分裂的状态。[34]《温阿蒙报告》注明的日期是公元前10世纪，它仍然准确地反映出那个时期普遍关注的问题。在报告的叙述中，有关古埃及的衰落占据了主要篇幅。

---

① 亦译阿克，以色列西北部海港城市，濒地中海。——译者
② 亦译卡奈克、卡纳克，是埃及的一个小村庄，位于卢克索以北约2.5千米的尼罗河畔。——译者
③ 供奉阿蒙神（古代埃及的太阳神）的神庙。——译者

在大约公元前1200年的近东的动乱，通常认为是与海上民族的到来有关。古埃及人在档案中提到了海上民族。其他的因素，包括自然的因素，也可能加剧了这场动乱。无论是什么引起了混乱，产生的结果是，削弱了古埃及对黎凡特地区的影响，导致了赫梯帝国的崩溃和爱琴海区域很多国家的毁灭。而黎凡特地区沿海地区的海岸港口城市却安然渡过了动荡期，进而扩张，在贸易和海上开拓中扩大了影响。考古学虽然受限于可供研究的遗址的缺乏，但大体上证实了腓尼基城邦的状况。例如，在阿卡尔平原，泰勒卡泽尔［Tell Kazel，古希米亚（Simyra）］显示出物质文化的连续性从青铜器时代晚期保持到了铁器时代，说明人们所认为的公元前13世纪的动乱在此并没有发生。同样的连续性，在萨雷普塔、提尔和阿卡也一直被保持着。[35] 由于在经历青铜器时代晚期的动乱之后幸存了下来，腓尼基的城市恢复了政治、文化和经济独立性和自给自足。在政治上，腓尼基城市在更广泛的地域内显著提升了影响力。于是，腓尼基城市最终脱离了古埃及的影响，独立地处理他们的事务。此外，青铜器时代晚期发生的事件导致了地区强权的重组，一些衰弱，另一些崛起。所有这些因素促进腓尼基城邦的建立。从青铜器时代晚期过渡到铁器时代，广阔的地中海地区产生了一些结构性的变化，这些变化促使腓尼基形成了一个海上超级强权。

从刚一开始，王位制度就是腓尼基城邦的管理机构和宗教组织的根基。[36]腓尼基的国王和王后终身在位，他们不遗余力地要保持王朝不被解体，不被外人取代，措施包括在同一家族内结婚，如果王位继承人太年轻不能行使管理权，则实行共同摄政的制度。国王扮演的主要的角色之一，是建立和维持神庙，通过作为人和神之间的联系纽带，祈求神的保佑。然而，人们并没有认为王室地位不言而喻地充满了神性，但在近东其他地区的人则相信王室地位被赋予了神性，例如波斯和埃及。[37]腓尼基的国王和王后关心的另一个领域是国际外交，他们试图操控，而且经常技巧熟练地操控古近东喧闹的政治世界。腓尼基的王室也亲自过问他们城邦的军事事务，在必要时，参与军事行动。此外，王室还负责国有商号的运营，以作为宫廷经济体制一部分。在铁器时代，这样的体制逐渐被市民经济体制取代，在这方面，私营化对于王室来说是一种更为容易管理的方式，可以避免在维护所有权以及管理那些有利可图的商号（主要是与海上有关的）方面的负担，而改为专注于更加方便且令人愉快的从私营业获取红利和税收的管理。[38]

铁器时代的腓尼基

在铁器时代（公元前1200～前586年），腓尼基的"文化边界"从北方延伸到南方，包括下列城市和地区：艾尔瓦德和阿卡尔平原、泰勒卡泽尔、贝鲁特、比布鲁斯、西顿、萨雷普塔、提尔、泰勒凯桑和阿卡，见图2。[39]

多尔（Dor）[①]位于卡尔迈勒山（Mount Carmel）[②]的西南，因为它的物质文化与腓尼基的考古发现相似，有时也被归入上面列出的城市清单，但是在公元前9世纪，当多尔落入古以色列人的势力范围后，这种相似性就结束了。亚述文字记载显示，铁器时代的腓尼基被认为是由两个群体组成。北方的群体聚集在从艾尔瓦德到比布鲁斯及城市周围，南方的群体包括西顿和提尔，并向南面的阿卡延伸。[40]在南方的群体中，只有提尔这座城市超群突出，成了在经济上最强的城邦，这归功于它的海外扩张活动。提尔有可能与西顿形成了政治和经济上的联盟，因为一些源自亚述的图形表现方式和铭文内容显示，可以把提尔人和西顿人归并在一起，并且在公元前7世纪之前，没有西顿的国王被提到过。[41]此外，在地中海地区的一些移民定居点，不仅涉及通常所说的提尔，而且也涉及西顿。

除了铭文偶尔提到提尔的和比布鲁斯的国王的名字外，相关的历史信息主要来自那些横扫古近东的各个帝国的历史记载。[42]当然，古近东的统治者在提到竞争对手时，叙述的语气主要是得意地看着他们的灭亡，并且庆祝自己的胜利。对这样的记载报告，人们应该持保留的怀疑态度。不过，如果我们主要关注经济和日常生活的供应问题，那么就可以看到比较真实的历史。

[①] 迦南人的一座古老王城，即希腊人和罗马人的多拉。——译者
[②] 以色列的一座海岸山，俯瞰地中海。——译者

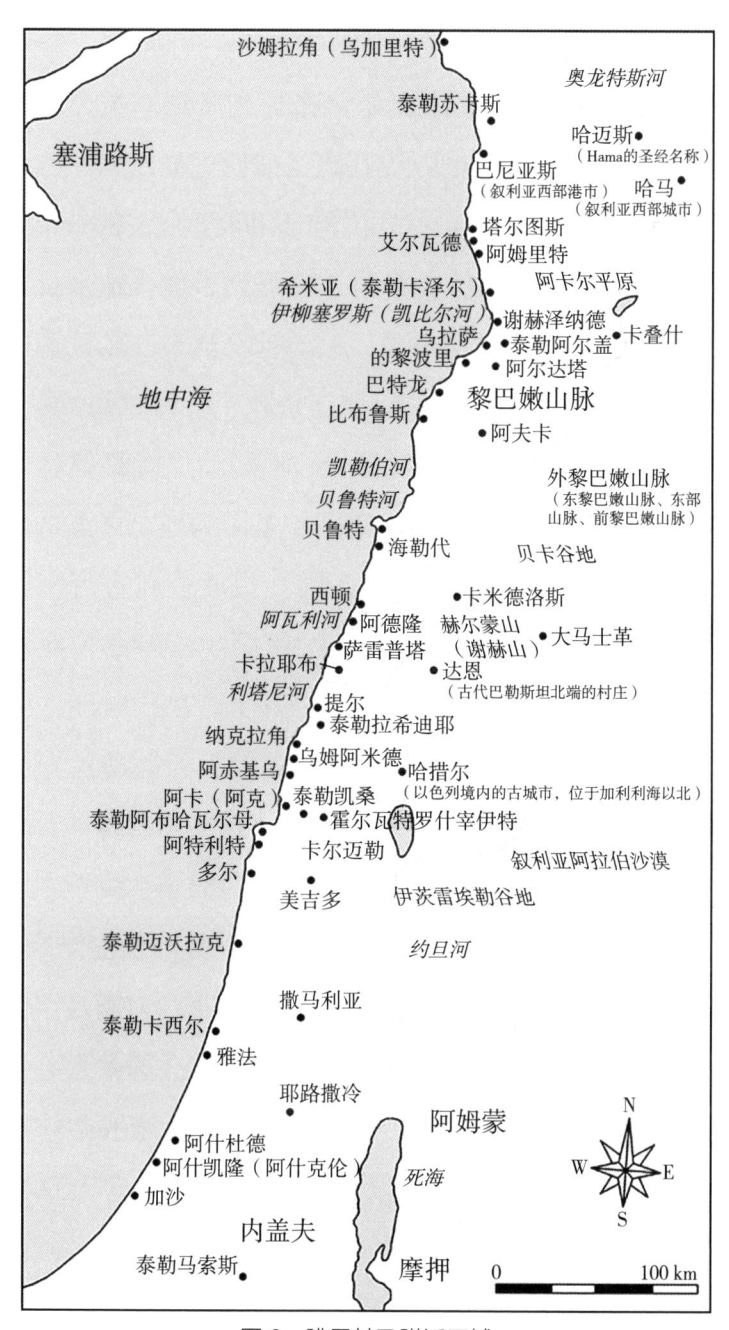

图 2　腓尼基及附近区域

提格拉特-帕拉沙尔一世（Tiglath-Pileser I，在位时间：公元前 1115～前 1077 年）是提到腓尼基城邦的第一个亚述统治者。一份报告谈到他是如何到黎巴嫩"砍伐雪松木材用于建造安努（Anu）①神庙和阿达德（Adad）②神庙"的。43 同样在这份资料中，还提到了他接纳来自比布鲁斯、西顿和艾尔瓦德贡品，接着他又离开艾尔瓦德的海岸做了一次捕鱼之旅，其间他还杀死了一匹"海马"，也许就是一条独角鲸（或者是一头河马）。44 提格拉特-帕拉沙尔一世之所以复兴亚述帝国，是因为他与之前的那些自满和无能的亚述国王截然不同。他通过在古近东开展的一系列军事征战，扩大了帝国版图。还有一位亚述国王，亚述纳西拔二世（Ashurnasirpal II，在位时间：公元前 883～前 859 年），也记述了从提尔、西顿和比布鲁斯以及其他地区收纳贡品，包括"银、锡、铜制容器，带有多彩装饰物的亚麻布服装，大大小小的猴子，黑檀木，黄杨木，像象牙一样的海象长牙"，45 当然，还包括那些城市居民俯首帖耳表示顺从。总体说来，亚述人满足于敲诈勒索来的贡品，满足于得到那些臣服者持久的效忠，而且来自提尔和西顿的代表甚至被招来参加亚述纳西拔在凯莱赫［Kalhu，即尼姆鲁兹（Nimrud）］的王宫举行的加冕典礼。46

---

① 美索不达米亚宗教所崇奉的苍天神。——译者
② 巴比伦宗教和亚述宗教的掌管天气的大神。——译者

公元前 10 世纪和 9 世纪，腓尼基人经历了一段自行其是、自我发展的时期，亚述的历任国王基本上满足于收纳来自新兴的繁盛的腓尼基城邦的贡品。除了上述提及的亚述国王外，其他记述得到了贡品的亚述国王是撒缦以色三世（Shalmaneser Ⅲ，在位时间：公元前 858~前 824 年）和阿达德 - 纳拉里三世（Adadnirari Ⅲ，在位时间：公元前 810~前 783 年）。

亚述的态度在公元前 8 世纪的中叶发生了改变。从提格拉特 - 帕拉沙尔三世（在位时间：公元前 745~前 727 年）开始，亚述渴求对其帝国进行更严密的控制，试图重新以军事手段征服更多的土地。因此，腓尼基经常成为在这一地区政治博弈的牺牲品。当几位黎凡特地区的国王决定组成联盟抵抗提格拉特 - 帕拉沙尔三世的扩张时，提尔的推罗国王希兰二世（Hiram Ⅱ，在位时间：公元前 739~前 730 年）加入了这个联盟。结果悲惨而可怕，提尔被围困，被迫向亚述大量进贡。亚述国王赛纳克里布（Sennacherib，在位时间：公元前 704~前 681 年）在对黎凡特地区的征战中从西顿、艾尔瓦德和比布鲁斯得到了"豪华的礼物"。[47]西顿的国王卢利（Luli，在位时间：公元前 728~前 695 年）设法到了塞浦路斯并且隐藏在那里，害怕赛纳克里布"带来恐怖的魔力"。[48]亚述国王扶持伊施巴力（Ethbaal）替代卢利，并强迫他纳贡。西顿在那时的财富也令另一位亚述国王埃萨尔哈登（Esarhaddon，在位时间：公元前680~前669年）垂涎，他持续在叙利亚、巴勒斯坦地区征战并且摧毁了西顿，砍下了西顿国王阿卜迪米尔库特（Abdimilkutte）的头颅并且把很多西顿人掠回亚述。[49]征战造成的后果是，提尔的国王巴力一世（Baal I，在位时间：公元前680~前660年）被迫交纳大量的贡品。但是，埃萨尔哈登也许是为了报答提尔支持他毁灭了西顿，把阿卡和多尔的港口、整个腓力斯（Philistine）[①]海岸、比布鲁斯以及几处山镇，以及希米亚（Simyra）和西顿的部分地区给了提尔。[50]提尔对亚述的进贡很可能采用征募劳役的形式，就像传说的那样，提尔的巴卢一世（Baalu I）、比布鲁斯的米尔基－阿萨帕（Milki-ašapa）和艾尔瓦德的马坦－巴力（Mattan-Baal）参加了在尼尼微（Nineveh）[②]的埃萨尔哈登的王宫的建造工程。[51]

亚述的最后一个重要的统治者——亚述巴尼拔（Ashurbanipal，在位时间：公元前668~前627年）继续征战，获得了一路向南到埃及的全部土地。他力图建立起联盟，但是一直悬而未决。亚述帝国贪得无厌，许多小国承受不了难以负担的进贡，想方设法要反抗这位显赫的国王。这次，提尔成了亚述巴尼拔在盛怒之下惩罚的主要对象，因为提尔在公元前662年反叛了他。[52]他的大军向提

---

① 地中海东岸古国。——译者
② 古代东方国家亚述的首都。——译者

尔进发，巴卢一世最终向亚述国王投降，"吻他的脚"，被迫大量地进贡，并且交出他自己女儿和侄女、外甥女为亚述国王提供"佣人服务"。[53]

公元前627年（根据其他原始资料，或为公元前631年），亚述巴尼拔死去，结果导致亚述的势力迅速分崩离析。为争夺王位引发的家庭反目，使亚述帝国在古埃及面前变得非常脆弱。各个地区开始脱离亚述，因此进一步促使曾经强大的帝国丧失能力。在公元前612年，亚述帝国的首都尼尼微，被巴比伦人（Babylonians）和米堤亚人（Medes）的联军洗劫；在公元前605年的卡赫美士①战役（Battle of Carchemish）中，新巴比伦王国的国王尼布甲尼撒二世（Nebuchadnezzar Ⅱ，在位时间：约公元前605~前562年）战胜了亚述和古埃及的联军，给了垂死挣扎、即将灭亡的帝国最后重重的一击。

从进贡的负担中解脱出来，腓尼基的城邦终于可以喘一口气并恢复元气，但他们又遭受其他野心帝国的觊觎。巴比伦的原始资料没有明确提到尼布甲尼撒二世在其统治的早期，在腓尼基都发生了什么，但是一位来自公元1世纪的罗马-犹太人历史学家弗莱维厄斯·约瑟夫斯（Flavius Josephus），他提到"被俘获的犹太人、腓尼基人以及叙利亚人"被流放，并且他们迁移到的新地点是"在

---

① 叙利亚古城，位于幼发拉底河畔。——译者

巴比伦尼亚的那些最适当地方"。[54] 约瑟夫斯可能反映了一种共识，就是尼布甲尼撒二世从公元前585年开始（尽管这个时间有争议）围困提尔长达13年之久，据说最终提尔的王室、精英被流放，包括提尔的国王伊托巴力三世（Ittobaal Ⅲ）被流放到巴比伦；不过，这座城市在国王巴力二世（Baal Ⅱ，在位时间：公元前572～前563年）的领导下，经过几年的努力，恢复了自治地位。巴力二世是尼布甲尼撒扶持起来的一个阿谀奉承的统治者。

不过，巴比伦时期对腓尼基来说，总体上是一段相对平稳的时期，也是一段繁荣而且能够持续从事商业活动的时期。腓尼基人与巴比伦进行积极活跃的贸易，他们甚至作为能工巧匠被王室宫廷雇用。不过，巴比伦确实适合与腓尼基做雪松贸易。来自黎凡特地区的木材穿过山脉被运送到新巴比伦王国的首都，部分被用于尼布甲尼撒二世的王宫建造。[55]

铁器时代的腓尼基经济

经济竞争并伴随着偶尔的合作，是腓尼基各城邦的关系特征，提尔和西顿财运的盛衰很好地说明了这一点。西顿在青铜器时代晚期的一段时间里成为经济优胜者脱颖而出。在公元前12世纪后期和公元前11世纪，西顿是这两个城邦中更强大的一个城邦，这得益于它的地理位置，而提尔与埃及的贸易关系日趋紧张。公元前900～前600年，随着提尔的贸易发展产生实质的经济利益，提尔的财富增加了。几个重要的事件促进了提尔的经济繁荣。在公元前 12 世纪初，"海上民族"对乌加里特的破坏，使贸易中心向南方移动。[56] 埃及的处境让提尔和其他腓尼基城邦能更独立处理他们自己的事务。此外，向这一地区占统治地位的帝国供应珍贵资源（铜、银和锡），被提尔垄断了。不过，在公元前 6 世纪中期，提尔从由于尼布甲尼撒二世围困城市所造成的创伤中缓慢恢复，而西顿在巴比伦发动的劫掠中没有受到损伤，正秘密地建立一支海军，接下来将会出色地证明对波斯国王非常有用，而且促成了它成为在黎凡特地区经济和政治上最强大城邦的地位。

有几种说法解释了为什么在亚述时期腓尼基人冒险向西扩张。他们中的一些人注意到了来自亚述帝国的权势对黎凡特地区各个国家的经济压力，这迫使他们需要寻找新的市场和资源。[57] 其他一些人把 9 世纪末亚述的暂时衰退看作是不仅为腓尼基人，而且为其他国家提供了一次激励，鼓励他们在地中海西部地区寻求新的经济增长点。[58] 随着在提格拉特-帕拉沙尔三世统治下的亚述野心再起，黎凡特地区不得不增加和地中海地区的贸易量，尽量减少向亚述权势的进贡量。腓尼基的海外殖民地，其中大多为提尔的海外殖民地，不用向亚述缴纳赋税。这些都促进了黎凡特地区城邦的繁荣。

铁器时代的文化考古遗迹

考古学家通常把黎凡特地区的铁器时代分成两个不同的时期,即铁器时代前期(Iron Ⅰ,约公元前1200~前900年)和铁器时代后期(Iron Ⅱ,约公元前900~前600年)。黎巴嫩铁器时代前期的地层没有被充分挖掘,在学术文献中也很少描述。考古最充分的遗址之一是萨雷普塔二号坑(Sarepta Area Ⅱ),历史学家通常把他们从该遗址得到的结论扩大到整个腓尼基,时间是从青铜器时代晚期到铁器时代前期,这是因为腓尼基在这一时间段没有受到较大的破坏。[59]值得注意的是,在更多城市,如提尔、萨雷普塔、多尔、泰勒阿布哈瓦姆(Tell Abu Hawam)和泰勒凯桑(Tell Keisan)发现了铁器时代后期的物质文化遗产,包括陶器样本和建筑。[60]

在铁器时代前期,大多数沿海岸地区(如提尔、萨雷普塔)从事各种工业活动,大多为陶器生产,并且陶器的生产随着新装饰样式的增加变得更为复杂、精致。[61]而且,用于运输液体和粮食的贮存罐的生产量不断增加,以适应这一海岸地区贸易的快速发展。从铁器时代后期开始,提尔和西顿过渡到主要经销来自腓尼基以外的产品以及自然资源原材料,因而赢得了杰出商人的地位。铁器时代后期在提尔生产的产品当中,主要是陶器和贵金属,就像对公元前10世纪和公元前8世纪开始的一个相当大的工业区的考古发现所表明的那样。[62] 萨雷普塔也提供有价值的考古信息，包括"榫卯"建筑技术的引入、大量塞浦路斯陶器的发现，以及一个拥有很多陶窑和橄榄油压榨器的工业区的落成。在贝鲁特的发掘揭示了在铁器时代后期的几轮破坏和遗弃，有一个带有防御工事的城堡，从高处俯瞰低处的城市。在贝卡谷地（如卡米德洛斯）的内陆遗址似乎找不到什么，主要是由单间房屋组成的小型乡村定居点。

除了书面的原始资料以外，提尔在黎凡特地区的领导权地位被几项铁器时代后期考古发现所证明。在泰勒多尔（Tel Dor），发掘了公元前10世纪的考古地层，后来揭示出一种典型的提尔人的"在支柱之间填充方石的石造建筑"（ashlar masonry with a fill of stones between the pillars）技术。[63] 在泰勒凯桑（Tell Keisan）遗址，除了标识了铁器时代后期的提尔的墓碑以外，还有带有双色图案的陶器、石造建筑和类似提尔物质文化的其他人工制品。相同的现象也已经在霍尔瓦特罗什宰伊特（Khorvat Rosh Zayit）的遗址发现，这个遗址被认为是在《希伯来圣经》里提到的"卡布尔"（Cabul）。除了腓尼基的建筑元素和陶器以外，考古学家在这个遗址还发现了称重的砝码、蜡封和印章，说明霍尔瓦特罗什宰伊特是一个行政管理和加工处理中心，代表提尔生产、包装和销售农产品。

殡葬的习俗极少谈及，因为在黎巴嫩没有发现铁器时代前期的坟墓。不过，对于铁器时代后期，情况则有所不同，因为通过发掘的这一时期的几个大墓地，能让我们得出关于在社会和宗教领域如何处理死者的一些结论。巴斯（Al-Bass）大墓地是从公元前 7 世纪到公元前 10 世纪在海岸边上的一个最大的埋葬地，向西距离从前曾存在过的提尔岛大约 2 千米，见图 3。[64] 这个公墓是提尔的主要埋葬地，因为提尔在政治上控制了 15 千米半径范围内的几个定居点［泰勒拉希迪耶（Tell Rachidiyé）、格拉耶（Qrayeh）、盖斯米耶（Qasmieh）、西尔姆遗址（Khirbet Silm）、乔亚（Joya）和盖奈（Qana）］，[65] 还有几座更远一些的城市［阿赤基乌（Achziv）、阿卡、或许还有西顿］。[66] 1997～2008 年，大约有 500 平方米墓地被挖掘，出土了 300 多个火葬的骨灰瓮。这个公墓主要用于埋葬成年人的遗骸，因而玛丽亚·尤金妮亚·奥贝（María Eugenia Aubet）推断，小孩"在殡葬的社会里没有资格成为正式的成员"。[67]

考古学家在公墓里发现了 3 种主要的埋葬类型。第 1 种是有单个骨灰瓮的坟墓，包括一个骨灰瓮以及相当多的随葬祭品，表示死者个人高贵的社会地位。第 2 种是有两个骨灰瓮的墓穴，一个瓮装有死者的骨灰，另一个瓮装有死者烧焦的骨头以及随葬的个人所有的物品。

很显然，这些葬礼伴随着一个仪式，在火葬之后将骨灰和骨头分开。第 3 种是有两个骨灰瓮的坟墓被聚集成群，"构成一字排开的埋葬空间"。[68] 这样的排列暗示着是为家庭留出来的一小块墓地。基于这样的考古证据，奥贝提出

图 3　在提尔的巴斯公墓的位置

了在巴斯公墓进行埋葬时的顺序如下：①火葬仪式，伴随着在坟墓周围的一个宴会仪式和供奉的家畜；②将骨灰和烧焦的骨头安放在瓮内并且掩埋的仪式，代表了从活人的世界到阴曹地府的一个标志死者人生重大变化的仪式；③在坟墓用土掩埋之后，燃火表演仪式；④竖起一块石墓碑，记住死者被埋葬的位置。突出的墓碑不仅作为坟墓的一个标志，而且作为一个神圣的地方对死者表示纪念和尊敬。因此，在巴斯公墓所表现出来的殡葬习俗以及相信死后有灵魂生活的信仰，清楚地证明了殡葬习俗有了不同于以前时代的发展。

巴斯公墓，连同所发现的铁器时代后期腓尼基的其他公墓，都显示了处理死者的各种方式，包括在岩石中凿出的坟穴、家庭墓室和刻有精美雕刻的石棺。此外，我们能从它们当中的一些方式察觉到明显的社会分层，例如西顿的那些精英通常被埋在岩石凿出的坟墓和石棺里。在巴斯公墓也有这种社会分层的迹象，因为在巴斯公墓发掘出有单个骨灰瓮。

新巴比伦（Neo-Babylonian）①时期是夹在亚述时期和波斯时期中间的一段时期，从考古学的观点很难被界定。首先，这段时间只是在大格局下的一段很短的时间，持续不到70年。第二，本来应该从先前时期物质文化发生的激烈变化中，能够发现从公元前605年到公元前539年②可能发生的任何变化，但是一个都没被发现。

在新巴比伦时期更不寻常的事件之一，就是尼布甲尼撒二世对提尔的围困，围困从大约公元前585年持续到前572年，但在考古档案里没有留下痕迹。那个时期留下的无可争议的遗物是尼布甲尼撒二世在黎巴嫩北部留下的一系列铭文。从塞浦路斯和亚述的陶器进口减少，从希腊的进口增加，也表现出这一地区在更广阔的地中海经济交流中成了一名重要的角色，这种交流将在波斯帝国阿契美尼德王朝时期（见图4）腓尼基成为一个重要的因素。

---

① 新巴比伦王国，亦称"迦勒底王国"，公元前626年迦勒底人首领那波帕拉萨所建。——译者
② 这段时期指的就是新巴比伦时期。——译者

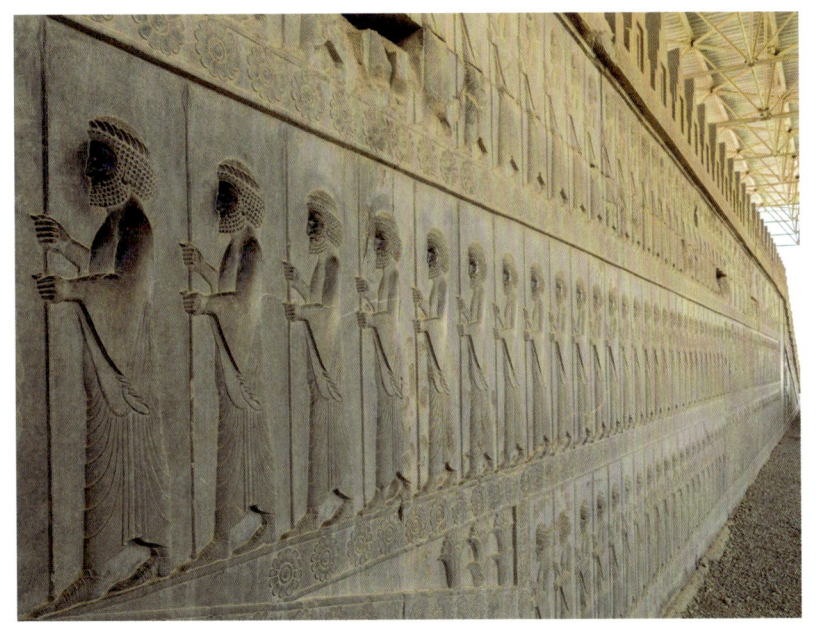

图4 波斯帝国阿契美尼德（Achaemenid）王朝武士的浮雕，位于珀塞波利斯（Persepolis），①约公元前5世纪

波斯帝国阿契美尼德王朝时期的腓尼基

波斯国王居鲁士二世（Cyrus Ⅱ）在大约公元前539年攻陷巴比伦，使腓尼基进入了波斯帝国统治时期，但是他的统治实际上是从公元前550年开始，一直持续到他于公元前530年死去。[69]虽然这个波斯帝国称作波斯帝国阿契美尼德王朝（公元前539~前332年），但最早提到阿契

---

① 古波斯帝国都城之一，其废墟在今伊朗设拉子附近。——译者

美尼德家族是波斯帝国君主大流士一世（Darius Ⅰ，在位时间：公元前522～前486年）在古迹贝希斯敦（Behistun）①铭文（见图5）里追溯他的家谱，提到了阿契美尼德家族。波斯人在提到国王大家族的顺序时，包括了居鲁士二世、冈比西斯二世（Cambyses Ⅱ）、巴尔迪亚（Bardiya）、大流士一世、薛西斯一世（Xerxes Ⅰ）、阿尔塔薛西斯一世（Artaxerxes Ⅰ）、薛西斯二世（Xerxes Ⅱ）、索格迪亚努斯（Sogdianus）、大流士二世（Darius Ⅱ）、阿尔塔薛西斯二世（Artaxerxes Ⅱ）、阿尔塔薛西斯三世（Artaxerxes Ⅲ）、阿尔塔薛西斯四世（Artaxerxes Ⅳ）和大流士三世（Darius Ⅲ）。在波斯时期发生的较大事件包括：冈比西斯对埃及的征服（公元前525年）；大流士一世对小亚细亚的入侵

图5 大流士一世的贝希斯敦铭文

① 伊朗西部一古城镇的遗迹。——译者

（公元前513年）以及对希腊的入侵（公元前492年）；在萨拉米斯海战（Battle of Salamis）中薛西斯一世败在希腊人的手里（公元前480年）；传说的大约在公元前449年希腊人和波斯人之间的和平条约；波斯帝国的总督在公元前4世纪的反叛；以及在公元前331年亚历山大大帝（Alexander the Great）在高加米拉（Gaugamela）战胜了最后一位波斯帝国阿契美尼德国王大流士三世。这些事件以各种各样的方式为波斯时期的腓尼基以及整个黎凡特的海岸地区的历史提供了一个背景。

虽然同样缺乏描述波斯时期腓尼基留下有形的物质考古遗物和铭文证据，但是从古希腊和古罗马的原始资料中能得到额外的帮助，这些资料与以前的时代相比提供更多的信息和特征。它们允许我们在波斯帝国阿契美尼德王朝时期把腓尼基历史分为3个独特的时期。第1个时期是从居鲁士二世统治的最初年代到大流士一世的早期（从大约公元前559年到前522年的时期），在腓尼基发生的事情不多，因为这段时期是从在前面的新巴比伦的统治的一个过渡时期，因而古希腊和古罗马的原始资料把它当作一段相对平稳时期，无重大事件。第2个时期，从大流士一世统治的早期持续到薛西斯一世统治的开始，大约公元前522年到公元前486年，腓尼基城邦发现他们自己与在塞浦路斯岛上的城邦一起被归类在所谓第5行省的总督管辖区「Fifth Satrapy，或"横跨幼发拉底河"的总督管辖

035

区（"Transeuphrates" Satrapy）]内。正是在这个时期，西顿作为最重要的腓尼基城邦脱颖而出，这是因为它帮助了波斯，其中包括在公元前499年镇压爱奥尼亚人（Ionian）的叛乱，还有一些其他的事件。其他的提尔的城邦也帮助波斯，希罗多德（Herodotus）①描述了公元前525年，提尔的舰队在支持冈比西斯二世征服埃及的作战行动中发挥了重要的作用。几年之后，由于腓尼基城邦在他们与曾占统治地位的波斯合作中日益感到不安，从而进入了另一个不同的时期（大约公元前405~前333年）。波斯作为形式上的控制渐渐减少，当新的政治和商业机会在西方打开大门时，腓尼基城邦将他们的王国取向重新调整为侧重于希腊。波斯帝国的统治地位受到几次动乱的挑战，包括公元前405年古埃及的反叛，结果是尼罗河上游三角洲落入一名古埃及王室家族成员埃米尔泰厄斯（Amyrtaeus）的统治之下。埃及的丢失鼓舞了波斯帝国其他省长（satrapies）的反叛，导致了公元前360年的各行省的叛乱。据说，虽然腓尼基城邦组成了联盟，但是只有西顿起来反抗波斯。首先是阿卜达什塔特一世（Abdashtart I）国王，他对波斯帝国阿契美尼德王朝的造反持续了数年（公元前359~355年），直到被波斯镇压下去，随后大批西顿人被押往苏萨

---

① 约前484—前425年，古希腊历史学家，"历史之父"。有名著《历史》（《希腊波斯战争史》，9卷）传世。——译者

（Susa）①和巴比伦，但是允许国王继续统治。他的取代者是坦尼斯（Tennes，在位时间：公元前351～前347年），虽然最初效忠波斯人，但也造反了，他的造反是短命的，随即被阿尔塔薛西斯三世残忍地除掉了。这次，波斯人确实被奸诈靠不住的西顿人弄得筋疲力尽而不耐烦了，扶持了一个在外国出生的国王——希腊萨拉米斯的埃瓦哥拉斯二世（Evagoras Ⅱ）。这一计谋得以奏效，西顿重新回到它以往在海军事务上帮助波斯人的做法。但在获得了经济上和政治上的信心后，西顿人最终赶走了全部外国统治者，再一次设立了一位本地的国王——阿卜达什塔特二世（Abdashtart Ⅱ，公元前342～前333年），可是他最终又被亚历山大大帝废除了。

在波斯帝国阿契美尼德王朝统治下的腓尼基经济

对于腓尼基城邦而言，从巴比伦时期到波斯时期的过渡过程是相对平稳的，因为他们能在政治和经济的轨道上保持独立，尽管这种保持是在波斯当局的庇护和监督之下。他们也在经济领域里继续开展他们擅长的竞争，与帝国的当权者签订有利可图的合同，并且试图获得从事经济活动的新场所。在这一时期引人注意的两个主要政体是提尔和西顿，后者作为一个经济强者脱颖而出，几乎把它的触角延伸到了整个黎凡特海岸地区。

---

① 古埃兰国的古城、波斯帝国首都，遗址在今伊朗西部。——译者

促进西顿崛起的行为之一,是它积极地帮助和参与了波斯与希腊进行海上军事对抗。西顿提供海船和水手,这不仅在财政上获益,而且在政治上也获益。他们从波斯国王那里得到了丰厚的回报,据说波斯国王在西顿给他们保有一片乐土(paradeisos,一片绿洲或消遣的乐园,从这个词派生出了"天堂"一词),就像古希腊历史学家狄奥多斯·西库罗斯(Diodorus Siculus)在公元前1世纪描述的那样。[70]西顿对波斯征战的支持,是遵循了西顿的王室作出的一项明智的决定,就是在涉及波斯国王的统治方面,执行"服从和不抵抗"的政策。玛格丽特·库尔·鲁特(Margaret Cool Root)和其他学者已经注意到,波斯阿契美尼德王朝存在着深谋远虑的艺术计划,通过一系列富有意义的艺术元素和图像,有意颂扬和传播波斯的强权。[71]西顿人能够利用这一点,使用在波斯帝国阿契美尼德王朝使用的相同图像,以宣布他们服从波斯帝国的权威。一个很明显的方式就是设计货币,西顿人在硬币上有意采用象征着有威望的波斯权力和神灵赋予法则的标志。

在波斯时期,西顿的显赫影响了黎凡特地区。对西顿城神阿斯塔蒂(Astarte)[①]和埃什蒙(Eshmun)[②]的崇拜不仅在其他腓尼基城邦盛行,而且在整个黎凡特地区盛行。

---

① 亦译阿施塔特、阿斯塔特,古代腓尼基人信奉的生殖女神。——译者
② 亦译伊施蒙,是闪米特西北部的治愈之神,也是西顿的守护神。——译者

西顿的政治和经济势力在黎凡特地区特别强大,甚至连《圣经》的作者(他们主要是在波斯时期写作的)以一种负面的眼光看待西顿,表达他们的不满。

腓尼基城邦维持了一个基于经济利益的网络,提尔和西顿进口古希腊的陶器和古埃及的石棺。在古希腊和古埃及两者之间,提尔似乎与古希腊有着更为牢固的关系,提尔的硬币的特色经常是以古希腊的图像作为基调,例如,以猫头鹰为主题作为硬币的图案,从雅典钱币图案中大量地借鉴元素。

波斯时期腓尼基城邦的政体组织形式

腓尼基城邦在先前的巴比伦时期组织松散,但是在波斯时期,波斯帝国的当权者采取措施使这些城邦形成了一个联盟,一直延续到公元前5世纪初叶。大约公元前482年,腓尼基城邦以西顿为首联合起来成为一个更有组织结构的联盟,反映在它对于波斯的军事征战所作出的贡献。狄奥多斯·西库罗斯甚至描述了西顿、提尔和艾尔瓦德3个城邦的领袖,在公元前4世纪创建了的黎波里(Tripolis)市,在这里他们会召开他们的"共同委员会"讨论重要的事情。[72]

在波斯人的统治下,对腓尼基的管理体系的显著特点是准许单个城邦处于一种半自治的状态。因此,他们基本上能处理他们自己的政治和经济事务,不受帝国当权者的妨碍,这就是腓尼基城邦与众不同的特性。[73]在这些城邦中，没有相同的货币体制、相同的宗教或者经济联盟，波斯人允许他们独立地经营他们的生意。波斯帝国阿契美尼德王朝的任何影响都是采取在思想上灌输的形式来传播和维护象征波斯帝国的图案，在腓尼基的波斯建筑风格随处可见，非常显眼。在这样一种自由放任不干涉主义的环境下，任何波斯的管理是不可能存在的，因为没有必要去控制总体上顺从的腓尼基王室，腓尼基王室主要关心的是保持和扩大他们在地中海地区的商业网络，并且管理停泊在腓尼基的海岸码头的波斯舰队。如果冲突确实出现了，也是个别事件，例如坦尼斯（Tennes）国王试图勇敢地站出来抵抗波斯当权者，主张与雅典建立更亲密的关系。

波斯时期腓尼基的考古遗迹

从亚述时期到巴比伦时期，腓尼基城邦物质文化具有连续性，在波斯时期也可以观察得到。虽然从公元前9世纪开始存在的4个主要的王国（艾尔瓦德、比布鲁斯、西顿和提尔）在波斯时期继续存在，但是腓尼基的领土是从叙利亚北部的泰勒苏卡斯（Tell Sukas）一直扩展到在南方的多尔（Dor）和雅法（Jaffa）①的城邦和沙龙平原（Plain of Sharon）②。[74] 很多腓尼基城邦有一个由两部分组成的结构，包括筑有防御工事的上半部分和地势较低的城区作为下半部

---

① 以色列西部旧港市。——译者
② 以色列的中部平原。——译者

分；这种由两部分构成的布置在泰勒阿尔盖、贝鲁特、泰勒布拉克（Tell el-Burak）和比布鲁斯几处遗址都存在。[75]城区有很明确的功能划分，一些区域起到更明显的经济作用，另一些区域作为住宅区；一个单独的、距离很远的区域总是被留下来作为大墓地。一种新的建筑方法似乎在铁器时代的晚期出现了，被称为"支柱加碎石"（pier and rubble）的技术，即在支柱空隙填充碎石的建筑技术，这种建筑方法在波斯帝国阿契美尼德王朝时期的腓尼基被广泛传播。在埋葬时，小孩和大人都可采用土葬和火葬。死者经常被埋在垂直的竖井、石头围起来的坑洞或者天然的洞穴里。[76]随葬品常常表明死者的社会地位，更精致的物品陪葬更富有的人。通过在西顿发现的波斯时期装饰精美的石棺，也能观察出社会阶层的划分，包括省长石棺（Satrap Sarcophagus），利西亚人石棺（Lycian Sarcophagus），戴孝女人石棺（Mourning Women Sarcophagus）和阿卜杜勒奥尼莫斯国王石棺［Sarcophagus of Abdalonymos，即所谓"亚历山大石棺"（Alexander Sarcophagus），见图6］。[77]新的宗教建筑物也在波斯时期出现，两个非常著名的是在西顿附近布斯坦埃什谢赫（Bostan esh-Sheikh）的埃什蒙神庙（Temple of Eshmun），以及在阿姆里特（Amrit）的马阿比德（Maabed）遗址建筑群。

除了这种连续性以外，在波斯时期的腓尼基也在发生一些显著的发展，包括在公元前5世纪初扩大对巴勒斯坦海岸地区的文化影响。对这一过程提出了相当多的解释，

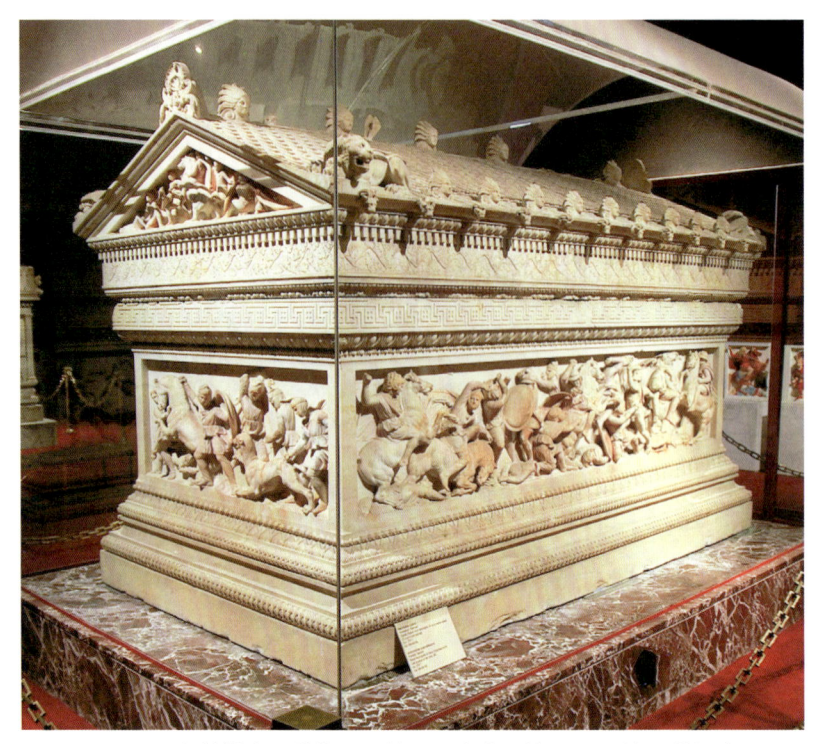

图 6　阿卜杜勒奥尼莫斯国王的亚历山大石棺，公元前 4 世纪末

其中包括波斯当权者赋予了提尔和西顿贸易垄断权，以减少希腊商人进入内陆市场的机会。[78] 在波斯帝国阿契美尼德王朝时期的腓尼基新出现的另一个现象，是不断增强的"不同宗教信仰和哲学主张的融合（syncretism）、折中主义（eclecticism）和多元文化（multiculturalism）"的氛围。[79] 有形的物质考古遗物显著表明，腓尼基城邦的全体居民对借鉴外来元素的态度非常开放，主要是借鉴希腊和波斯的元素，包括他们的建筑风格、货币图案和对进口古希腊陶器的偏爱。毫无疑问，这一地区的政治形势对这样的文

化灵活性发挥了重要的作用。随着古埃及的政治影响力下降,采用来自埃及风格的元素也随之下降。然后,新崛起的波斯帝国以及它的艺术宝藏对它的臣民产生了影响。随着时间的推移,古希腊的风格和产品获得声望并流行,几乎可以肯定地说,这是由于古希腊在该地区进行的高水平的贸易,以及随着公元前4世纪波斯帝国变得衰弱,人们开始重视雅典。在西顿国王阿卜达什塔特一世(Abdashtart I,在位时间:约公元前365~前352年)统治期间,雅典人在雅典卫城(Acropolis)以他的名义竖立了一座石碑,在碑上颁布一条法令,赐予他和他的庶民他们所需要的。宿怨旧仇给新的现实让路,西顿人感到了波斯政治的终结即将到来,迅速重新调整自己,与雅典结盟。

古希腊时代以及在此之后的腓尼基

关于亚历山大战胜波斯帝国阿契美尼德王朝的时间,可能是在他打败大流士三世的公元前331年,或者是他发兵向波斯都城珀塞波利斯进军的公元前330年,进军导致这座都城以及大部分王宫被完全摧毁。无论哪个时间,腓尼基城邦在波斯人战败后逐渐消失了,但是他们的文化继续存在了下来,长达几个世纪。[80] 历史学家经常用"希腊化"(Hellenization)这一概念来描述腓尼基文明逐渐采用古希腊语言、文化和习俗的过程,并且受到了古希腊的影响。不过近年来,这一概念受到了一些批评。批评者表示，人们应该更专注于文化和经济的双向交流的关系网络，而不是只看到古希腊特质和习俗强加在被征服的全体民众身上的单向过程。[81] 以这样的理解去看待腓尼基，我们可以看到一幅黎凡特地区沿海城邦更加细致入微的图画。在这幅画中，连续性和变革在各个方面都发挥作用。

腓尼基城邦在波斯时期甚至更早时期开始的大多数发展进程一直未曾间断，但是这些进程不能不受到不断变化的地缘政治形势和新观念，以及科琳娜·博内（Corinne Bonnet）所说的"存在方式"的影响。[82] 亚历山大征服波斯阿契美尼德帝国以及近东时，遇到已经建好的繁荣商业网络、现有的管理政体和跨文化的交流。甚至在公元前4世纪，腓尼基人在波斯人庇护下就已经建立起与爱琴海地区的许多联系。在某种程度上，由于波斯帝国阿契美尼德王朝越来越混乱，腓尼基人不得不重新调整。不出所料，很多腓尼基城邦（艾尔瓦德、比布鲁斯和西顿）的王室衷心拥护亚历山大的统治，但一些王室不得不被重新洗牌。在西顿，亚历山大大帝用一个名为阿卜杜勒奥尼莫斯（Abdalonymos）的园丁取代了国王，这个园丁恰好有一点儿王室的血统。公元前332年，提尔进行了反抗，阿里安（Arrian）① 记述道：[83] 亚历山大对提尔的围困，结束了这一局面。在这里，这段历史故事值得一提。当亚历山大逼

---

① 全名为Lucius Flavius Arrianus Xenophon，约公元86～160年，古罗马时期的希腊历史学家和哲学家。——译者

近提尔时，他希望向提尔的赫拉克勒斯［Heracles of Tyre，腓尼基的麦勒卡特神（Melqart）］①供奉祭品。不过，提尔人不愿意让这个马其顿人进入城内，害怕将会带来战争。亚历山大被激怒了，他召集他的随从和指挥官，当着他们的面发表讲话，强调了征服整个腓尼基的海岸地区的重要性，说明他的目的就是要扫清障碍，向埃及进军。按照阿里安所述，就在当天夜晚，亚历山大做了一个梦，梦见赫拉克勒斯欢迎他来到城里。这个兆头实际上确实决定了提尔的命运。但人们同时知道，这也不是一项轻而易举的事情，因为提尔是一座岛，离海岸大约有800米，而且设有重防。此外，提尔人仍然拥有大量的船只供他们支配。在这种情况下，这位马其顿的统治者作出了一个大胆的决定，就是从陆地到海岛建造一条堤道，通过采取这种办法，他攻占了提尔。最后，大约3万名提尔人被贩卖为奴隶。昆塔斯·柯歇斯·鲁弗斯（Quintus Curtius Rufus）利用早期的古希腊原始资料，讲述了有6000名提尔斗士在城堡的防御工事里被屠杀，沿着海滩还有2000名提尔人被钉死在十字架上。[84]

尽管对提尔实施了围攻，但亚历山大对在被他征服的领土上实施严厉的铁腕统治并不感兴趣。他尊重波斯人的传统，他没有把羞辱和破坏带到波斯以前的势力范围

---

① 古代腓尼基人所信奉的神，又名提尔巴力。是提尔及其殖民地迦太基和加的尔（今西班牙加的斯）的主神。——译者

内。此外，他也没有把类似于希腊城邦波利斯的任何制度强加在腓尼基城邦身上，因为即使在波斯时期，腓尼基的国王摒弃了严厉的君主政体，而采用了包括贵族成员组成的委员会和国民议会制度，这些制度都是受到迦太基（Carthage）①作为范例的启发才培育的制度。[85] 在古希腊时期，腓尼基的王朝在几代内就消失而不复存在，并且腓尼基的城市变成了首先与托勒密王朝（Ptolemaic）②的帝国成为一体，然后与塞琉西王朝（Seleucid）③的帝国成为一体，从而失去了作为一个"城邦"国家的地位。[86] 由于王权制度的削弱，在希腊化时期的腓尼基，贵族作为重要角色起到了更显著的作用。这一时期的社会环境具有世界性的特征，而贵族特别能够顺应不断变化的社会思潮。他们处理问题的态度具有双重性。一方面他们拥抱占有主流地位的希腊"变革风潮"，另一方面，他们在腓尼基祖先的传统思想中，寻求自身的合法性。[87]

从古希腊时期腓尼基使用的货币中可以看出，当地的传统与更广泛的古希腊社会之间脆弱的平衡，是如何通

---

① 迦太基，古代北非奴隶制国家，在今突尼斯境内，公元前146年被罗马所灭。——译者
② 托勒密是马其顿人，亚历山大大帝的部将之一，亚历山大于公元前323年去世后，他被任命为埃及总督。公元前305年，他宣布自己为托勒密一世国王，后来被称为"Soter"（救世主）。埃及人很快接受托勒密王朝为独立埃及法老的继承者。托勒密家族统治埃及直到公元前30年被古罗马征服。——译者
③ 公元前312~前64年统治小亚细亚的古希腊王朝。——译者

过硬币图案的选择来维持的。自从亚历山大取得政权以后，他便掌控了所有的造币大权，腓尼基的造币工坊要听从帝国的指令并在帝国当权者的监督下制造硬币。第一批硬币的外观特征是印有亚历山大的古希腊语名字以及采用古希腊传统的象征标志，金币用的标志是雅典娜（Athena）①和奈基（Nike）②图像，银币用的是赫拉克勒斯和宙斯（Zeus）的图像，铜币用的是赫拉克勒斯单独的图像。同时，本地国王的名字也能在这些硬币中找到，用希腊语或者用腓尼基语（或者两种语言都用）标注，从而体现阶层的等级制度和权势的力量平衡。[88]托勒密王朝后期的硬币演变成具有埃及元素的托勒密图像，把亚历山大神化，从而树立一个其影响力延伸到腓尼基的权力和权威的形象。塞琉西王朝对此有不同的理解，因为他们允许腓尼基城邦有更大的自治权。因此，腓尼基的字母又重新回到腓尼基的硬币，用来标明制造的日期。守护女神堤喀（Tyche）③搭起了在希腊和腓尼基之间关于城市权力概念的一座桥梁。在公元前2世纪中叶，一些腓尼基城邦首次发行了一种在本地区流通的铜币，铜币的正面是安条克四世（Antiochus IV）④的图像，反面是城市的名字。[89]腓尼基人

---

① 古希腊神话中的智慧、技艺、勤俭和战争女神，相当于古罗马神话中的密涅瓦。——译者
② 古希腊神话中胜利女神。——译者
③ 古希腊神话中的命运女神，繁荣富庶和幸运的保护神。——译者
④ 叙利亚的塞琉西王国十三位国王中的第四位。——译者

通过采取各种各样的方法,都试图努力在不断改变的政局中,保护他们的遗产。

在语言和宗教方面,连续性和变革的相互叠加同样也在进行中。公元前1世纪,铭文仍然用腓尼基字母书写,但是希腊语替换了腓尼基的方言。[90]虽然一些腓尼基人继续给他们的孩子起传统的名字,但是很多腓尼基人采用了希腊名字。在宗教领域,希腊化时期开始发生了一个过程,通过这个过程,腓尼基人很乐意并且饶有兴趣地重新审视他们传统的神,并赋予了他们传统的神以新的含义。例如,麦勒卡特神(Melqart)是提尔传统的神,甚至在腓尼基被亚历山大征服之前,麦勒卡特神就与赫拉克勒斯有关。不过,在被征服之后,麦勒卡特神基本上化为希腊人所认同的那个赫拉克勒斯的特性身份。在西顿也发生类似的发展结果,医神埃什蒙(Eshmun),变成了古希腊的医神阿斯克勒庇俄斯(Asklepios),也是掌管康复的神。不过,在礼仪领域,没有太大的改变,共同的特性仍然保持为礼仪的核心。博内谈到,把本地的腓尼基的神"去野蛮化"(de-barbarization),目的在于把他们从本地环境中摆脱出来,纳入国际网络中,并且通过"将外来神视同于希腊神"的多棱镜去诠释他们,从而提高植根于特定土地上的神的威力。[91]总体说来,腓尼基人重新评价和重新思考他们传统的神,也是他们文化具有的灵活性,以及他们令人羡慕的、在不断变化的环境中改变和调整自己,从而幸存下来并繁荣下去的又一个例证。

大多数的腓尼基历史，或者以被亚历山大大帝征服为结束，或者以塞琉西王朝统治的崩溃和公元前64年罗马帝国的到来为结束。[92]这并不是说腓尼基城邦不复存在了。他们仍继续经历着起伏不定的命运，但完全是在另一个帝国的庇护下，而且另一种语言取代了腓尼基语言（最后的一篇腓尼基语铭文注明的日期是到公元前25或前24年）。[93]一些城邦经历了复兴（如提尔），也有其他城邦首次崭露头角［如贝利特（Berytus）或贝鲁特（Beirut）］。腓尼基人对神的狂热崇拜仍在继续，新的神登上舞台，旧的神获得了新名字和新特征。不过，那些让腓尼基城邦的居民成为独一无二的元素，以及那些让这个世界识别出什么是"腓尼基"和"腓尼基人"并赋予他们特殊含义的元素，所有的这些元素都消失了。

GEORGIVS PENCZ
PICTOR NVRNBERG.

迷失他乡：
腓尼基人在古希腊和古罗马文献中的印迹

我们常常把腓尼基称为"消失的文明",原因之一就是我们从腓尼基本身的原始资料中所能获得的信息极少。最多只有王室的铭文,但这些铭文并不能让我们听到一种清晰的和令人信服的声音:腓尼基人在古代到底是怎样看待他们自己和所生存的环境。古典原始资料的证据或者古希腊和古罗马文献中的证据虽然不应该被过分地夸大,但是古典文献经常提到腓尼基人,古典文献提供了大量在其他地方得不到的信息。对历史学家来说,这些文献提供的信息使他们处于一个两难的境地:虽然它们的信息量丰富,但是它们的偏见明显,所以要详细分析和研究它们的多层意思,寄希望于能揭示出腓尼基人到底是什么人。在本章中,我们将概述古希腊和古罗马主要的经典文献,目的是要揭露文献中的偏见,并且查清楚那些直接相关的恰当信息。处理涉及腓尼基人的古希腊和古罗马文献的全部文集将是一项巨大的任务,因此,我们将关注重要的著作。

关于腓尼基和迦太基研究的这项艰巨复杂的工作,是基于古希腊人发明的术语。古希腊人发明的术语主要是"腓尼基"和"腓尼基人",这两个专有名词是由古希腊著作者们引入的概念。"腓尼基"(Phoiniké)以及"腓尼基人"（Phoinikēs）是由"血红色或紫色"（phoinós）派生出来的词，两个词的含义既可以指沿海地区居民生产的紫色染料，也可以指他们的肤色。这两个词反映出的是赋予腓尼基城邦居民的一个集体身份，在所有的古希腊和古罗马文献的原文里，带有明显的仇外之意。然而这两个词没有提供描述黎凡特海岸地区一个个独立城邦灵活性和精细度，而这种灵活性和精细度对于描述各种各样且各不相同的独立城邦是非常必要的。这两个词可能具有误导性，会使人把"腓尼基人"误解成在古时候追求单一政治和经济目标的一个大一统的种族。因此，当我们讨论古希腊和古罗马的原著时，必须有所注意。

还有一些问题影响我们对古希腊和古罗马文学著作的解读以及腓尼基人在历史重现中的作用。我们已经提到过由于文化差异和经济政治竞争引起的固有的偏见。除此之外，我们应该指出，尽管有罕见的例外 [如欧里庇得斯（Euripides）[①] 所著的《腓尼基的女人》]，但是腓尼基人很少会成为古希腊和古罗马原著中的焦点。只有当涉及其他问题，以及古希腊人和古罗马人所关心的主题，例如地区战争和国际战争、贸易或者局部事件时，才会想到腓尼基人。因此，有关对腓尼基人的看法是零碎而不全面

---

① 古希腊的悲剧诗人、三大悲剧作家之一，前480—前406。——译者

053

的。我们在关注古希腊和古罗马的原著时,应该记住这一点。

古希腊的文献

为了更好地理解古希腊人对腓尼基人态度的演变过程,我们应该从最早期的原著开始。

荷马

荷马的《伊利亚特》(*Iliad*)是早期书面描述古希腊人与腓尼基人接触交流的著作之一,把腓尼基人描述为精通航海探索的高手和手工艺制作的大师。荷马谈到了产自西顿的精心制作的一些长袍和一只精致的含银碗,指出这些都是腓尼基人从西顿带来的"艺术品"。[1]他的描述相当中立,刻画了西顿人和腓尼基人之间的不同特点。尽管西顿人和腓尼基人这两个词似乎是同义词。《奥德赛》(*Odyssey*)是荷马创作的另一部史诗,其中的观点似乎发生了变化。这种变化可能表明,随着地中海地区经济和政治形势变得更加反复无常,地中海东部地区和西部之间商业竞争日益激烈,古希腊人对腓尼基人的态度也发生了变化。史诗中的一些段落非常明确地是正面的态度(《奥德赛》提到的"贵族般的腓尼基人"),但是接着我们又遇到一些段落,腓尼基人被描述成"非常善于欺骗","侵蚀他人的财产"而不惜使用"欺骗伎俩"。[2]

一些评论家不认为《奥德赛》对腓尼基人的描写具有代表性，更确切地说，只不过一些不好的角色恰好是腓尼基人。[3] 仅仅就因为一个庸俗刻板的角色偶尔做了一次高尚的行为，那么这种行为还不能否定他仍然是一个庸俗刻板的人。在上面提到的史诗的段落中，典型的腓尼基人被描绘成诡计多端的人，总是在寻找机会获利。在史诗的这些段落中，对著名的航海者和商人的批判残酷无情，流露出来的情绪是"偏私、不信任的成见和敌意"。[4] 在后来的几个世纪中，古希腊人的著作就是用这样的态度来描绘腓尼基人的，而且这种态度变得相当普遍，因此这些著作内容被当作了给古希腊人看的简洁明了和可以讲述的讽刺腓尼基人的故事，而腓尼基人就是与看了这些故事的古希腊人在商业领域中竞争，后来又在政治事务上竞争。

希罗多德

我们在《伊利亚特》和《奥德赛》里看到的腓尼基人作为熟练的航海者的崇高声望，同样可以在希罗多德所写的《历史》（the Histories）全篇著作中找到。生于哈利卡纳苏斯（Halicarnassus）的希罗多德（约前484—约前425），是古希腊的一位历史学家，他不仅提供了大量关于波斯时期腓尼基历史的信息，同时这些信息也是他在波斯期间写下的，而且也填补了关于更早时期历史的空白。腓尼基人经商和航海技能是希罗多德记述的重点；[5]在著作中，他描述了腓尼基人甚至环绕非洲航海一周。[6]由于腓尼基人为波斯舰队提供船只和人员，希罗多德干脆把这个舰队叫作"腓尼基人的"舰队。[7]

一些段落引发了关于希罗多德是否对非希腊人宽容和大度的问题，尤其是对腓尼基人。希罗多德把腓尼基人放在他的著作的开篇。在开篇中，他引述了源自波斯人或腓尼基人古老的神话传言，神话责问古希腊人和波斯人互不相容的冲突，这恰恰是他历史质问的核心，但直率地把冲突归咎于腓尼基人。或许希罗多德通过穿插一段容易领悟的故事来取悦他的读者，使读者能理解他著作的全部，或者希罗多德作为一个有理性的人，仅仅就是告知读者在那时人所尽知的事情，而没有偏袒支持任何一方。[8]但是，我们不能漠视希罗多德是古希腊人这一事实，他的确经常偏袒一方，并且使用"野蛮人"这个词来指非希腊人，但他经常也斥责他自己的民族和习俗"野蛮"。在古希腊人和波斯人的冲突中，后者是"野蛮人"，并且通过延伸扩展，那些与他们有联系交往的人也是"野蛮人"。当然，腓尼基人恰好就是这样，在塞浦路斯人和爱奥尼亚人（Ionian）造反的期间，腓尼基人帮助了波斯人。作为波斯人的合作者，腓尼基人受到了一致的谴责。希罗多德观点仍然是一位古希腊作者的观点，他很容易对腓尼基人表露他的偏见，就像他对波斯人所做的一样。

不过，希罗多德经常以一种积极正面的眼光来描绘腓尼基人。例如，波斯的国王冈比西斯（Cambyses），命令腓尼基人扬帆远航同北非的迦太基作战，他们拒绝了。他们引用"血浓于水"来说明腓尼基和迦太基的亲密关系，说向自己的孩子发动战争是"邪恶"的。[9] 与他的关于其他民族的冗长的人种志的离题漫谈相反，希罗多德并没有给予腓尼基人以相同的处理。在《历史》一书中，腓尼基人非常接近于古希腊人并且甚至作为一些古希腊人的祖先。腓尼基人也与底比斯（Thebes）①的创始人卡德摩斯（Cadmus）②一起来到希腊，带来了腓尼基字母。[10] 我们能在欧里庇得斯所著的《腓尼基的女人》中观察到同样的密切关系，提尔和底比斯这两个城邦始终因为卡德摩斯这位名人被紧密地联系在一起。[11] 考虑到古希腊人和腓尼基人之间的亲密关系，对希罗多德来说，腓尼基人经常被作为探索且说清楚古希腊人身份的隐喻词，即腓尼基人和古希腊人都对贸易和航海有相似的兴趣，并且古希腊人能通过利用更辉煌的腓尼基人的遗产，来提高他们自己的历史价值。[12]

---

① 古希腊的主要城邦。——译者
② 亦译作卡德默斯，古希腊传说中的腓尼基王子。曾杀巨龙，埋其齿，结果长出一批武士，相互残杀，最后剩下5人，与他一起建立了底比斯城。——译者

对希罗多德来说，几座城邦构成了腓尼基的领土。它们中有一个是提尔，还有一个是西顿，后者更是得到了相当多的描述。在为波斯国王提供服务的过程中，西顿因船的质量和海军军官的技能而受到称赞。[13] 它的船是最快的，并且西顿的国王因他的军队的军事技能曾一度从波斯的国王薛西斯（Xerxes）那里得到了最高的荣誉。[14] 尽管有这些特点，但希罗多德所描绘的腓尼基人，是由黎凡特海岸的单个文化实体构成的。虽然他们在管理上被分成了几个城邦，但是他们的"贸易癖性"使他们保持联合在一起。[15]

修昔底德

修昔底德，来自公元前5世纪的另一位希腊历史学家（约前460—前400），并且是《伯罗奔尼撒战争史》（*History of the Peloponnesian War*）的作者，例证了一种观点，只要腓尼基人是在反对古希腊战争中的积极参与者，古希腊的作者们就会论及他们。在伯罗奔尼撒战争中，当与波斯的冲突基本上平静下来并且腓尼基人在军用行动中的参与可以忽略时，对腓尼基人的兴趣就会降低。修昔底德以程式化的方式描述腓尼基人，提到他们的海盗行为、对岛屿的殖民地化，以及他们作为海上事务的专家，参与大流士时期的战争中。[16]

狄奥多斯·西库罗斯

在论述腓尼基人和迦太基人（Carthaginians）的其他历史学家中，有一位是狄奥多斯·西库罗斯，他是生活在公元前1世纪的一名西西里人。虽然他的著作在严格意义上并非古希腊古典文学的代表，但在他的世界通史《历史文库》（Library of History）中，狄奥多斯·西库罗斯回顾公元前4世纪的事件，提供在其他地方不可获得的信息，他的一些原始资料至少追溯到他那个时代。关于他叙述的整体可靠性和历史性，尚有许多的疑问。他把腓尼基人描述为"造反的和奸诈的人，只想着自己舒服"。[17]腓尼基人是最典型的残忍的野蛮人，在发明折磨人和让人极度痛苦的方面有独出心裁的才能。根据狄奥多斯·西库罗斯的叙述，当亚历山大大帝围困提尔时（见图7），提尔人用青铜和铁的盾牌加热沙子，然后把沙子用弩炮投射到马其顿的人群中，通过这种方法对付入侵者。沙子落入他们的胸铠甲下面，把皮肤烧焦，那种痛苦让亚历山大的战士难以忍受。[18]有时，提尔人似乎又令人震惊地迷信；同样还是在围攻期间，他们害怕阿波罗神可能会撤回保护而抛弃他们，于是把他的雕像和雕像的基座用链子拴了起来，不让他离开。[19]当然，这个策略并不奏效，"意味着马其顿人取得的胜利是由于行动的合理性和力量"。[20]

图 7 《围攻提尔期间的海军调动》(约 1898 年),安德烈·卡斯特涅
(André Castaigne)绘

这位西西里的历史学家对迦太基人描述也不惜笔墨。历史学家指出，对于狄奥多斯·西库罗斯来说，腓尼基人和迦太基人几乎没有区别，因为古希腊人没有特别的单词用于定义地中海西部的腓尼基人。[21] 对于狄奥多斯·西库罗斯来说，迦太基人是有着异常和过分残忍倾向的野蛮人。在叙述公元前409年攻取西西里岛一段情节时，他特别表明对他们的一种看法，他们不仅仅满足于抢劫城市，而且还付诸了难以想象的残忍的暴行。迦太基人散布在整个城市中，焚烧房屋，住在里面的居民也被烧死，砍杀妇女、孩子和老人，把他们被砍下的四肢聚拢在一起携带，而这么做是"按照他们这些人的惯例"。[22] 为了更进一步地污蔑迦太基人，狄奥多斯·西库罗斯描述了公元前310年迦太基人被阿加索克利斯（Agathocles，前361—前289）①围攻时，他们甚至把自己的孩子作为牺牲品供奉给巴力哈蒙（Baal Hammon）。[23]

伪西拉克斯的《水手航海指南》

与经典历史著作接近的是旅行记录报告，有关记录腓尼基的一个例证是伪西拉克斯（Pseudo-Scylax）②所写《水

---

① 西西里岛锡拉库萨的僭主（公元前317～前304年）、西西里王。——译者
② 古希腊探险家、地理学的先驱、第一个报道印度的西方观察家。——译者

手航海指南》（Periplus），这是在公元前6世纪或公元前4世纪创作的、也许在公元前4世纪下半叶最后成形的一本著作。作为一本水手的手册，"Periplus"（字面上的意思是"环绕航海"）描述的是，从地中海的西部到东部，即从伊比利亚半岛（Iberia）和西非开始一直到东部航海所到达的各个古城邦。伪西拉克斯在他的报告里提到了腓尼基城邦，他是第一个称腓尼基人为种族，即一个民族的人之一，尽管这个民族被分成了艾尔瓦德、西顿和提尔这些单独的城邦。[24]

其他古希腊的原始文献

古希腊的非历史作者也使用老生常谈的比喻来引述腓尼基人，主要是因为腓尼基人在贸易中的参与和在手工艺方面的卓越才能。不过，他们仍然是用一种不信任的、不恭维的情绪来看待腓尼基人。我们在这里引用诗人阿里斯多芬尼斯（Aristophanes）[①]的一段话，他说道："我正在变成一个真正的腓尼基人，我用一只手给予，用另一只手拿走。"[25] 现在还不能完全搞清楚，说这种话的人应该是古希腊人，还是腓尼基人。但是，这确实没有太大的差别，成见仍然摆在那里。柏拉图（Plato）的《国家篇》（约公元前375年）中，也带有对腓尼基人的负面描述。当

[①] 古希腊早期喜剧代表作家、诗人，前448—前385。——译者

苏格拉底（Socrates）在援引"高尚的谎言"这个词的时候，他称之为"Phoinikikon ti"，按照原文的意思，就是"腓尼基人的事情"（在下面的译文中称为"腓尼基人的故事"）：

> 那么请注意，我们不久前讲过有用的谎言。我们现在能造出一个谎言吗，一个可能被统治者自己相信的一句高尚的谎言，或者至少被其余的城邦相信的谎言？
> 你脑子里能想到的有什么样的谎言？
> 没什么新的谎言。它听起来就像腓尼基人的故事里讲的那些在世界上很多地方以前发生的事情中的一个，或者是那些善于抒情的诗人宣扬并且引诱人们相信的事情。然而，它关乎在我们自己日常活动中或许不太可能发生的那种事情，那么，要想说服人们相信它，当然是困难的。[26]

一些人试图淡化"高尚的谎言"这一概念，[27] 但是在这段上下文中无端地引出腓尼基人，给人的感觉简直就是负面的印象，即腓尼基人被描绘成有若无其事地随意撒谎的倾向。

在学术界，近期有一种趋势，把在古希腊原始著作里出现的对腓尼基人不利的负面态度，追溯到希梅拉战役（Battle of Himera），古希腊军队在西西里岛城邦叙拉古（Syracuse）的国王革勒（Gelon）和阿格里真托（Agrigentum）的僭主塞隆（Theron）的领导下，决定性地战胜了由马戈尼德人（Magonid）哈米尔卡尔（Hamilcar）领导的迦太基人军队。古希腊原始资料记载的战役发生在公元前480年，日期与雅典人在萨拉米海战（Battle of Salamis）制服波斯人的日期是同一天。虽然这一记载并不是真实的，[28] 但是，希梅拉战役的日期与另一个战役巨大胜利的日期重合在一起，随即演变成了古希腊人战胜了"野蛮人"的一种感觉，特别是在叙拉古人当中。胜利被广泛地庆祝，特别是古希腊诗人品达罗斯（Pindar）的诗中。[29] 在古希腊语中，在腓尼基人和迦太基人这两个词之间没有区别，他们因而被视为一个在组织上无定形的同种同文化之民族，而且具有危险性和外来的异质，与古希腊人及其道德观念和风俗习惯毫无关联。约瑟芬·奎因（Josephine Quinn）指出，正是在这种氛围下，腓尼基人，无论来自迦太基的腓尼基人，还是来自腓尼基故土的腓尼基人，都被单独挑选出来论及。在修昔底德所著的《伯罗奔尼撒战争史》中，第一次出现了把腓尼基人认定为野蛮人，随后，又在伪西拉克斯和狄奥多斯·西库罗斯（西西里的）的著作中出现了。[30]

关于腓尼基人和迦太基人，除了他们的航海技能和他们在其他领域的贡献享有盛誉以外，古希腊人确实还有其他正面的事情能够述说。斯特拉博（Strabo）是活跃于公元前1世纪的一位希腊地理学家，关于腓尼基人在"很多人文科学"方面取得的出色成就，他说了很多很多，包括天文学、哲学、算术和几何学。[31]

在公元前4世纪，雅典演说家、教育家伊索克拉底（Isocrates）在他的著作中，称赞迦太基人具有一种成功的政府管理形式，这一形式结合了民主制度、贵族政治以及君主政体的一些元素。[32]在公元前4世纪，亚里士多德（Aristotle）也把迦太基人当作正面的写作题材，他"因他们国家的稳定，民众对制度的忠诚，而且既无内乱也无僭主政治干扰王国的统治"而赞扬他们。[33]公元前2世纪，一位古希腊历史学家波利比奥斯（Polybius）在他所著的《通史》（*Histories*）中提到，把迦太基的君主政体、贵族政治和民主制度诸元素结合在一起，与罗马共和国相比，迦太基是多么出色。[34]无疑，对于波利比奥斯来说，他把古罗马作为了一个"金本位"，他选择迦太基与古罗马相比较，就是为了评价迦太基的政治和管理组织体制，从而明确地表明他对迦太基的赞赏。

背信弃义

随着古罗马和迦太基之间发生"布匿战争"（Punic War），情况开始有所变化。一个概念，"背信弃义"

（Punica fide），即"迦太基人不诚实"的看法开始流行。随着古罗马开始在军事上与迦太基交战，迦太基人迅速获得了一个名声，即迦太基人是誓约和协议的违反者，虽然古罗马在这方面也并不是无懈可击的。[35] 这种看法在公元前2世纪早期不断得到认同，我们在狄奥多斯·西库罗斯的著作中可以读到一些古罗马元老院元老们是怎样看待这个看法的。元老们认为，"古罗马人不应该仿效腓尼基人，因为腓尼基人是通过欺诈而不是通过美德征服他们的敌人"。[36] 埃里克·格伦（Erich Gruen）认为，"背信弃义"这种看法达到普遍认同的时期是在公元前146年，这一年第3次布匿战争结束，古罗马彻底粉碎了迦太基（见图8）。在当时，心中的仇恨从简单的政治豪言壮语延伸到文学著作中。在由古罗马喜剧作家普劳图斯（Plautus）创作的一部喜剧 "Poenulus"（英语称为 "The Little Phoenician"《小腓尼基人》或者 "The Little Carthaginian"《小迦太基人》），是在第2次布匿战争（Second Punic War）之后几年写的，主要人物虽然通晓很多种语言，但是他"有意假装不懂"，因此是"一个真正的迦太基人"。[37] 经过一段时间之后，迦太基人撒谎和背叛的名声被不断放大了，并且，我们读一下公元前54年在对斯考鲁斯（Scaurus）①

---

① 第三次米特拉达梯战争中庞培的度支官和代理财政长官。为同名有权势政治家之子。公元前55年任撒丁尼亚行省总督，次年即被指控勒索财物。——译者

图8 版画《攻陷迦太基》(约1539年)
格奥尔格·彭茨(Georg Pencz)绘

审讯时，西塞罗（Cicero）①为他所做的辩护演讲：

> 古人所有的纪念碑和所有的历史给我们留下的传统表明，腓尼基人这个民族是在所有民族当中最奸诈的。迦太基人（Poeni）就是他们的后裔。迦太

---

① 古罗马政治家、雄辩家、著作家。——译者

基人他们多次造反,甚至多次撕毁和违反协议,这些都证明了迦太基人无愧是腓尼基人的后裔,而且丝毫没有蜕化。[38]

这段话非常重要,首先,在西塞罗的讲话中,"腓尼基人"是一个明确的种族划分,是一个民族。其次,这是在公元前1世纪用拉丁语表示的"腓尼基人"和"迦太基人"的第一个实例,他们两者被明确地区分开来,而且"迦太基人"的意思是"地中海西部的腓尼基人"。这些要点对于我们理解腓尼基人和迦太基人在古代是怎样被区分的非常重要。

在罗马帝国的著作文献中,几乎没有诋毁迦太基人的描述。例如,在萨罗斯特(Sallust)所著的《朱古达战争》(Jugurthine War)[①]第79章中有一段描述,讲述的是迦太基人在无理的古希腊人面前为了保全他们的荣誉而献出自己的生命的故事。[39] 维吉尔(Virgil)的《埃涅阿斯纪》(Aeneid)[②]力求赞美"罗马帝国统治下的和平"[Pax Romana,即凯撒·奥古斯塔斯(Caesar Augustus)的"罗马和平"][③],虽然从一种文学的角度来看,这可能是使古罗

---

① 讲述努米底亚国王发动的对抗罗马的战争的著作,该战争以失败告终。——译者
② 亦译《埃涅伊特》,古罗马诗人维吉尔用拉丁语写的一部史诗,叙述埃涅阿斯在特洛伊沦陷后到意大利建新国的经过。——译者
③ 罗马帝国统治下的和平,意思是强加于被征服民族的和平。——译者

马的胜利看上去似乎更壮观的一个策略,但是对于主角迦太基女王狄多(Dido)的描述总体上来说是正面的。不过,一般来说,在拉丁语著作文献中无论描绘的腓尼基人和迦太基人是负面的还是正面的,所关注的焦点仍然是他们与海洋的联系,正如在古希腊语著作文献中关注的情况一样。

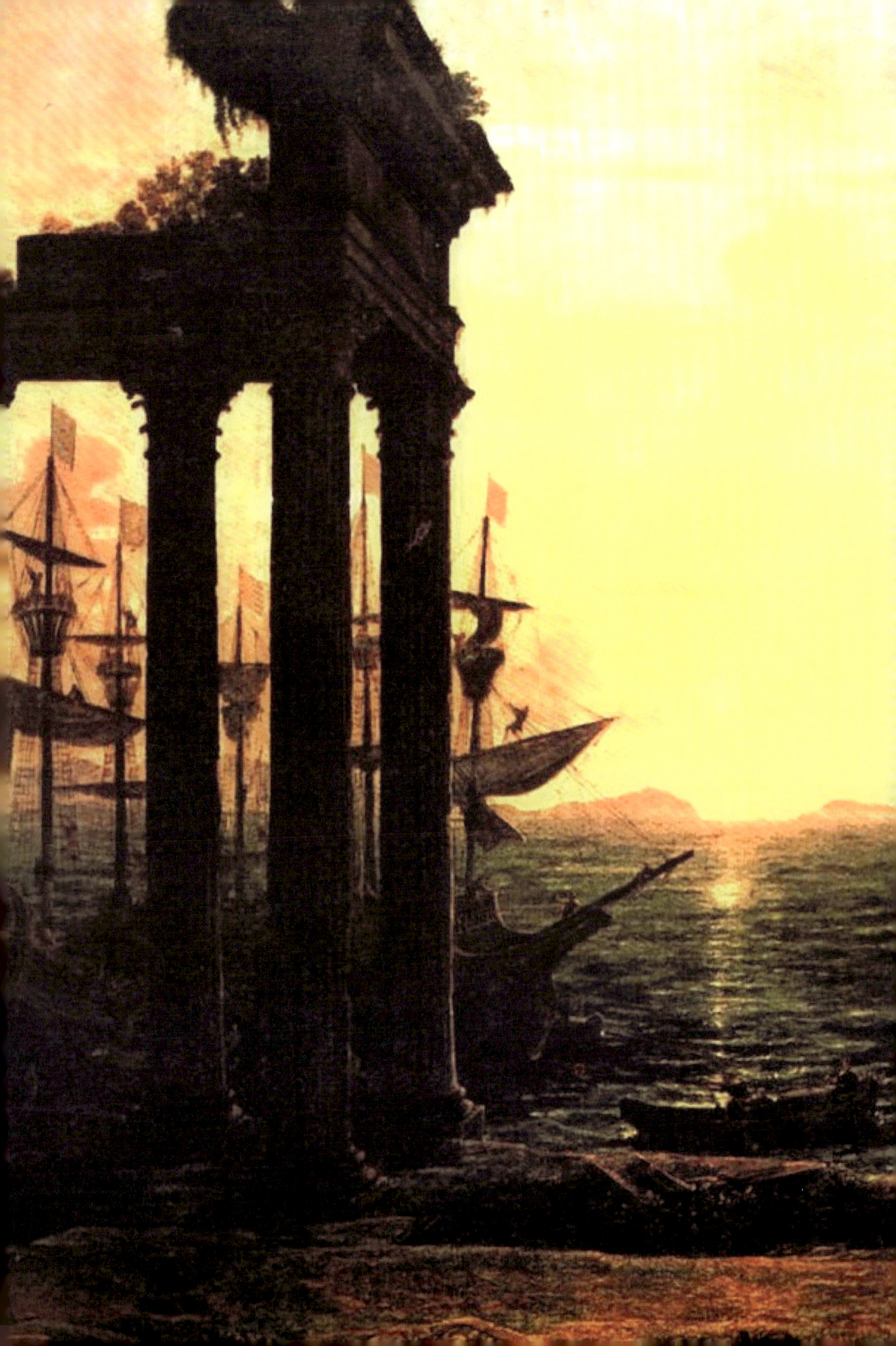

效劳国王：
腓尼基人在
《圣经》里的角色

在古代的文字原始资料中，古犹太人的著作，特别是《希伯来圣经》非常引人注目。黎凡特地区的城邦提尔、西顿、比布鲁斯和艾尔瓦德的居民被描述为技艺高超的工匠，以及横跨海洋的商人。很多历史学家利用《希伯来圣经》来查找腓尼基的历史，或者至少是作为其他历史原始资料的补充。例如，在关于腓尼基的很多现代书籍里，都突出地描写了提尔的希兰国王。不过，作为一位历史学家来研读古以色列人文学著作，与把它当作宗教神学著作来研读则完全是一件不同的事情。从《圣经》尽力地搜集可靠的历史信息，要彻底地对它的写作过程、它的体裁以及它抱有的偏见进行理解。在本章中，我们将评价古犹太人著作对于历史信息的可用性，并且总结这些历史信息怎样描绘腓尼基和腓尼基人。

《希伯来圣经》

《希伯来圣经》，即犹太教正典文本《塔纳赫》(Tanakh)，共24卷。基督教继承了这一经典，将内容重新编排为《圣经·旧约》。在希伯来语中，《塔纳赫》由3个主要部分的第一个字母组成，这3个主要部分是《托拉》[Torah，又称《律法书》(the Laws)]、《先知书》(Neviyim)

以及《圣录》(Ketuvim)。这些是按照主题划分的，这些区分也经常用来对《圣经》书籍的出处作出结论。

《托拉》主要描述了世界起源、人类早期发展、犹太始祖故事及古代以色列人进出埃及的历史，包括《创世记》《出埃及记》，以及讲述古代以色列人在沙漠中流浪徘徊的《民数记》、讲述犹太人戒律的核心要义的《利未记》和讲述摩西在进入迦南前向百姓重申律法的《申命记》。《托拉》连同整个《希伯来圣经》一起，都是在公元前6世纪犹太人被掳入巴比伦之后的时期（post-exilic，公元前6~前4世纪）或者稍后的时期最后得以成书的。[1]

《先知书》和《圣录》的叙述似乎并不是那么千篇一律，因为它们反映了各种声音并抱有相应的偏见。一个罕见的例外是《前先知书》(Former Prophets)，它由《约书亚记》(Joshua)、《士师记》(Judges)、《撒母耳记》(Samuel)、《列王纪》(Kings)组成，是《先知书》的第一部分。《前先知书》叙事的时间从古以色列人进入迦南到公元前6世纪新巴比伦人（Neo-Babylonians）毁灭犹大王国（southern kingdom of Judah）。《约书亚记》和《士师记》，讲述的是开拓定居点的故事以及建立由部落酋长领导的一个松散同盟的故事。《撒母耳记》和《列王纪》包括了古以色列人君主政体的出现、最初时期的国王扫罗（Saul）、大卫（David）和所罗门（Solomon）的生平事迹，以及王国被划分为北朝的以色列王国（northern kingdom of

Israel）和南朝的犹大王国，前者被亚述人毁灭，新巴比伦人（Neo-Babylonian）毁灭了后者。

这些书相似之处在于它们共同的神学观点。这些著作经常被称为"申命记式"（Deuteronomistic）——其中所讲述的历史几乎被普遍称为"申命记历史"（DtrH, Deuteronomistic History）——因为它们遵循《托拉》第5卷《申命记》里出现的信条。在这些书里，人们能察觉到两个方面的事情有着明显的关联，一方面是对上帝的法律要服从，另一个方面是安乐幸福并保有土地。如果古以色列人服从，他们将保持迦南乐土并且繁荣兴旺。但是，如果他们对上帝不忠诚而且信奉其他的神，那么各种各样的灾难就会降临到他们的身上，包括失去土地，背井离乡。所有"申命记历史"的书都是以这样的相同结构为基础，故事的讲述似乎更是以神学为驱动，而不是实际的现实历史。思维的走向变成，人们必须如此按照"申命记历史"来安排，因此我们可以说所有各卷都有相同的日期，而且如果不是在写作时写成的日期，那么肯定是在最后的编辑过程中修改成相同的日期。各卷本的前后连贯最有可能出现的时间段，肯定是在描述最后发生的事件之后，而犹太人被掳入巴比伦时期和波斯时期似乎是最有可能的时间段。当我们在"申命记历史"里讨论腓尼基历史的覆盖范围时，我们需要留意这些观点。

在把《圣经》用于再现历史的时候，要意识几个问题。最明显的问题之一是它的神学的本质。《希伯来圣经》的关注焦点是上帝安排犹太人的神学史。《圣经》的作者对历史的理解与现代历史学家们对历史的理解有所不同,《圣经》的作者采用的历史学传统研究方法不同于现代的研究方法。只有与展示上帝怎样实现他的意愿的总体目标关联时,事件才会被转述。古代历史著作使用的是口耳相传的故事,反映出一个以上帝为中心的世界观和人生观,按照这样的观念,各种自然现象是强大的神灵的直接行为所造成的,超自然的现象在意料之中,也是经常发生的,神灵根据人类遵守其法则的情况,给予人类奖赏或惩罚。当然,处在核心地位的种族就是犹太人,在《圣经》里有各种称法,有希伯来人、古以色列人和犹地亚人（Judaeans）[①]。其他种族,只有当他们与犹太人交往时,无论是反对犹太人还是与犹太人合作,他们才被提到。腓尼基人也不例外,在《希伯来圣经》中提到他们,他们对以色列王国的国王和犹大王国的国王的大业有用处,或者他们的行为由于违背了上帝的意志和反对了上帝保护的人而受到谴责。

还有一个问题与试图根据古犹太人著作再现历史有关：七十子译本的问题,即《希伯来语圣经》的希腊译本增加一些广为流传但著者不明且真实性可疑的卷本。

[①] 古巴勒斯坦南部地区。——译者

"Septuagint"在拉丁语中意为"七十",涉及一个关于翻译文本怎样产生的古老故事。根据历史事实不可靠的《亚里斯提亚斯书信》(Letter of Aristeas,约公元前2世纪)中的一种流行的叙述,古埃及国王托勒密二世费拉德尔弗斯(Ptolemy Ⅱ Philadelphus,在位时间:公元前285～前246年),委托在耶路撒冷的大祭司(high priest)埃利埃泽(Eleazar),聚集了大约70名翻译者(来自以色列的12个部落),他们被送到埃及,把《希伯来圣经》翻译成希腊语。他这么做,是出于对生活在他的土地上的被流放的犹太人的关心,担心再也不能读到他们的圣经文本。那些翻译者苦干了72天,并且生产出了72个完全相同的译文,便被称为"七十子的希腊文本《圣经》"(简称七十子《圣经》)。故事令人难以置信,对于文本的起源缺乏令人信服的解释,七十子《圣经》的完成时间通常被认为是在公元前3世纪中叶。因为希伯来语版本和希腊语版本之间有相当多的差异,译本的来源并不清楚,这令该译本十分有趣。在七十子《圣经》里,有些书的篇幅较短,有些较长,在重要章节和名字的拼写等方面存在明显差异。

现在我们归结重要的问题:在圣经的哪些卷本中提到了腓尼基和腓尼基人?关于他们,这些卷本说了些什么?要回答这些问题,我们需要分清"腓尼基人"和"腓尼基"这两个集合名词与腓尼基城邦有关的专门名词,即"西顿人""提尔人""西顿""提尔""比布鲁斯"和"艾尔瓦德"。"腓尼基人"和"腓尼基"这两个词很少在古犹太人的著作里出现。他们能在正典的《俄巴底亚书》（*Book of Obadiah*）中被找到，并且在非正典的《马加比传》下卷（*2Maccabees*）、《以斯达士第一书》（*1Esdras*），《马加比传》三书（*3Maccabees*）以及《马加比传》四书（*4Maccabees*）中被找到。[2] 所有这些著作，除了《俄巴底亚书》以外，成书的时间为公元前2世纪或者更晚。总体来说，它们并不向我们讲述腓尼基。例如，《马加比传》倾向于把腓尼基作为固定词组"科伊勒叙利亚①和腓尼基"（Coelesyria and Phoenicia）中的一部分来提到，而"科伊勒叙利亚和腓尼基"只是在塞琉西帝国的一个行政区划单位。除了这个身份识别外，这些卷本没有提供其他信息。

对于单独的城邦的名字以及与这些城邦相关的居民来说，情况则完全不同。腓尼基的两个最重要的城邦——提尔和西顿，以及他们的居民经常被提到。对《希伯来圣经》的简单的搜索显示，作者们倾向于以3种具体的方式提到这些城邦。首先，一些文本分别单独地提到它们，包括认为提尔在这两个城邦中是政治上较强者。一个讲述的例子是《以西结书》（*Book of Ezekiel*）②，在书中作者用了3章（第26~28章）谴责提尔及其王室，而只用4节指责西顿和西顿人。人们可以从中意识到，篇幅更长的谴责反映

---

① 黎巴嫩中部贝卡谷地的古称。——译者
② 公元前6世纪的以色列先知、祭司，相传作《以西结书》。——译者

出提尔的地位高于西顿。其次，在其他卷本（《列王纪》上卷和下卷）中，城邦也被分别提到，但是在这些城邦中，似乎西顿看起来才是在政治上和经济上更强大的城邦。最后，在另外一些著作，如《历代志》上卷（1 Chronicles）和《以斯拉记》（Ezra）中，提尔和西顿的居民被归为一类，作者使用一个固定词组"西顿人和提尔人"（Sidonians and Tyrians）。请看作者在《历代志》上卷是怎样使用这个短语词组：

> 大卫也提供了大量用来制作城门的门钉和夹板的铁，以及大量的重得称不过来的青铜。还提供了多得数不清的雪松木材，这是因为"西顿人和提尔人"带来大量的雪松送给了大卫。（选自新修订标准版《圣经》22：3-4）

《历代志》的作者没有对两个城邦的居民作出任何区分，然而在《列王纪》上卷中，作者在一个与此有点相似的故事（但是有不同的细节）中，把两个城邦的居民区分开来了。

不仅在《圣经》的单独的卷本中有差异，而且在它的各种版本中也有差异。例如，请看同样的一系列事件在"马所拉文本"（Masoretic Text，即《希伯来圣经》的传统希伯来文本）和在"七十子《圣经》"及在《历代志》上卷中分别是怎样描述的：

马所拉文本《圣经》	七十子《圣经》
《列王纪》上卷 9:10-14，26-8	
9:10 在 20 年结束的时候，所罗门建造了两所房子，上帝的房子和国王的房子，	9:10 在 20 年间，所罗门一直在建造两所房子，上帝的房子，以及国王的房子，
9:11 提尔的国王希兰（King Hiram）一直给所罗门提供雪松和柏树木材和黄金，他想要多少就给多少，所罗门王给希兰在加利利（Galilee）土地上的 20 座城市。	9:11 提尔的奇兰国王（Chiram King）黄金帮助所罗门获得雪松木材、冷杉木材、黄金，以及所有他希望得到的诸如此类。然后这位国王给奇兰位于加利利（Galilee）土地上的 20 座城市。
9:12 但是当希兰从提尔来看所罗门给他的这些城市的时候，它们并不令他满意。	9:12 因此奇兰从提尔出发，去加利利看所罗门给他的这些城市。它们令他不满意。然后他说：
9:13 因此他说："你给我的这些都是什么城市啊，我的兄弟？"因此直到今天，它们被称为"卡布尔"（Cabul）的土地。	9:13 你给我的这些城市是什么呀，兄弟？直到今天，他叫它们为"边疆"（Boundary）。
9:14 但是希兰送给国王 120 塔兰特①的黄金。	9:14 并且奇兰带来 120 塔兰特黄金给所罗门……
9:26 所罗门王在"以旬迦别"（Ezion-geber）建造了一支舰队。"以旬迦别"在"埃拉特"（Eloth）②附近的红海岸边，是在"以东"（Edom）③的土地上。	9:25-26 甚至为此，所罗门王在"艾拉特"（Ælath）附近的"盖森加伯"（Gasion Gaber）建造了一艘船。"艾拉特"是在"以东"（Edom）的土地上海的尽头的岸边。

---

① 古代希伯来或阿蒂卡的货币单位。——译者
② 在内盖夫地区南端，临红海亚喀巴湾，是以色列最南端港口城市，屡见于《圣经》记载。——译者
③ 死海之南的古代西南亚王国或其地区，在希伯来语意为"红色"。——译者

续表

马所拉文本《圣经》	七十子《圣经》
9:27 希兰派他的仆人、熟悉大海的水手到舰队上,与所罗门的仆人在一起。	9:27 并且奇兰派了划船的水手、熟悉大海的人到船上,与所罗门自己的仆人在一起。
9:28 他们去了"俄斐"(Ophir)[①],从那里进口了420塔兰特黄金,把黄金交给所罗门王。(选自新修订标准版《圣经》)	9:28 并且他们来到"索菲拉"(Sophira),并且那里取得120塔兰特的黄金,并且把黄金带给了所罗门王。[3]
《历代志》上卷8:1-2,17-18	
8:1 在20年结束时,在此期间所罗门建造上帝的房子和他自己的房子,	8:1 在经历了20年之后,在这期间所罗门建造了上帝的房子和他自己的房子,
8:2 所罗门重建了许兰(Huram)给他城市,并且在它们中建立以色列人定居点。	8:2 所罗门重建了奇兰(Chiram)给所罗门的城市,并且让以色列的孩子们在它们当中居住……
8:17 然后所罗门去了在"以东"(Edom)的土地上海岸边的"以旬迦别"(Ezion-geber)和"埃拉特"。	8:17 然后所罗门去了"盖森加伯"(Gasion Gaber),并且去了在"以杜米亚"(Idumea)的土地上在海附近的"艾拉特"(Ælath)。
8:18 许兰派仆人照顾所罗门,将船只和熟悉航海的仆人交给他。他们与所罗门的仆人一起去俄斐(Ophir),并且从那里进口450塔兰特的黄金,并把它带给了所罗门王。(选自新修订标准版《圣经》)	8:18 奇兰经他的仆人之手送了一些船,以及擅长航海的仆人;他们和所罗门的仆人一起去了"索菲拉"(Sophira),并且从那里带回来450塔兰特的黄金,并且他们送到了所罗门王那里。[4]

① 《列王纪》上卷记述的盛产黄金、宝石和檀香木的国家。——译者

效劳国王：腓尼基人在《圣经》里的角色

在这里，有几件事情值得注意，而且这几件事情一方面证明了在文本的两个不同版本之间存在着矛盾冲突，另一方面《圣经》的两个卷本令人信服地讨论着几乎同样的事件（随着后来在神学方面重新考虑《列王纪》中的故事，《历代志》则被普遍接受）。首先，在给所罗门带来的黄金数量上，各版本的说法不一致。如果一个人认为一个塔兰特大约等于60千克，那么任何一点差异都是富含意义的。此外，在马所拉文本中，《历代志》的作者好像不知道所罗门给国王希兰（作者叫他许兰）的城市有20座，而且希兰在视察这些城市后感到不满，《历代志》的作者只知道所罗门给许兰城市了。七十子《圣经》保留了与马所拉文本对国王名字的一个不同的记忆，因为七十子《圣经》使用的是一个独一无二的国王名字的拼法奇兰（Chiram），没有继续使用在《列王纪》上卷9和《历代志》下卷8的马所拉文本里能够找到的相同的拼写异体。如果我们把这些章节作为提尔的希兰国王与古以色列人相互来往的历史信息，我们应该使用哪个版本？或者换一句话说，如果我们能设法解释这些差异并且提供一个似是而非的解释，那么我们要针对这些不同版本去制订一个说明方案。

在古犹太人文本中的腓尼基城邦

既然如此，如果要谈论在《圣经》原始资料里的腓尼基和腓尼基人，我们应该从哪里开始？我们已经注意到，古代作者用于描述腓尼基和腓尼基人的表达一直在变化。当分别分析那些提到腓尼基各个城邦的文本时，人们也应该分清楚文本的两种不同的体裁风格：历史性的体裁和预言性的体裁。当然，前者旨在对历史事件提出一个按年代排列的顺序，甚至首要的目标是要展示上帝是怎样指引古以色列人的历史的，以及上帝在古以色列人历史中起的巨大作用。预言性的体裁风格，不仅寻求的是宣扬上帝对人们的旨意，而且预言未来。虽然两种体裁风格都是神学著作的写作体裁风格，但在这两种体裁风格中，隐匿的可靠历史信息数量会有所不同。

历史的文本

在《创世纪》第 10 章的"人类种族世袭录"（Table of Nations）中，首先被提到的就是西顿，"人类种族世袭录"是一个虚构的、象征性的人类历史目录，它说明了人类是源于大洪水之后挪亚（Noah）的后裔。《创世纪》的作者们把西顿说成是迦南的长子。除了西顿外，迦南的其他后裔还有耶布西人（the Jebusites）、亚摩利人（the Amorites）、吉迦什人（the Girgashites）、希威人（the Hivites）和其他种族（10:15–20）。《创世纪》第 10 章的文本明确地认定西顿人是迦南人（Canaanites），并且还进一步描述了他们的领土：

> 迦南人的领土从西顿开始延伸，朝着热拉尔（Gerar）的方向，直到加沙（Gaza），朝着罪恶之地所多玛（Sodom）及罪恶的城市蛾摩拉（Gomorrah）、押玛（Admah）和泽博伊姆（Zeboiim）的方向，直到拉沙（Lasha）。（选自新修订标准版《圣经》10:19）

此外，对《创世纪》的作者来说，迦南的领土从北方的西顿延伸到在南方的拉沙。拉沙的位置是未知的，但是它很可能位于黎凡特地区南部的某个地方，甚至也许就在死海的旁边。[5] 如果是这种情况，那么迦南的土地应该是从西顿延伸到死海，包含其他地方，例如提尔、多尔和萨雷普塔。经常听到有人表达这样的意见，就是腓尼基人认为自己是迦南人，但这仅仅是基于《圣经》的传说。

继《创世纪》之后，接下来的一套历史资料，即申命记历史，主要关注的是提尔和西顿这两个城邦，并且把提尔和西顿描述成在铁器时代黎凡特地区强大并且自治的两个巨头。申命记历史的作者们提到提尔的主要场合是，有两个人都叫相同的希兰的名字：一个人是提尔的一位国王，另一个人是对所罗门神庙（Solomon's Temple）的建造贡献技能的一名青铜器工匠，见图9。对于腓尼基的历史来说，这两个人当中最有趣的一个人是希兰国王，据说希兰国王与大卫和所罗门两位国王都是朋友，为他们供应雪松木料（《撒母耳记》下卷 5:11，《列王纪》上卷 5:1–

消失的文明：腓尼基文明

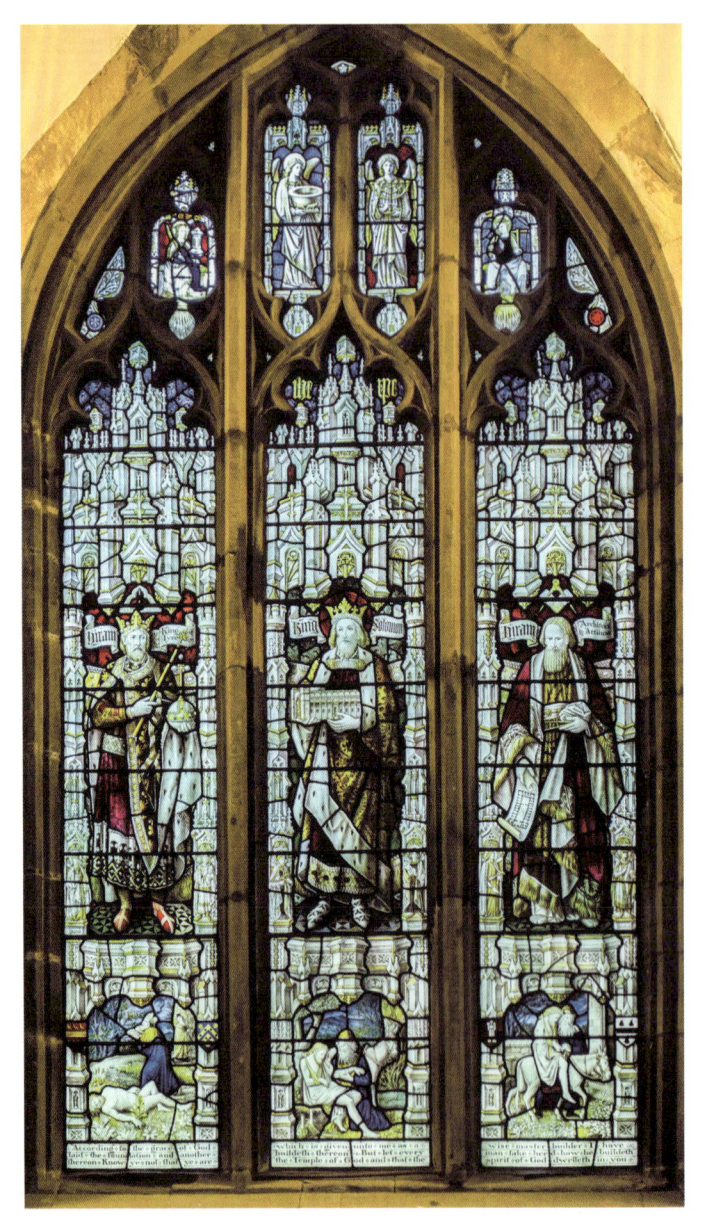

图9 英国伍斯特郡（Worcestershire）大莫尔文小修道院（Great Malvern Priory）的彩色玻璃窗。（从左到右）描绘的是希兰国王、所罗门王和建筑师希兰。玻璃由施里格利和亨特（Shrigley & Hunt）于1908年制作

6）。据说所罗门和希兰拟定了一项协议（《列王纪》上卷5:12），根据协议希兰将给所罗门提供必需的木材，并且所罗门将供给希兰王室一家的食品（《列王纪》上卷5:9）。令人好奇的是，在这些章节中，申命记历史的作者们提到，没有人能像西顿人砍木材那样砍得那么好（《列王纪》上卷5:6）。西顿人与提尔有什么关系？如果这不是一个漫不经心的错误，而且这种疏忽还持续存在了数百年，好像也没有人指出过这一点，那么很明显，这证实了在铁器时代，提尔人在政治和经济事务中比西顿人有着压倒性的优势。

申命记历史的作者们继续在《列王纪》上卷9:10-28中讲述有关所罗门和希兰的关系。所罗门非常感激从希兰那里得到木材和大量的黄金，因此，所罗门赠予希兰20座在加利利的土地上的城市。不过，不知是什么原因，希兰不喜欢"卡布尔"（Cabul）的土地。对于申命记历史的作者们来说，把所罗门描绘成在政治上高于希兰非常重要，而希兰则看上去好像俯首帖耳、意志脆弱并且反复无常。在后来的叙事中，申命记历史也提到了希兰派他的仆人为所罗门据说在红海岸边建的舰队配备了人手。这只舰队被派到神秘的土地俄斐（Ophir，可能在非洲东海岸的某处），并且从那里带回"420塔兰特的黄金（约25.2吨）交给所罗门"。从又一个章节中，我们能得知所罗门和希兰的舰队对他施［Tarshish，可能是伊比利亚半岛西南部的港口城市塔勒泰索斯（Tartessos）[6]]的一次共同的探险，从那里他们带来"黄金、白银、象牙、大猩猩和孔雀"。

通常情况下，提尔凭借他的王室风度，在申命记历史里得到了非常正面的评论。提尔对以色列友善，在贸易和旅行推销中的是一位可靠和顺从的伙伴。有时，希兰试图抵消掉所罗门的优势，就像他在收到专横的以色列人君主赠送给他礼物——在加利利的20座他不需要的和令人质疑的城市时，他感到非常不悦。除了这个不幸的问题以外，提尔一般被描述为一个令人羡慕的盟友。对于一个头脑中充满神学观念的历史学家来说，往往都是准备好了要把其他土地上的神和女神宣传成"地狱里的磨难"（fire and brimstone），而申命记历史令人感到好奇，它对提尔人的神保持沉默。为什么要把对提尔人的神的宣传排除在外？答案在于《列王纪》讲述提尔故事是要通过描绘一个强大和富裕的海上城邦为伟大的所罗门国王服务，来夸大所罗门的优越。

但对西顿的描述则完全不同，申命记历史常常以恐吓的叙述方式谈到西顿。所以，在《约书亚记》中，我们找到"强悍的西顿"的叙述，这个描述性的词语从未用于对提尔的表述。此外，西顿和西顿人经常与狂热崇拜外国相关联。鉴于申命记历史选择了忽视提尔的神，当谈到西顿人的神时，它表现愤怒的修辞就增加了（《士师记》10:6,

《列王纪》上卷11:5）。此外，申命记历史的作者们好像对西顿人有一种尊敬甚至惧怕的态度。请注意下列《士师记》中的一段：

> 5人继续走下去，当他们来到莱士（Laish）的时候，他们观察到那里的人是按照西顿人的方式，生活得很安定、平静，而且还没想到，那里的人绝对什么也不缺乏，并且拥有财富。（选自新修订标准版《圣经》18:7）

平静、富有和独立自主的西顿人在某种程度上令人畏惧，并且他们经常当作"暴君"被谈到（《士师记》10:12），令耶和华（Yahweh）不高兴，因此，遭到了他的驱逐（《约书亚记》13:4，6）。通常，他们是让古以色列人讨厌的人，要专门地检验他们的宗教承诺（《士师记》3:3）。这在《列王纪》上卷11:1的章节里特别明显，列出了"所罗门喜欢的很多外国女子"。这一章节想要证明的是，所罗门采用通过与外国统治者的女儿结婚的外交方式，以获得外国统治者的支持，并且想要证明这样的联姻所产生的不良效果是削弱了国王对耶和华的虔诚。申命记历史通过在名单中列入西顿的女人，力图证实西顿女人的使人堕落的魅力不过是给古以色列人设立的一个绊脚石，这些女人把他们引入了歧途。甚至最后导致了在所罗门死后,以色列被分裂成两个王国(北朝的以色列王国和南朝的犹大王国),这在很大程度上是因为他对西顿女神阿斯塔蒂的崇拜(《列王纪》上卷 11:31–33)。

与此类似的是,西顿国王伊施巴力(Ethbaal)的女儿耶洗别(Jezebel,见图 10),是古以色列国王亚哈(Ahab)的妻子,就是这个女人导致了她的丈夫迷恋上了其他的神

图 10　帆布油画《耶洗别和亚哈》,
弗雷德里·莱顿(Frederic Leighton)创作于约 1863 年

(《列王纪》上卷 16:31）。[7] 申命记历史明确地描述了耶和华对他的信徒叛教行为的愤怒，这与他们狂热崇拜外神有直接的关系，即崇拜阿斯塔蒂女神。即使当最后的好国王犹大、约西亚（Josiah）试图恢复对耶和华的崇拜的时候，最首要的任务就是要消除遗留的对西顿女神崇拜的所有踪迹（《列王纪》下卷 23:13）。

这些章节对我们理解腓尼基和腓尼基人会有怎样的启迪呢？一旦我们把申命记历史置于波斯时期，以此作为研究工作的前提，那么我们的任务就会变得稍微容易一些。我们已经注意到申命记历史中的很多章节是怎样把提尔和西顿区分开的，并且把它们描述成独立的政体，它们具有显著的独具特色的特征和丰富多彩的人物。因此，腓尼基这个词以及它的任何派生词都没有被使用，并且每当要确认提尔和西顿占据的土地时，申命记历史使用的是源自古近东当地的词语——迦南。

在提尔和西顿这两个政体中，西顿似乎在政治和经济上更为强大，而提尔名誉上占据第 2 的位置。这种情况与波斯时期的情况非常一致。在波斯时期，在黎凡特的南部和中部地区的许多独立存在的政体中，西顿是杰出超群的。它的硬币广泛流通，它的贸易利益涉及整个黎凡特海岸地区。另外，对阿斯塔蒂女神的狂热崇拜在公元前 1 千纪，更确切地说是在波斯时期，在西顿得到很好的验证。例如，塔布尼特（Tabnit）铭文（《圣经》中未收录的迦南语和阿拉米语铭文第 13 号）验证了西顿的核心重要的神为阿斯塔蒂女神。这段铭文在开头时写道："我，塔布尼特（Tabnit），阿斯塔蒂女神的祭司，西顿人的国王。"[8] 申命记历史的作者们通过在神学意义上的各种谴责，表达了他们对于渐渐渗透进来的对阿斯塔蒂女神的狂热崇拜的不满和担忧。

申命记历史和考古学

以上的讨论预先假定了一个观点，这个观点正好与申命记历史中的一些传统解释发生了正面的冲突。这些传统解释的出发点是，在历史文本中描述提尔和西顿的相关事件基本上符合古以色列人国王时代的历史现实。不过，人们根据考古信息，对《圣经》原始材料的历史性提出了质疑。

我们利用《列王纪》上卷 9:11 的章节能够检验申命记历史的真实性，在此章节中，谈到了所罗门送给提尔国王希兰在加利利的 20 座城市。在这个文本中提到的卡布尔（Cabul）的土地被认为有可能是霍尔瓦特罗什宰伊特［Khorvat Rosh Zayit，位于阿卡（Akko）以东 10 千米］。这样的土地移交，如果它确实发生过，应该不会发生在公元前 900 年之前。[9] 在传统上，保守的学术研究认定的所罗门正式登基王座的日期是公元前 970 年或公元前 960 年。因此，在《圣经》的原始资料和考古证据之间，似乎并没有联系。更令人好奇的是，某些人可能会说这个土地的移交实际上压根儿就从未发生过。考古学家已经注意到，就有形的物质考古遗物而言，阿卡城市及其周围与公元前1千纪的大部分时间内的腓尼基其他遗址相比，在实质上并没有什么不同。[10] 在政治和经济上的一个附属关系发生的某种变化（从以色列到提尔）按照推测应该至少在物质文化方面产生一些变化，但是这一点对于阿卡及其附近的其他遗址却不能成立。那么，我们怎样看待作为礼物的土地？有可能的解释是，作者深切地意识到了提尔在该地区的优势地位，因而在叙述中加进来这么一段插曲，来提高所罗门作为一个仁慈和慷慨的统治者的名望。另外，据说耶路撒冷和提尔在多个世纪中一直保持着密切的政治和经济关系。[11] 甚至在波斯时期，有一个居住在耶路撒冷的提尔人社区，把鱼和其他产品提供给犹太人〔《尼希米记》（Nehemiah）13:16〕。

简而言之，在整个公元前1千纪的耶路撒冷和提尔保持密切关系，这就是申命记历史的著作中为什么对提尔进行正面描述的原因。西顿作为一股强势力量，尤其是在波斯人统治时期，在《圣经》作者中引起的却是令人敬畏、惧怕的感觉和在神学上令人烦恼。

《以斯拉记》《尼希米记》和《历代志》

《以斯拉记》和《尼希米记》涉及的是波斯时期在犹大王国发生的事件。《以斯拉记》讲述的故事是，犹地亚人从在巴比伦的流放中返回，重建了他们的神庙并且恢复了对耶和华的崇拜。《尼希米记》主要内容是建造环绕耶路撒冷的保护社区的围墙，以防外人的入侵。

腓尼基的各个城邦和他们的居民仅在《以斯拉记》（3:7）中被提到了一次。西顿人和提尔人在其中被一同提到，两者没有明确的差别。正如我们在前文中看到的那样，这样的描述是波斯时期或希腊化时期的后期所独有的特征，在此时期各政体已不再被视为在古近东地区独立的重要力量。在古近东地区，来自提尔和西顿的劳动力正在按犹地亚人的要求为神庙的重建提供物资。双方的旧恩怨一去不复返了，西顿人和提尔人正在愉快地帮助建造一座与他们自己宗教传统不同的神庙。

在《尼希米记》中，对西顿人的描述完全是缺失的，但是据说在那时（公元前5世纪中叶）有提尔人居住在耶路撒冷，并且通常从事在安息日[①]出售鱼给犹大王国的人。这一段描述被安插在《尼希米记》中有关犹太人重新开始

[①] 犹太人每周一天的圣日、休息日（犹太教徒及某些基督教徒以星期六为安息日；而某些基督教尤以改革教派教徒则以星期日为安息日）。——译者

过安息日的上下文中。虽然提尔人没有义务守安息日并且在宗教节日回避经商，但是在文本里，他们被描绘成给那些犹太人树立了坏榜样，实际上犹太人也很想做同样的事。对《尼希米记》来说，对上帝戒律的服从极为重要，安息日是为了让社区抽出时间休息和做礼拜，以保证社区的继续生存。因此，在安息日出售鱼的提尔人应受到训斥甚至定罪。

值得注意的是，《尼希米记》中提到在耶路撒冷有一块提尔人的飞地。来自腓尼基城邦的人在外国的土地上建立定居点并不是什么新鲜事。例如，希罗多德曾提到在埃及孟菲斯（Memphis）的提尔人营寨。[12] 在《尼希米记》中描述的飞地，证实了我们在申命记历史的记述中所看到的提尔和耶路撒冷紧密的文化和经济关系。很显然，这样的关系在整个波斯时期和之后的时期一直持续着。

《历代志》是一部波斯时代或者是一部希腊化时期编写的著作，作者主要改编了《圣经》中的大多数叙述（主要是申命记历史中的叙述），以服务于他们的神学。因为带有明显的偏见，《历代志》经常被视为对于历史重现来说是可有可无的。不过，我们如果试图除去表层的观念，就能听出其中所表达的不同声音，这种声音能传递出一些有价值的与历史学研究有关的信息。

《历代志》作者带有倾向性的写作，可以通过他对希兰国王的描述找到踪迹，希兰国王是我们在申命记历史中首先遇到的。《历代志》的作者使用了在拼写上的一个变体——Huram（许兰），这并不是作者写作的一种特有风格，而是作者在这里使用了一个双关语，故意把这个名字看作 herem（希莱）的一种形式，意思是奉献的或者留出来的东西。从这种意义上讲，许兰（Huram）国王是一个完全奉献于古以色列大卫国王和所罗门国王的"正直的非犹太人（《历代志》上卷14:1，《历代志》下卷2:3）。这么做对于《历代志》的作者来说，是把大卫和所罗门理想化，作者把大卫和所罗门描绘成虔诚的和惧怕上帝的人，并且确定了一个概念——自己对他们的忠诚就是对耶和华和公权力的奉献。

《历代志》的作者纠正了申命记历史中的一些信息，从而强调了所罗门在上帝对以色列的规划中的重要性。鉴于在申命记历史中，希兰国王在与所罗门拟定协议时，似乎对所罗门蛮横地强加给他的条款非常固执地抵制，《历代志》的作者认定，在两个王室的条约中，所罗门利用他的地位在协议中强加要求（《历代志》下卷2:3-10）。《历代志》的作者也随心所欲地改变申命记历史中关于所罗门送给希兰城市作为礼物的叙述（《历代志》下卷8:1-2）。与《申命记》作者的记述（《列王纪》上卷9:11-14）相反，是许兰送给所罗门20座城市作为礼物。归根结底，上帝支持的国王才应该得到礼物，受到崇敬。反向的礼物赠送（gift-giving）并不能否认城市是在提尔的控制下的事实，即使这样的控制是通过文化影响表现出来的。如果我们把《历代志》视为在波斯时期或希腊化时期的后期所写的著作,那么,我们可以假定作者反映出来的是作者与提尔的友好关系以及在那些时代提尔人在犹太人的城市和乡村中的影响。

在《历代志》中几乎从头到尾完全缺失对西顿城邦的叙述。继波斯国王阿塔泽克西兹三世(Artaxerxes Ⅲ)在公元前4世纪中叶对西顿的突然袭击后,可能在波斯时期结束前,西顿完全失去了意义。《历代志》的作者处理在申命记历史时遇到关于西顿的有麻烦的历史信息,采取的方法是完全避免提到任何这些信息。《历代志》的作者一般在神学上关注的是忠诚可靠和令人愉快的非犹太人城市提尔,而西顿对他来说则是一件分心的事。

在犹太人历史文本里的腓尼基

总之,古犹太人的历史文本显示出了一种逐渐的变化,从区分西顿和提尔这两个单独的城邦,发展到对这两个城邦做统一的描述,使用的是短语词组"西顿人和提尔人",把它们两个一同称为腓尼基。这样的发展变化反映出了巴比伦时期、波斯时期和希腊化时期的各个历史事件。古犹太人的文本告诉我们,在巴比伦时期和波斯时期的大部分时间里,强大的提尔城邦和西顿城邦保持着它们的独立。两个城邦进行着经济上和政治上的竞争,经历了命运变化，而这种命运的变化又取决于支配这一地区的各个帝国的强权。提尔持续在整个巴比伦时期占有政治和经济上的优势，但在随后的波斯时期渐渐衰退。在波斯时期，西顿在波斯的帮助下逐渐变强。不过，西顿因在4世纪的中叶反抗波斯人而在后来受到了惩罚，而提尔在公元前332年遭受了亚历山大大帝的军队的破坏。这些悲剧性事件的后果是，提尔和西顿失去它们在经济上和政治上独立，开始被称为腓尼基，这个名字是古希腊人给他们起的，古希腊人在政治领域和海上贸易中就这样称呼他们的大敌。

我们推断，在《希伯来圣经》的各历史卷书中，很多信息对于重现铁器时代腓尼基的历史是不可靠的，这是因为这些文本是在它们描述的事件发生很久以后写的。这对于提尔的希兰国王而言特别切题，虽然《圣经》的作者描述了他的一些历史，但是细节似乎是在后来很晚的时候才加上去的，并且希兰在位的统治细节仍然还是难以捉摸的。希兰国王在《圣经》中被推测的历史，在公元1世纪的一位犹太历史学家弗莱维厄斯·约瑟夫斯（Flavius Josephus）的著作中得到确认。约瑟夫斯给他的故事引用了两个证人，迪奥斯［Dius，其代表作之一为《腓尼基人的历史》（*Histories of the Phoenicians*）］和以弗所的米南德（Menander of Ephesus），他们是公元前2世纪的两位历史学家。[13] 约瑟夫斯利用他们两人作为自己的信息来源，在他的著作《反驳阿皮翁》(Against Apion)和《对犹太人的溯源》(Antiquities of the Jews)中提到提尔的希兰国王。[14] 虽然又提供了一些附加的细节，包括有一次所罗门和希兰相互猜谜语，但是其中的故事基本上反映了《圣经》的叙述。然而，历史学家不愿意接受约瑟夫斯叙述的真实性，这并不一定是质疑他，而是质疑来自迪奥斯和米南德的信息，实际上在约瑟夫斯的罗马读者当中，迪奥斯和米南德并不被读者熟知。[15] 迪奥斯和米南德的信息似乎也太民俗化了，因此从历史的角度来看，不会被认真对待。归根到底，约瑟夫斯可能是采用了迪奥斯和米南德的故事，但在故事中注入了《圣经》的主题和事件，目的是给犹太人的历史一个更重要的古代闪光点，这么做始终是他的目的。因此，无论是从《希伯来圣经》中，还是从约瑟夫斯那里，有关希兰信息的历史真实性很难被接受。

犹太各先知文本中的提尔和西顿

《圣经》中属于预言体裁的那些书卷也经常提到腓尼基城邦，主要是提尔和西顿。不过，众所周知，由于原作者以及写作时间问题非常复杂，这些先知书很难被理解。虽然如此，当我们透过铁器时代后期和波斯时期的历史棱镜去仔细观察这些书的时候，它们对于提炼出一些历史信息来说，可能还是很有用的。

在很大程度上，这些先知书在谴责其他种族各种违反以色列王国或者犹大王国社会规范和道德准则行为的预言中，提到了提尔和西顿。公元前8世纪的犹太人先知阿摩司（Amos），因提尔违反了许多社会规范和道德准则，对提尔进行了宣判［《阿摩司书》（Book of Amos）1:9］。在其中的章节中，他们把整个社区的人移交给了以东（Edom）的说法，可能指的是提尔人进行的奴隶贩卖。[16] 奴隶贩卖在《圣经》其他的章节［例如《以西结书》27:13 和《约珥书》（Joel）4:6-7］中受到了指责，这听起来是令人信服的，因为我们曾看到过在荷马和希罗多德的著作中也提到相似的腓尼基人贩卖奴隶的说法。亲密关系契约可能指的是在古以色列人和提尔国王之间签订的契约，也就是说，如果《阿摩司书》的写作日期被确定为公元前8世纪的话，这可能是对在申命记历史中有关所罗门和希兰的关系所做叙述的证实。不过，这种说法也可能是指在新巴比伦时期的晚期或在波斯时期犹大王国和提尔的关系，因此这并不支持希兰的历史真实性。

我们能在《耶利米书》（Jeremiah）、《以赛亚书》（Isaiah）、《以西结书》以及《约珥书》中找到相似的对提尔表达的不利的负面观点。有时，这些先知者们把提尔和西顿这两个城邦放在一起来提到，正如《撒迦利亚书》（Zechariah）9:1-4、《耶利米书》47:4 和《约珥书》3:4 中的那种情形。《约珥书》3:4 能引起人们的兴趣，因为它可能有一些历史研究价值。这一段落的上下文内容是对耶和华和以色列的敌人之间未来发生战争的预言，而且以色列的敌人摧毁了耶路撒冷。因为暗示了犹大王国的崩溃，《约珥书》的写作时间经常被认定为是在波斯时期。有趣的是，提尔和西顿与腓力斯（Philistia）①被放在一起提到。先知者似乎试图要提到在地中海东海岸地区从北方到南方的全部政治实体。考古学家根据铭文和陶器确定，在波斯时期，腓尼基城邦明显地侵入了加沙（Gaza）、阿什杜特（Ashdod）、阿什克伦（Ashkelon）和迦特（Gath）等腓力斯人的城市。[17]古典作者（如伪西拉克斯，公元前4世纪著有《水手航海指南》）也注意到提尔和西顿对腓力斯的控制，这无疑导致了当地人和北方领主之间的某些紧张。不过，《约珥书》在同一上下文的内容中将它们一并提到。按照这样的一种叙述，我们能够提出，在波斯时期的后期或者在希腊化时期的早期，由于腓尼基城邦的衰退，预言反映出腓力斯与腓尼基城邦之间竞争消失的时间。

《以西结书》用了长达3章的篇幅（第26~28章）谈到提尔、西顿，偶尔也谈到艾尔瓦德，因此值得受到我们更密切的注意。在这3章中，《以西结书》预言提尔在未来

---

① 公元前12~前4世纪地中海东岸古国，为腓力斯人居住的地方。——译者

将受到围攻和摧毁，对地中海地区的贸易以及提尔城邦本身造成不良的影响。

先知者以西结的活跃时间，很可能是在公元前6世纪的前期，他的《以西结书》的写作时间可能在犹太人被流放到巴比伦或稍后不久。书的历史的来龙去脉是不清楚的，虽然对历史学家来说，准确地预言确切的事实或者预言实际的历史事件是值得怀疑的，但是写它的后果，并且给它赋予预言性的闪光点会是更合理的。

《以西结书》预言了即将到来的巴比伦的尼布甲尼撒国王对提尔的围攻和摧毁。历史学家暗示，围攻一直持续到公元前572年或者公元前573年。《以西结书》作出一个预言，在围攻结束的时候，城市将被一个强大的国王破坏。然而，历史并没有证实所预言的摧毁。文字和考古的原始资料确认的唯一事件是，提尔的精英人被流放到了巴比伦。《以西结书》的预言，似乎是一个一厢情愿的想法。先知者在目睹了耶路撒冷被围攻后，想象会有那么一天，这个可恶的提尔也将被围攻并且遭到摧毁（见图11）。

《以西结书》的第27章对提尔财富的描述特别丰富，因此我们能推断一些关于城市的历史线索。提尔是一个令人羡慕的沿海城邦，在贸易方面存在强大的优势。它的邻居是沿海的西顿、艾尔瓦德和比布鲁斯等城市，为它的舰船提供水手。有些地区，如黎巴嫩、塞尼尔（Senir）、巴珊

效劳国王：腓尼基人在《圣经》里的角色

图 11　油画《海景中的以西结在提尔的废墟上哭泣》，克劳德·洛兰（Claude Lorrain）约于 1667 年创作

（Bashan）、塞浦路斯和埃及为它提供各种各样的原材料，特别是木材。还有些地区，如布（Put）、卢德（Lud）和帕拉斯（Paras），为它的防御提供军队。不过，我们不得不对所列的这些地区的清单持怀疑态度，因为用诗歌的形式写的一段预言，目的是陈述准确的历史信息，这是极不可能的。例如，与提尔可能做生意的国家，包括突尼斯、马耳他、西西里岛和撒丁岛，都没有在叙述中出现。[18]《以西结书》中包含对提尔的生动描述完全有可能是，在公元前 573 年或公元前 572 年对提尔的围攻后，造成的后果是提尔更

加虚弱。

《以西结书》在对其他民族的一系列不利的预言中，也提到了西顿城邦。与对提尔的先前的不利的预言相比，这段章节的内容极为含糊和简短，先前的预言将近有3章。把西顿包括在其他民族的清单中，被视为一种举动，目的就是使民族的数量达到完整的或完全的数量（7个），或者说是保证全部沿海的政体都充分地受到谴责。[19] 不论是哪一种情况，《以西结书》对西顿感到不快，主要是因为西顿的宗教习俗，更确切地说，是因为对阿斯塔蒂女神的崇拜。

古犹太人的著作展现了对腓尼基城邦看法的发展过程。《圣经》的文本把腓尼基城邦——主要是提尔和西顿，描述为在经济和政治上独特的城邦，有着各自的发展轨迹。波斯时期末期和希腊化时期的犹太人作者，在腓尼基城邦在波斯国王的手中遭到破坏和蒙受羞辱之后，采用了将两个城邦放在一起共同描述的方式。提尔和西顿被认为是一个集合的人种地理单元（Ethnogeographicunit），不再能拥有自治权，而且，犹太人的著作是凭借固定词组"西顿人和提尔人"来反映出这种看法的。

这些著作在极大程度上与古代的其他文字原始资料相一致。虽然在意识形态上的偏见并不是没有，不过，这些著作指出了与腓尼基人相关的核心品质，就是他们航海的技能、从事贸易以及通过与其他王室签订条约来掌控政治势态的才能。而在把提尔和西顿当作独立城邦来看待时，古犹太人的著作也提出了对腓尼基和腓尼基人的一种独特的从近东的角度出发的看法，这种看法与地中海地区的或者说是与荷马的（Homeric）看法截然相反。[20]

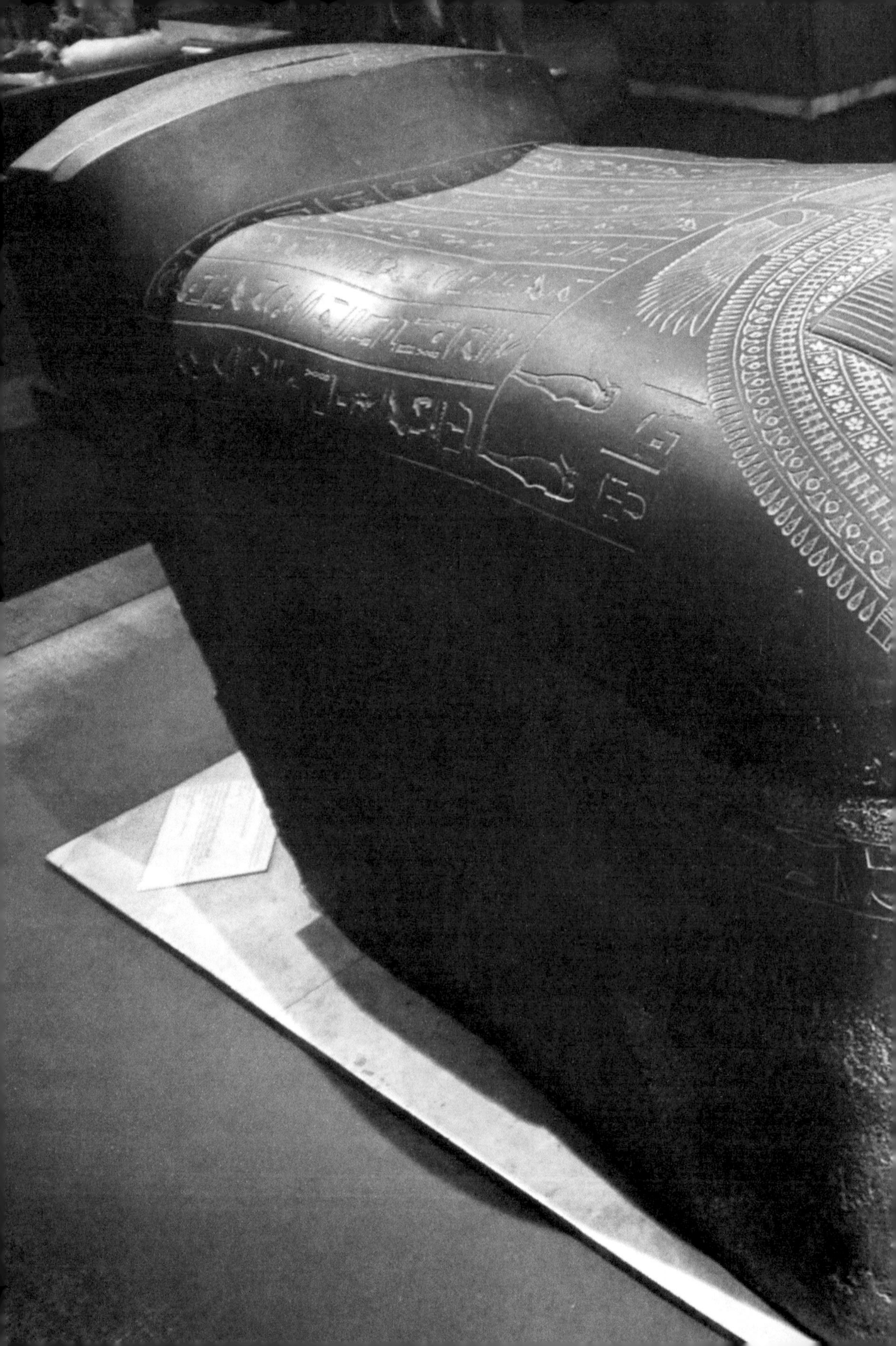

非凡之音：
腓尼基的文字

消失的文明：腓尼基文明

　　与原始文字资料相比，很少会有其他的原始资料更能增加我们对一个民族本身的理解。人们创作出文字著作来揭示他们自己和他们的时代，进而增进我们对他们的世界观、渴望、忧虑和成就的理解。令人难忘的例子有来自美索不达米亚的吉尔伽美什（Gilgamesh）和埃努马·以利施（Enuma Elish）的叙事诗、古犹太人的著作、荷马的《伊利亚特》和《奥德赛》，以及希罗多德和修昔底德的历史著作。然而，尽管在一些文明中的著作很丰富，但有些文明并没有给我们留下很多延续下来的文字著作。印加人（Inca）既没有著作，也没有文字遗产。甚至波斯人，除了偶尔对军事胜利的自我夸耀的铭文以外，对于通过视觉方式表达的他们全部的权力和发达的意识形态，缺乏任何值得人们注意的长篇的文字遗产。过去，历史学家通过是否存在著作来定义一种文明，因此把没有文字记录的民族和文明排除在文明民族之外。让我们思考一下以下引述的著名历史学家和作者巴巴拉·W.塔奇曼（Barbara W. Tuchman）在20世纪80年代写的一段话：

　　　　书是文明的承载者。没有书，历史是沉寂的，文学是哑言的，科学是残疾的，思考是停顿的。没有书，文明的发展是不可能的。它们是变革的引擎、

非凡之音：腓尼基的文字

世界的窗口、"时间海中的灯塔"（正如一位诗人所说的）。它们是同伴、教师、魔术师、管理精神财富的银行家。书是印刷出版的人类。[1]

在近几年，在定义一种文明的时候，人们一直在推动使用"符号信息交流"（symbolic communication）这个词组来取代文字，因为除了通过字母和单词以外，思想也可以通过其他媒介来表达。现在人们相信，前面提到的印加人使用一种用各种颜色绳打结的系统传递重要的消息。[2] 我们也认为米诺斯文化（Minoans）①是一种古老文明，虽然他们的线形文字甲（Linear A）②书写字母仍然还没有被破译，但这种符号信息交流的存在，表明了那种文化的复杂性，见图12。

就文字遗产而言，腓尼基人没有给我们留下很多。我们以为他们是识字的，因为他们在陶器和石头上留下了许多镌刻的铭文。不过，较长的文字著作，很有可能是写在容易被化学降解的用纸莎草造的纸或者羊皮纸上，经受不住时间的流逝和火灾的损毁。那些较长的文字著作在古代被提到过，因为约瑟夫斯说过，其他历史学家（如以弗所的米南德）曾使用过提尔的档案。[3] 腓尼基人也创作了宇宙天体演变论和叙述神统的史诗、历史和神话集，以及旅行的游记和农业的论文，很多被引用，或者在古罗马时代及之后被引

---

① 希腊克里特岛青铜器时代中晚期文化。——译者
② 亦译A型线性文字，为克里特人发展出来的文字。——译者

（1）西部闪语字母名称	（2）埃及象形文字的原型	（3）西奈半岛文字的原型（西奈半岛375a）目录第89号	（4）伊兹拜特萨尔塔陶片上的文字	（5）卡德尔楔形符号箭头#2目录第91号	（6）梅沙石碑	（7）撒马利亚陶片上的文字目录第90号	（8）希腊字母及名称
希伯来语的第1个字母（牛）	 （加德纳符号表F1）①			—			A 希腊语字母表的第1个字母
希伯来语的第8个字母（栅栏？）	 （加德纳符号表O42）			 H	 H		H 希腊语字母表的第7个字母
希伯来语的第11个字母（手掌）	 （加德纳符号表D46）			—			K 希腊语字母表的第10个字母
希伯来语的第16个字母（眼睛）	 （加德纳符号表D4）				O	—	O 希腊语字母表的第15个字母

图12　几种字母符号手写体的对应图表

述，但是它们都没有以它们原始的形式幸存下来。[4]

　　即或有文字著作存在，但是它们是否随着时间的推移而失去了，是一个争论未决的论点，这是由于我们没有任何东西可以拿来分析，也许永远也不会有。我们所拥有的是一些很短的铭文，虽然如此，但仍能启发我们对腓尼基人本身、腓尼基的宗教、政治和社会历史的理解。我们将设法按所呈现的年代对它们进行分类整理，并且从中鉴别出最重要的铭文。

---

① 英国埃及学家艾伦·加德纳在20世纪破译埃及铭文和印章时所发明的符号表。——译者

非凡之音：腓尼基的文字

字母系统和语言的发展

在我们开始探索腓尼基铭文本身之前，应该特别强调腓尼基人发明的字母系统。字母系统的出现，与象形文字或者楔形文字截然相反，它是非常重要的。字母系统的出现被经常认为归功于腓尼基人。古希腊历史学家希罗多德是第一个表达了这种可能性的人，他写道：

> 因此，这些腓尼基人，包括耶弗莱人（Gephyraians）①，带着卡德摩斯（Kadmos）② 一起来到并且定居在这块土地上，他们传给古希腊人很多知识，尤其是，教给他们字母表，我相信，古希腊人以前没有这种字母表，但是起初所有的腓尼基人都使用这种字母表。随着时间的推移，字母的发音和形状发生了变化。因为在这个时期，主要是爱奥尼亚人（Ionians）住在腓尼基人的周围附近，他们是首先被教授使用字母表的人，在对字母的形状做了一些改变之后，他们充分地利用了这些字母。但是，当他们谈到这些字母时，他们称之为腓尼基的字母。这恰好是正确的，因为是腓尼基人把这些字母引进到希腊的。[5]

---

① 以色列人的一个部落。——译者
② 在古希腊神话中，是腓尼基国王的儿子、欧罗巴的兄弟。——译者

根据希罗多德的著作，古希腊人从腓尼基人那里借用了文字系统，随着时间的推移，通过改变字母的形状，使这一文字系统适合他们自己使用。古希腊人因此摆脱了使用源自长期竞争对手和敌对者的任何东西的心理困扰，但他们很乐意把改进的文字系统中的字母称为"腓尼基的字母"。

然而，字母表的发明归功于腓尼基人仍然受到质疑，因为历史学家已经确定，在近东地区的其他地方出现了许多风格迥异的非象形符号。腓尼基字母的前身可能是原始迦南语（Proto-Canaanite）的全套字母（从公元前13世纪开始出现并一直持续），[6]在良好的考古环境下，考古人员在陶器和其他物品上发现了这种文字。与埃及的象形文字的符号相比，原始迦南语的全套字母是一种更格式化、更简化的语言基本发音表示方法。

以线条表现的字母（linear alphabet）出现的另一个发展过程是照搬楔形文字的形状，见图13。公元前1000年，这两个过程相互融合、补充，形成了一套22个字母的腓尼基辅音字母表（见图14），"相当于它的音韵系统"，[7]从右向左读。没有元音，因为读者会基于他们对词汇、语法和上下文的熟悉程度补充上元音。一些语言学家提出，在很大程度上由于腓尼基城邦的贸易和殖民活动，这套简化的和便于使用的字母在整个地中海地区得以传播，并且最终被古希腊人采用。[8]

（1） 按字母顺序的符号	（2） 乌加里特记事符号 （古体形式）	（3） 阿希拉姆（Ahiram）石棺上的符号（早期的腓尼基字母）
希伯来语字母表的第3个字母		
希伯来语字母表的第15个字母		

图 13　乌加里特（Ugaritic）记事符号和相对应的按顺序的字母符号之间的比较

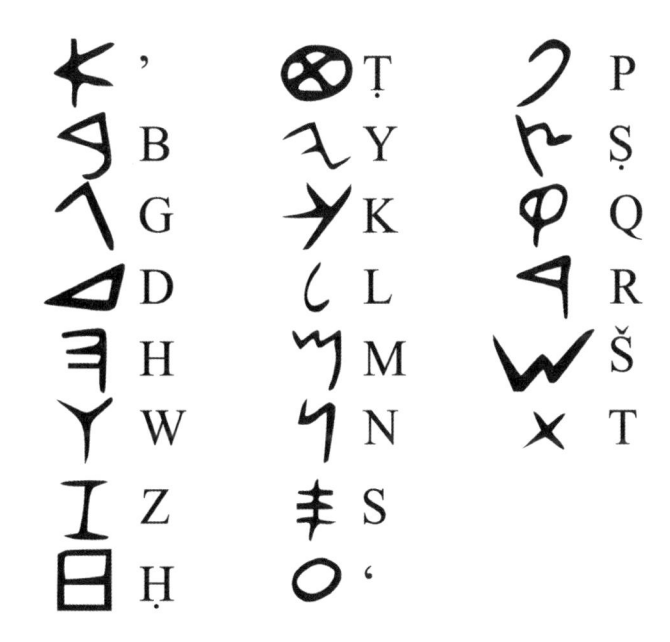

图 14　腓尼基的字母表

消失的文明：腓尼基文明

在青铜器时代晚期和铁器时代初期这段混乱的时期，在腓尼基的各个城邦中，比布鲁斯首先成为使用字母书写的中心。[9]有些学者试图阐述得更精确，其中有一位提出，比布鲁斯的伪象形文字字母是在约公元前900年被设计出来的，一直持续使用到公元前9世纪的60年代，然后在约公元前830年被最早出现在纪念碑上的用字母镌刻的铭文所取代。[10]此后不久，提尔和西顿的方言作为标准的"提尔和西顿的"（腓尼基的）地区语言出现，在某种程度上影响了比布鲁斯的书写方式。此外，在大约公元前900年，在塞浦路斯，来自腓尼基故土的那些移民采用了腓尼基的字母表。[11]最终，腓尼基语言在北非的拼写变种称为迦太基语，开始在腓尼基的（提尔的）殖民地迦太基使用。

腓尼基的字母表被证明是很有吸引力的，因为讲希伯来语和阿拉米语（Aramaic）①的人都按照他们的需要，采用了这个22个字母的文字系统。不知是它的简单、腓尼基字母的威望或者还有什么别的原因。另外，希罗多德在著作中所提到的，公元前2000~前750年，古希腊人曾经借用了原始迦南语（Proto-Canaanite）的全套字母。[12]虽然希罗多德的叙述缺乏关于字母表何时出现的足够的信息，但他在很大程度上准确地识别出了这个文字系统从腓尼基

---

① 阿拉米语，也称亚兰语，属闪含语系闪米特语族，公元前9世纪通用于古叙利亚，后曾一度成为西南亚的通用语。——译者

语到古希腊语的系列转换的对应关系。[13]

腓尼基的书写系统在1758年被法国作家和古钱币学家让·雅克·巴泰勒米（Jean-Jacques Barthélemy）破译。最终的破译工作由德国神学家和语言学家威廉·格泽纽斯（Wilhelm Gesenius）完成，他被认为在19世纪上半叶创建了腓尼基和迦太基的研究课题。目前，已超过1万个腓尼基和迦太基的铭文被发现和破译。[14]

腓尼基的铭文

作为当地声音的载体，出自腓尼基各个城邦的铭文能显示关于他们社会、政治气候和宗教事务潜在的无价的信息。与展示外人观点的文字原始资料（大多为古希腊语）形成对比，出自腓尼基故土的铭文能揭示出作者是怎样看待他们自己的身份以及他们怎样通过书面表达出来。不过，难的是缺乏出自腓尼基的文字记录。例如，提尔这座腓尼基城邦，只产生了一件很小的铭文样本。[15]通常，历史学家不得不依赖于王室的铭文，这样的铭文，我们有一些样本。家庭层面的书写样本非常稀有，从历史观点来看，它们几乎揭示不了什么。对现有考古层的损坏、在长期持续居住区地下进行广泛挖掘的不可能性及缺乏大范围识别出文字的能力，是限制发现存在的腓尼基铭文证据的重要原因。这里我们将对可得到的证据做一个简要的概述，旨在提炼出历史信息和任何能表明铭文作者身份的资料。

消失的文明：腓尼基文明

出自比布鲁斯的铭文

一些最古老的铭文在比布鲁斯城邦被发现。在 1923 年法国人的考古挖掘过程中，阿希拉姆（Ahiram 或 Ahirom[16]）国王的一个石灰石石棺被发现（称为 ANET661）。这个石棺刻有为阿希拉姆写的一篇墓志铭，是由他的儿子伊托巴力（Ittobaal）委托人雕刻的，通常断定石棺的年代是在铁器时代早期（约公元前 1000 年），见图 15。

略微有些粗糙的铭文被刻在石棺盖子四周的边缘上和石棺上部的边缘上，对扰乱死者安宁的任何人发出诅咒。历史学家指出，石棺上的图示形象（如荷花，见图 16）与

图 15 比布鲁斯国王阿希拉姆的石棺，约公元前 1000 年

图16 在古埃及吉萨（Giza）希特佩特（Hetpet）坟墓上的传统荷花形象，埃及古王国第5王朝

古埃及的图案有关，一些人甚至提出，这个石棺是在埃及被委托制作的，然后进口到比布鲁斯。[17] 与古埃及的关联并不令人感到吃惊，因为比布鲁斯在它的历史进程中一直与古埃及保持着紧密的政治和经济联系。更重要的是，通过铭文来确认王朝的连续性，儿子向死去的父亲尽义务，发誓任何人如果敢于冒险扰乱并且亵渎比布鲁斯和他父亲的坟墓，将受到应有的惩罚。因此，阿希拉姆的铭文所起到的作用，既是对王朝连续生存能力的证言，也是与比布鲁斯故土永恒关系的证言。

尤其值得注意的是，在石棺上含有诅咒，不仅在比布鲁斯，而且在古近东其他的地方，都是葬礼的一个典型特征。有几个在古埃及坟墓上含有诅咒的例子，其中大多数具有下列的特性："被诅咒的是那些扰乱法老安息的人。他们如果打开这个坟墓的密封，就会发病死去，没有哪个医生能诊断出是什么病。"[18]出于对死者的尊重，通常不详细说出具体的惩罚，他们受到扰乱被认为是不可想象的。与此相同的看法也可以在希罗多德对巴比伦的王后尼托克丽丝（Nitocris）坟墓的铭文中被观察到："如果在我之后的一个巴比伦统治者需要钱，那么就让他打开我的坟墓，他喜欢拿多少就拿多少。但是如果他不需要，愿他无论如何都不要打开，否则，这将对他不好。"[19]在尼托克丽丝的坟墓上书写的这段文字是在希罗多德讲述的一个故事中被提到的，故事的上下文首先是说明大流士的贪婪，然后希罗多德在这里做了一个发挥，阐明了一个传统，就是用诅咒来恐吓那些打扰死者的人。比布鲁斯及其国王深深植根于古近东的文化，他们在殡葬和伴随的各种仪式中，采用了这一地区共同的传统。

阿希拉姆和伊托巴力这两个名字与《希伯来圣经》中的名字希兰（Hiram）和伊施巴力（Ethbaal）十分相似。希兰是一位杰出的提尔国王，和大卫有广泛的交往，并且伊施巴力是以色列亚哈（Ahab）国王妻子耶洗别（Jezebel）的父亲。《希伯来圣经》的作者是否知道腓尼基城邦的历史并且反映出相关的知识？虽然不可能完全知道和反映，但是名字的错误拼写或者名字的拼写变体，这些情况在腓尼基各个城邦中相当普遍，所以名字意味着某种关联。由于缺乏当地的腓尼基铭文，所以我们不能确切地回答这个问题。

除了阿希拉姆铭文和另一个比布鲁斯耶希密尔克（Yehimilk）国王较小的王室题献铭文外，我们也有相当多的年代断定为波斯时期的出自比布鲁斯的铭文。其中最古老的是希普提巴力三世（Shiptibaal Ⅲ）或者他儿子的以及另一位国王的两篇殡葬铭文。两篇铭文都包含了对潜在的扰乱死者安宁的那些人的诅咒。更令人感兴趣的是耶豪密尔克（Yehawmilk）国王（KAI10）的铭文，被刻画在一块石灰石的石墓碑上。这个石墓碑是于1869年在古老的比布鲁斯/古巴尔（Gubal）女主人神庙（Temple of the Mistress of Byblos/Gubal）的废墟中发现的。在石墓碑上面，女神被描绘坐在一个宝座上，穿着一件古埃及样式服装，头上戴着一个带有翼的扁圆盘，她用一只手持着表示权力的权杖；用另一只手祝福着耶豪密尔克国王，而国王朝着她伸出一个器皿，也许是一个杯子。留着胡子的国王看上去穿着波斯样式的衣服，这证明了铭文是在4或5世纪完成的。

铭文描述在波斯时期对比布鲁斯女主人神庙的整修。比布鲁斯的女主人经常与城邦联系在一起，很多人想要知道这位女神的起源。她似乎等同于早在公元前15世纪开始的古埃及女神哈索尔（Hathor）[①]。[20] 通常认为，这个女神是一位集

[①] 埃及神话中掌管爱情、繁殖、育儿的女神。——译者

中3位迦南女神，即阿瑟拉（Asherah）[①]、阿斯塔蒂（Astarte）和安娜特（Anath）[②]，由不同宗教信仰各个方面融合在一起的女神。[21]这样做是把比布鲁斯的王室塑造成为在文化上与更广泛的古近东文化相关，并且在某种程度上受其影响。

　　铭文传递的是普遍意义上的繁荣和稳定。在不间断的动乱或政治动荡中进行一项如此大规模的工程是不切实际的。因此，耶豪密尔克铭文指出，不论比布鲁斯面临什么内部或者外部的压力，比布鲁斯的精英们确信已实施的翻修继续进行下去。铭文也告诉我们王位登基序列的不正常。耶豪密尔克可能不是从他的父亲耶哈尔巴力（Yeharbaal，没有王室的头衔）那里继承的王位，而是从他的祖父尤里密尔克（Urimilk）国王那里继承的（"我是耶豪密尔克，比布鲁斯的国王、耶哈尔巴力的儿子、比布鲁斯的国王尤里密尔克的孙子，女神、比布鲁斯的女主人，赋予比布鲁斯国王权力"[22]）。比布鲁斯里的政治生活似乎非常繁忙，而另一个刻在大理石石棺上的比布鲁斯的铭文确认了这段内容。经常被称为《巴特诺姆墓志铭》（*the funerary inscription of Batnoam*，KAI11）的一篇殡葬铭文，也反映出王室领导权较小规模的洗牌调整，这个铭文显示阿兹巴力（Azbaal）的父亲帕尔提巴力（Paltibaal）没有王室的头衔，据说是比

[①] 亦译阿什拉，古代西闪米特人所崇拜的女神，是至高神厄勒（亦译艾尔）的配偶，在叙利亚和巴勒斯坦广大地区被尊为众神之母。——译者

[②] 西北闪米特的一位主要女神。——译者

非凡之音：腓尼基的文字

布鲁斯的女主人的一名祭司［"躺在这口棺材内的我，巴特诺姆（Batnoam），是阿兹巴力国王的母亲，阿兹巴力是比布鲁斯的国王、帕尔提巴力的儿子，帕尔提巴力是女主人的祭司"[23]］。一些人提出，阿兹巴力创建了一个新的王朝，是对波斯帝国权威的挑战，但是所做的解释可能过于简单。很显然，比布鲁斯王室时不时地会经历内部政治动乱的时期，而这种动乱很可能是以意想不到的权力争夺为特征。

来自西顿的铭文

来自西顿的大多数铭文，都被断定是波斯时期的铭文，这并不令人感到意外。西顿是在黎凡特地区海岸边的城邦，无论在政治还是经济上都非常强大。尤其是它具有很强适应能力的韧性，能够在帝国连续消逝和自然灾难中幸存下来，经历了古老定居点的城市化，这些都是在西顿石棺上的铭文所记述的。

最值得注意的铭文是塔布尼特（Tabnit）国王的铭文（KAI13）以及埃什蒙那扎尔二世（Eshmunazar Ⅱ）国王的铭文（KAI14），见图17。它们是在两口从埃及进口的黑色玄武岩棺材上被发现的。

有趣的是，塔布尼特的石棺（见图18）以前已经被使用过，而埃什蒙那扎尔二世的石棺是新的。塔布尼特的铭文通常被认定在公元前6世纪下半叶完成，其主要目的是威慑潜在的抢劫者。铭文明显地把西顿的王室与对阿斯塔

119

图 17　西顿国王埃什蒙那扎尔二世的石棺（公元前 6 世纪后期）

蒂的狂热崇拜联系在起来。

在铭文的描述里，塔布尼特似乎承担了王室和祭司（神职人员）的两种角色（"我，塔布尼特，阿斯塔蒂的祭司、西顿人的国王、埃什蒙那扎尔的儿子，躺在这口棺材里；埃什蒙那扎尔，阿斯塔蒂的祭司、西顿人的国王"[24]）。但是，他的儿子埃什蒙那扎尔二世（埃什蒙那扎尔一世的孙子），不带有相同的头衔（"埃什蒙那扎尔二世，西顿人的国王、塔布尼特国王的儿子；塔布尼特，西顿人的国王；埃什蒙那扎尔，西顿人的国王"[25]）。

埃什蒙那扎尔二世的铭文告诉我们，他统治的时间相对较短，只有14年，是从他父亲塔布尼特死后开始的。当

图18 西顿国王塔布尼特的古埃及式样的人形石棺（公元前5世纪早期）

他登上国王宝座时，国王太年轻了，因而他的母亲阿莫塔什塔特（Amotashtart）担任摄政王，等待这位男孩长大成人。即使当埃什蒙那扎尔二世承担起王室责任时，阿莫塔什塔特仍然很深地介入城邦的事务。他们两人监督了阿斯塔蒂（Astarte）神庙、埃什蒙（Eshmun）神庙和巴力（Baal）神庙的建造。虽然两篇铭文的内容都对扰乱坟墓的人发出了可怕的警告，但与在塔布尼特铭文中提到的单一的神阿斯塔蒂相比，这3位神表明了一个扩大的众神。埃什蒙那扎尔二世的铭文也提到一个波斯帝王送给西顿国王的土地，这位波斯帝王也许是薛西斯（Xerxes），因为西顿参与了反对古希腊人的战役 ["君主阁下给了我们在沙龙（Sharon）平原上大衮（Dagon）的光荣土地，即多尔（Dor）和约帕（Joppa），因为我已经做了非常伟大的事情"[26]]。

除了数目较多的塔布尼特和埃什蒙那扎尔二世的铭文以外，还有许多出自西顿的其他的短得多的铭文资料。它们中的许多是所谓布达什塔特（Bodashtart）铭文，在建造埃什蒙神庙（Temple of Eshmun）的石头上发现，这个神庙在现代西顿的附近。它们中大多数强化了女神阿斯塔蒂以及在西顿对她的特别狂热的崇拜的论点，尤其是在波斯时期对她的狂热崇拜。

最后一篇出自西顿的铭文是巴力什兰姆（Baalshillem）铭文。这篇铭文是一个对埃什蒙赞颂的宣告，位于在埃什蒙神庙附近的一座儿童雕像的底座上。雕像本身与幸福安康有关：

单词"埃什蒙"从词源上来说与意思为康复或健康的词根有关。埃什蒙经常出现在西顿的铭文中，支持了一种观念。因此，除了阿斯塔蒂之外，埃什蒙也是西顿的传统的神。

腓尼基故土之外的铭文

与腓尼基城邦相关的一些铭文，虽然语言比较接近，但是在真正意义上的腓尼基之外的地方被发现的。它们中的两个，亚迪亚（Ya'diya）国王基拉姆瓦（Kilamuwa）的铭文，以及赫梯（Hittites）国王阿查提瓦达（Azatiwada）的铭文，在现在属于土耳其的地方被发现。它们是都是对基拉姆瓦（Kilamuwa）和阿查提瓦达（Azatiwada）取得成就的夸口宣言。虽然铭文带有对可能会打扰他们的人的常见诅咒，但是它们与腓尼基的故土没有直接联系。

有几篇腓尼基的铭文出自塞浦路斯，更具体地说，出自腓尼基的传统殖民地基蒂翁（Kition）和伊达利厄姆（Idalion）。这些铭文中的大多数是简短和不完整的，没有提供太多关于塞浦路斯的居民与腓尼基相互交流的细节。不过很清楚，从公元前5世纪开始，塞浦路斯不知不觉地进入爱琴海文化的领域范围，与腓尼基的联系显著地减少。这个过程并不令人感到意外，公元前5世纪古希腊人和波斯人之间持续不断的冲突，直接影响到了腓尼基人，因为人们都知道他们是波斯帝国阿契美尼德王朝的合作者，为波斯帝国提供舰船和士兵。

涉及希腊和腓尼基关系的铭文是出自希腊本土大陆的两篇关于腓尼基的铭文。铭文尽管来自以前敌对的土地，但显示出与腓尼基城邦，特别是与西顿的清晰的联系。一篇出自比雷埃夫斯（Piraeus）的铭文（KAI60），是以古希腊人在投票之后的决议的风格写的，铭文向一位沙马巴（Shamaba 'al）的加冕表示敬意。金质王冠市值20达里克[①]，用来对他在重建西顿人社区神庙庭院时所提供的服务表达谢意。使用这篇铭文进行历史的重现或者社会历史的分析的主要困难是它的来源未知。众所周知，至少到公元前96年，在希腊没有西顿的飞地，因此，不情愿把它的时间确定得更早，是可以理解的。但是，至于提到的达里克，可能把铭文的日期确定为在波斯时期，那时达里克在被使用，或者在亚历山大大帝时期，因为达里克甚至在波斯帝国的终止之后才流通。考虑到这一不确定性，我们只能说在希腊曾经有一个西顿人的社区，并且这些西顿人通过采用与古希腊人决议相同的文字风格，以及采用从现有的古希腊铭文知道的对紧迫事情相同的投票程序，表现出了一种惊人的融入流行文化中的能力。由于比雷埃夫斯铭文的来源未知，我们可获得的衍生信息就更少了。

另一篇铭文证实了西顿人在希腊建立一个定居点的看法。这篇铭文是凯菲索多托斯（Cephisodotus）[②]发布的一条法令《凯菲索多托斯法令》，向西顿的国王斯特拉

[①] 古代波斯的一种金币和货币单位。——译者
[②] 雅典将军、政治家克菲索多德（Kephisodotus）。——译者

顿［Straton，在其他原始资料中也称为的阿卜达什塔特一世（Abdashtart I）］表示敬意，铭文的年代被推断在公元前366～前360年。这个铭文被雕刻在大理石石墓碑上，石墓碑在靠近帕台农神庙①（Parthenon）的地方被发现。从铭文中看出，居住在雅典的西顿人享受特殊待遇，例如，他们被免除了对外国出生的雅典公民所征收的客籍（Metic）税。在各地造反的重压下以及由于帝国本身结构的弱点，波斯人的运气渐渐减少，居住在雅典的西顿人也充当了雅典人和波斯人之间的调解人。西顿人很可能热切地盼望，将来在他们对前主人波斯人的任何反抗中，能获得雅典人的支持。在铭文完成仅仅几年之后，西顿的另一位国王坦尼斯（Tennes），反抗了波斯王阿尔塔薛西斯三世。[27]一般来说，《凯菲索多托斯法令》（Cephisodotus decree）给我们提供了关于波斯时代西顿的政治和文化发展的难得一瞥，这个铭文中的信息是从任何其他原始资料中得不到的。雅典人向到访的西顿国王表示了极大的尊重，而就是这个西顿，在百年前的波斯反对希腊的战争中，极大地帮助了波斯国王。

虽然我们很少听到腓尼基城邦当地居民的声音，但是那些我们能够听到的声音，能使我们进一步弄清楚一些他们的自我认同和他们在更广泛的古近东历史中的位置。信息的局限性在于这些铭文的特点，因为这些铭文主要属于王室和殡

---

① 祭奠雅典娜女神的神庙，在希腊雅典，约于公元前5世纪建成。——译者

葬的铭文，因此很少告诉我们关于普通人的、除葬礼以外其他议题的或腓尼基城邦社会生活的其他方面的信息。

多数腓尼基的铭文证明了，腓尼基城邦的居民忠于他们的城市，几乎从未对各城邦组成的联盟表示忠诚，无论这个联盟是真正的联盟还是被外部指定的联盟。此外，虽然他们使用的文字系统相似，但是他们仍然保持他们自己独特的方言。

每一个单独的城邦都坚守它自己宗教所信奉的诸神。在比布鲁斯，"比布鲁斯的女主人"在城市的整个历史中受到持久不变的尊敬，而阿斯塔蒂和埃什蒙这一对神是与历史有关联的神，也是在出自西顿的铭文中被突出强调的神。

单独的城邦也在古近东的文化环境中有效地发挥了作用。通过使用殡葬铭文中的诅咒和祝福，以及显示对当时统治风格的偏好，腓尼基的国王和王后采用了与他们的邻居相同的文化习俗，正如塔布尼特和埃什蒙那扎尔二世采用古埃及石棺的情况一样。与在别处的古代社会一样，王室和普通人之间的社会阶层划分在腓尼基人中也很明显。

我们应该对腓尼基的读写能力说上几句话。在公元前8世纪开始，写和读的能力从腓尼基各城邦王室的精英中传播到王室以外。[28] 一些人甚至提出了，因为各个单独的城邦把铭文刻在印章和硬币上，那么随之带来的结果就是识字能力在腓尼基的大片地区广泛传播，至少在硬币被引入时是这种情形。[29] 几个被引述的支持这种观点的因素有做记录、贸易契约和草书的采用。

不过，关于识字能力在波斯时期的各城邦中广泛传播的提法并不完全令人信服。印章和硬币上字母的存在不一定意味着使用者能理解文字说的是什么。具有识别出不同标志和符号的能力，对于确定一枚硬币的价值或者确认某个印章持有人的身份已经足够了。与此类似，商人不需要识字来管理他们的记录。最后，草书可能是用来在社会阶级之间保持层次划分的一种方法，而且把草书作为更高社会地位的一种标志。

关于腓尼基读写能力的一个更可能的说法是，与周围国家以及古代社会文化的读写能力水平相匹配，也就是说，这是精英和（或）职业抄写人书吏的特权，他们被委托传递来自王权的消息；商人和普通人可能有专业读写能力，是一种基本的需要阅读和书写对他们所从事的活动有意义的符号使用技能。作为一项享有特权的技能，书写文字可能被当作一个有威望的标志，说明被委托书写文字的那个人的社会地位，无论他是在石墓碑上还是在石棺上书写文字。

最后，铭文的证据证实了腓尼基城邦独立和自治的特点。例如，在比布鲁斯，这表明了王室领导权的更迭起因于内部的发展结果，或许是争吵，很少有外部的影响。与此类似，西顿的王室似乎策划了他们自己与各个帝国权威交往的行动方向，这主要是在波斯时期，通过选择他们是否支持波斯帝国阿契美尼德王朝的军事行动，他们偶尔为此得到土地的奖赏。

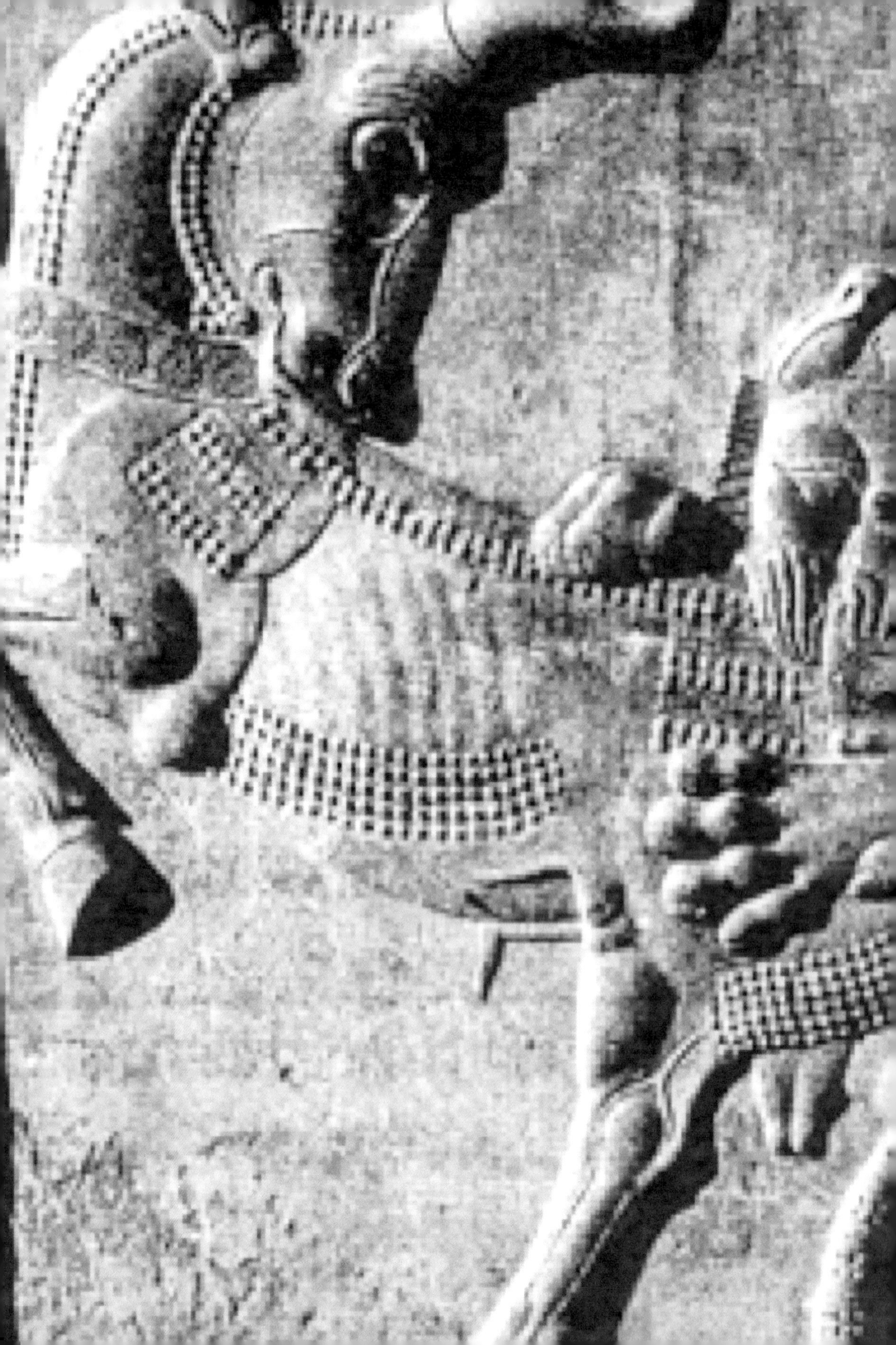

货币往事：
腓尼基的硬币

腓尼基本身、腓尼基与黎凡特地区权力巨头的相互作用、两个腓尼基城邦的经济关系，乃至与更广泛的地中海地区的经济关系的信息内容，不仅可以通过文字的原始资料获得，也可以通过对古钱币的研究获得。腓尼基的硬币有不同的形状、重量和材料，还有不同的图案、铭文和流通方式。在某种程度上，硬币很难被历史学家解读，因为对它的考证不像文字那样清晰，必须凭借大量的比较分析并且利用一系列解释策略才能得出历史结论。在本章中，我们将简要概述硬币的历史，然后介绍腓尼基的硬币的各种变化。令我们特别感兴趣的是，硬币从一座城市到另一座城市所经历的各种变化，以及随整个时间经历的变化，这些变化对我们理解在腓尼基城邦所经历的历史过程是极为重要的。

硬币的历史

由于我们缺乏王室关于设立造币机构的法令或实际生产硬币的人们在日记中的记载，我们必须依靠希罗多德关于确定第一枚硬币是在什么时间和什么地方发明的证据。希罗多德在公元前5世纪的著作中，记载了在小亚细亚的吕底亚人（Lydians）最先采用硬币作为一种货币工具："吕底亚人的生活方式与古希腊人近似，没什么不同。吕底亚人最先使用金币和银币并且提出零售业。"[1] 希罗多德描述了吕底亚人是如何能够把一种天然的金银合金［通常称为琥珀金（electrum）］变成货币。在这里，希罗多德没有虚构故事。这段叙述推断了一个涉及吕底亚最后一位国王克里萨斯（Croesus）的冗长故事，里萨斯因他拥有的巨额财富而闻名，与波斯的国王居鲁士大帝（Cyrus the Great）交战，并在公元前546年战败。因为硬币是在波斯人战胜吕底亚人之后不久在波斯出现的，所以希罗多德关于硬币起源的陈述应该是在证明权力的更迭和具有讽刺意味的结局——当时最强大的"野蛮人"帝国采用了被战胜的、更先进成熟的吕底亚人的习俗。

由于对希罗多德的叙述不完全满意，古钱币学家仔细观察秘藏的硬币并且把它们与原始文字资料进行核对，试图追溯最早制作硬币的中心。据说，大量铸造银币的第一次尝试是公元前6世纪的头30多年中在萨罗尼克湾（Saronic Gulf）①的埃伊纳岛（Aegina）②上，这个岛位于雅典东南40千米。[2] 埃伊纳人（Aeginates）早期看到了货币在全球贸易中的价值，并且不久他们的硬币便可以在整个古代社会中被找到。这种广泛的流通，部分是得益

---

① 又名埃伊纳湾、爱琴海海湾，位于希腊的东南海岸。——译者
② 希腊东南沿海岛屿。——译者

131

于硬币上具有相同的图像，在硬币正面显示的是一个海龟。埃伊纳岛的铸造硬币，其实际做法适时地影响了其他的单一民族国家，这些国家也在努力争取硬币图像和重量的统一。

在发明硬币之前，贵金属（银、金和金银合金）在古代社会的贸易中被使用。例如，在古近东，考古学家已经发现在很多地方都有贵金属的秘藏处，当时货币的主要量度单位——谢克尔（shekel），大约是在8.26克左右波动。[3]谢克尔采用冲压金属块的银锭形式，是用于商业和神庙交易的"预货币工具"（pre-monetary instruments）的最早的例子之一。不过，随着时间的推移，硬币被认为是使商业变得便利，征收税款以及付款和收款变得更方便的手段。硬币由单独的国家铸造，以保证它的价值。古币通常由贵金属制成，一枚硬币的价值比相同重量的纯金属的价值要高，以便补偿造币的成本。

在希腊，以埃伊纳岛的硬币为样板，雅典和科林斯（Corinth）在此后不久，即在公元前6世纪末开始铸造硬币。在该世纪末，古希腊有超过100家造币厂在生产硬币。[4]古希腊硬币（见图19）成为一种不可避免的必需品，主要是因为需要用一种容易携带的货币工具支付雇佣兵，以及向国家支付各种各样的法定款项。[5]轻便的硬币具有可携带性，为古希腊人的财富积累作出了贡献。[6]例如，雅典的一些硬币不仅在与雅典正式结盟的国家［例如提洛同盟

图19 一枚雅典硬币的当代重现

（Delian League）①］中受欢迎，也在其他土地上［埃及、巴勒斯坦、腓尼基、巴克特里亚（Bactria）②和阿拉伯］受到欢迎。[7]在某种程度上，雅典的猫头鹰（古希腊）四德拉克马银币（Tetradrachm）使用得最为普遍，实际上代表了这座城市和它的威望。

古希腊钱币学给了我们一些重要的术语。首先是古希腊小银币奥波勒斯（obol，字面意思是"一个铁火花"）是一个基本的货币单位。6个奥波勒斯等于1个德拉克马（drachma，在希腊语中的意思是"零星几个"）。4个德拉克马或1个四德拉克马银币等于1个金币（stater，字面意思是"重量"），金币既可能由金铸造，也可能由银铸造。

---

① 公元前478～前404年古希腊城邦为抵抗波斯而结成的军事同盟。——译者

② 又称大夏，是中亚古国，今阿富汗北部和乌兹别克斯坦、塔吉克斯坦的一部分。——译者

所有这些术语指的是使用的贵金属的重量,以及在这些货币单位之间保持固定的对应关系。不过,硬币本身的衡制随着时间的推移会有所波动,尤其是在金和银之间的兑换率的波动造成的。

在波斯帝国阿契美尼德王朝时期,波斯人开始制造自己的货币。大流士一世(Darius Ⅰ,在位时间:公元前522～前486年),一般认为他采用了金币单位达里克。[8]1个达里克金币等于20个西格劳斯(sigloi)银币(sigloi是siglos的复数形式,意思是"称重",从词源上与谢克尔有关的)。1个达里克金币重约8.4克,有很高的黄金纯度(大约98%),并且与古近东的谢克尔相当。[9]西格劳斯的重量为11.2克,银的纯度在94%～97%。[10]波斯帝国阿契美尼德王朝时期硬币独有的特征是,在硬币的正面描画的是王室的射手,作为波斯国王的权力和威望的象征。广阔的波斯帝国欣然接受了硬币,把硬币当作在与希腊发生大量冲突期间支付雇佣兵费用的便利方法。

波斯人实行了一个相当宽松的、自由的统治形式,允许他们的臣服者有相当多的经济和政治自治权。在波斯管辖下的领土能保留他们当地的政体组织架构并且在波斯领导下保持他们的文化。因此,很多波斯的臣民,包括腓尼基人,开始铸造自己的硬币,目的是使国内和国际贸易变得更容易,向波斯人缴纳贡款和补偿劳工和雇佣军变得方便。在此过程中，他们经常混用古希腊和波斯的硬币，既采用古希腊的衡制标准，也采用波斯的衡制标准。

在腓尼基采用的硬币

在分析腓尼基城邦的硬币前，我们需要探讨几个重要的问题。首要问题是第一批硬币是在什么时候被制造出来的，以及它们为什么被首先使用。大多数研究者同意腓尼基人开始制造硬币的日期相对较晚，是在公元前 5 世纪中叶的某个时候，比吕底亚人和古希腊人几乎晚了 150 年。[11] 4 个主要的造币厂在艾尔瓦德、比布鲁斯、西顿和提尔，多年来关于它们被引入的顺序，存在着争议。观察秘藏的硬币是确定硬币日期的主要方法之一。秘藏贵重材料和硬币在古近东地区相对普遍，由于冲突太多，须用秘藏来保护财富。通过分析秘藏的财宝，以及确定是否存在特定城市的硬币，我们才能作出关于硬币引入时间的合理结论。例如，如果有几个秘藏之处有提尔和比布鲁斯的硬币，但没有西顿的硬币，而之后秘藏之处却有西顿的硬币，那么我们就能断定，西顿的硬币是在比布鲁斯和提尔引入硬币之后出现的。人们普遍接受的引入硬币的顺序：比布鲁斯、提尔、西顿、艾尔瓦德。

由此产生另一个问题：究竟为什么需要硬币。毫无疑问，与以物易物的交易或支付沉重的贵重材料相比，硬币是经济交易更便捷的方法。它便于携带，带有发行机构的标记，可用于实现政治目的，比金属块更适用于更复杂的和更灵活的商业交易。这些都是确定的优点，但是引入硬币的时间更为重要。为什么在一个特定时期开始铸造硬币？如果我们更仔细地研究硬币的功能，我们就能回答这个问题。

引入硬币可能的原因：第一个是将使本地贸易变得更加便利。因此，单独的城邦通过发行本地的货币促进商业交易。第二个原因关系到建立本地的威望并且通过硬币上的图像宣扬权力。鉴于在地中海地区的国际贸易主要是通过传统的使用贵金属锭或其他物品的形式进行，本地经济则通过使用当地铸造的货币来维持。[12] 在地理上更为有限的地区传播带有自己王国形象标记的货币会更合乎情理，因为遥远的国度不会马上就能认出货币上符号和铭文。第三个是有一种准确的货币工具来用于军事行动，即支付雇佣军的服务。[13] 根据这个说法，西顿可能引入了他们自己的硬币来支付在波斯战争期间西顿舰船上桨手的服务费用。在公元前 5 世纪的上半叶，古希腊人和波斯人的紧张关系加剧，导致桨手经济的出现，例如一个农民在农闲期间容易找到适合他的为战船划桨的活儿（见图 20）。这促进了一种方便支付形式的出现。

第二个和第三个原因在表面上讲得通，但是第一个选项是最令人信服的。腓尼基人，他们首先是商人和水

货币往事：腓尼基的硬币

图 20　雅典人的三层桨战船的模型

手，意外地遇到了古希腊的硬币并且通过引入他们自己的硬币努力赶上或超过了古希腊人。腓尼基硬币的有限分布表明，他们没有依赖硬币作为支付雇佣军的主要手段。与腓尼基城邦的硬币相比，雇佣军也更可能会要求采用一种被广泛接受的货币支付形式。此外，腓尼基的硬币即使能被找到，也是极少在波斯帝国的内部被找到，这种情况与腓尼基人铸造硬币向波斯人缴纳贡款的观点不符。如果他们确实使用自己的硬币缴纳贡款（这与用大量金和银支付截然相反），波斯人把硬币融化成贵金属，那么腓尼基人为什么会特意铸造硬币呢？腓尼基城邦在波斯时期是自治的，波斯帝国准许他们保持自认为恰当的经济活动。所以，对于腓尼基各城邦之间的货物和服务的交易来说，使用硬币是方便的。

在当时有一系列事件促进了在腓尼基城邦之间开始使用硬币。在波斯与希腊的战争中,腓尼基人积极地支持了波斯人。这是一个自然促成的联盟,是由古希腊人和腓尼基人之间的仇恨推动形成的,而这种仇恨贯穿于他们整个的历史进程和近东民族文化的密切关系之中。腓尼基城邦通过提供海军的人力物力的方式,帮助了波斯帝国阿契美尼德王朝,例如舰船和桨手。由于波斯海军的彻底失败,波斯只能要求西顿、提尔和其他城邦为波斯的舰队提供补充。[14]大部分真正意义上的工作是在腓尼基进行的,使用的是当地的材料和劳动力。随着经济交易变得更加复杂,腓尼基人效仿古希腊的做法,开始铸造自己的硬币。

几个共同的特征使得腓尼基的硬币与众不同。腓尼基的造币厂偏爱海上的主题,既有反映属于外来航海传统的,毫无疑问,也有反映当地航海传统的。另外,腓尼基的硬币用银或青铜打制(从不用金,金的使用是波斯帝国的特权)[15],并且遵守通用的单一的衡制标准,常常被称为腓尼基衡制单位(13~14克),但或多或少有一些波动。[16]不过,这个标准随着这一地区的政治和经济形势变化而长年波动。

就腓尼基的硬币而论,令人感兴趣的3个主要的方面是主题图像、计量学(度量衡的研究)以及地区分布。主题图像能揭示潜在的关于政治和宗教方面的从属关系、身份和涉及与波斯帝国权力的关系等信息。腓尼基货币的计量学和地区分布能说明各个腓尼基城邦的经济状况及其在地区的影响力。一个城邦的硬币传播得越广泛，它的经济影响力在这一地区就越显著，它的地位在这一地区就越令人尊敬。

比布鲁斯的硬币

从在比布鲁斯发现的货币数量判断，虽然比布鲁斯在经济和政治上不是一个重要的角色，却被认为是最先打造硬币的腓尼基城邦，时间是在公元前5世纪中叶。[17] 比布鲁斯默默无闻，不需要向雇佣军支付硬币，然而，它却率先开始了铸造硬币。这一事实证明了硬币的出现是基于地区间贸易或本地贸易需求的论点。

比布鲁斯的早期硬币的特色是，硬币正面是在一个男性的头上戴着古埃及双王冠的蹲伏的斯芬克斯，反面的图像则是多变的，有的是一朵荷花［常解释为比布鲁斯版本的风暴神巴力哈达德（Baal Hadad）的闪电球（lightning bolt）］、一个戴头盔的人头、一根象征权位的古埃及权杖或是一头狮子。[18] 比布鲁斯当局通过在硬币上使用古埃及主题图案的方式，重申了他们与埃及长期存在的文化联系。不过，他们是在波斯帝国统治下这么做的。这样可证实比布鲁斯在波斯帝国统治下拥有城市自治权。比布鲁斯最初选择了雅典城邦阿提卡（Attic）的衡制标准。随后，比布鲁斯调整了他们硬币的重量，与提尔和西顿硬币的重量保持了一致。[19]比布鲁斯王室似乎最初主要关心的是，比布鲁斯的硬币与其他地区［如利西亚（Lycia）］硬币的一致性，目的是便于贸易。

随着时间的推移，比布鲁斯硬币的主题图像也发生了变化。在公元前5世纪中叶，比布鲁斯的硬币正面展现一艘桨帆并用的大型海船，船上有3个持武器的人；反面展现了多种动物的形象，见图21。[20]主题图像的变化可视为比布鲁斯作为一个海上强权的崛起。历史上，比布鲁斯因雪松木材出口而闻名。由于波斯地位的提高，比布鲁斯当局判断，介入波斯帝国的军事战争行动将会更加有利可图。比布鲁斯以西顿、提尔和艾尔瓦德为样板，建立了它的舰队。比布鲁斯使用的衡制标准的变化也表明，比布鲁斯威望的提高以及在地区内的贸易更加广泛。

图21 比布鲁斯国王阿兹巴力的硬币

在整个波斯时期，比布鲁斯几乎持续制造硬币，没有长时间的中断。这样的连续性表明比布鲁斯城邦社会稳定，因为它左右逢源，且能从与波斯帝国的合作中获利。比布鲁斯的硬币与铭文结合在一起，历史学家根据这些硬币上的铭文，推断了波斯时期比布鲁斯国王的继位顺序：希普提巴力三世（Shiptibaal Ⅲ，在位时间：公元前525～前501年），尤里密尔克二世（Urimilk Ⅱ，在位时间：公元前500～前476年），耶哈尔巴力（Yeharbaal，在位时间：公元前475～前451年），耶豪密尔克（Yehawmilk，在位时间：公元前450～前426年），埃尔帕尔（Elpaal，在位时间：公元前425～前401年），阿兹巴力（Azbaal，在位时间：公元前400～前376年），尤里密尔克三世（Urimilk Ⅲ，在位时间：公元前375～前351年）以及艾因内尔（Aynel，在位时间：公元前350～前326年）。[21]这些国王长时间的统治也支持了在公元前5世纪比布鲁斯社会稳定的看法。

就图像而言，比布鲁斯的硬币融合了不同宗教信仰和哲学主张，展现了埃及、希腊、西顿和波斯的形象。这种多样性表明，比布鲁斯当局通过硬币的主题图像巧妙灵活地突出了他们同盟的形象。特别令人感兴趣的是不断变化的狮子。狮子在几个系列的比布鲁斯硬币中都出现了。狮子经常代表的是女神阿瑟拉。在比布鲁斯，阿瑟拉通常被认为是巴拉特古巴尔（Baalat Gubal）①或比布鲁斯的女主人。比布鲁斯人通过在他们的硬币上展现她的肖像，来表达他们对这座城市的守护女神的尊敬，这一点不会令人感到意外。不过，女神阿瑟拉（Asherah，在希腊语称为阿斯塔蒂）也是西顿的传统守护女神。因此，从使用狮子的主题图案可看出比布鲁斯的国王对当时强大的西顿城邦表示恭敬并且表达尊重，以及对他们互利的经济关系的认可。

随后，比布鲁斯把硬币上的狮子图像短暂改为一只兀鹫站在一头公羊身上，但在公元前4世纪中叶又变了。这次图像的形式是狮子制服一头公牛。[22]这幅图像可能以强调城邦的勇猛来暗示比布鲁斯挑战波斯，但模仿传统波斯图像（见图22）的可能性更大。一只狮子攻击各种动物的图像在波斯很受欢迎，但是在阿契美尼德王朝时期，它用来体现帝国在强权和富裕之间的共生关系。[23]按照这种观点，这幅图像代表了在帝国权力面前服从和谦逊的态度，表示比布鲁斯为了得到保护和持续繁荣要依赖于波斯帝国。

总体说来，比布鲁斯硬币的图像变化说明了在腓尼基地区城邦适应强权更迭的能力。通过在他们的硬币上突出容易被识别的图像，比布鲁斯的各位国王在显示力量、谦逊、敬重和智慧。

---

① 西闪米特某一地区的主要女神，又专指比布鲁斯城（今黎巴嫩境内）的主要女神。——译者

图 22　在波斯古城珀塞波利斯（Persepolis）阿帕达纳宫（Apadana）墙上的狮子和公牛的场面，约公元前 5 世纪

提尔的硬币

提尔是在比布鲁斯之后第二个引入硬币的城邦，时间是在大约公元前 450 年，[24] 但它首先在硬币上雕刻字母。与比布鲁斯的情况一样，提尔的硬币在与本地区和更远地区其他城邦交往过程中，显示了多元文化主义以及在政治和经济上的灵活性。

提尔硬币的反面图像是一只猫头鹰，在猫头鹰的肩上有一根古埃及的曲手杖和连枷（见图 23）。公元前 4 世纪初，提尔开始在硬币上刻字母，也许是表明硬币的铸造是在王室的监护下进行的。提尔硬币的正面因图像的多样性而特别值得关注。一些早期硬币包含一只海豚，在它的下面有曲折前进的波浪，还有一只骨螺壳（见图24），从公元前4世纪初开始，图像为一个骑手骑在一匹有翼的海马上。[25] 这些图像清楚地显示出了提尔国王的一些身份标志。

图23　提尔的谢克尔银币，银币的正面是一个骑手骑在带翼的海马上，反面是一只猫头鹰，约公元前425～前394年

图24　提尔的四分之一谢克尔银币，上有一只海豚的图案，约公元前437～前425年

猫头鹰是一幅含有多种意义的图像，经常出现于提尔当地的和外国的图案中，可能与雅典有关。公元前5世纪中后期，猫头鹰在雅典很受欢迎，因为它被认为是女神雅典娜的象征符号。在硬币的猫头鹰图像，可能是提尔人采取的策略，目的是让他们的货币在地中海地区的贸易中广泛使用。这种猫头鹰图像也与古埃及有着文化联系，因为图像上还增补上了连枷和曲手杖，而连枷和曲手杖在古埃及通常代表王权。海豚反映出了提尔对航海的兴趣，古希腊硬币图案中也有海豚，出自西西里岛的硬币上也有海豚的图案。使用在地中海东部地区普遍欢迎的图像，标志了提尔的开放性、某种程度的世界大同主义，以及它在文化上的精明。骨螺壳与紫色染料有关，提尔在染料生产方面闻名于世。

大约公元前364～前357年，提尔改变了硬币的衡制标准，抛弃了以前使用的腓尼基标准，采用雅典城邦的阿提卡标准。这种变化实际上是在所有的腓尼基城邦中进行的，这也是单独的城邦是如何适应不断变化的政治和经济状况的例子。雅典城邦在公元前4世纪协商一致，尽力采用一个统一的硬币标准，使得从臣服者那里收纳贡品更加容易。虽然提尔和其他腓尼基城邦对雅典没有纳贡的责任，也不在雅典的统治下，但他们仍然采用了雅典城邦的阿提卡标准以使得商业往来顺畅。此外，面临日益衰弱的波斯帝国，腓尼基人自然要寻找潜在的盟友。

在对提尔的古硬币研究中，还有一种变化是假币的引入。从公元前4世纪初开始，提尔的硬币没有完全用银来制造，而是在青铜上镀银。为什么要这么做？有一种猜测是提尔经历了经济波动，只能通过采用假币来支付的方式去应对。即使在强健的经济活动大环境下，提尔的经济出现恶化是有可能的。很有可能的是，提尔在北方的邻居西顿在经济上获得成功，提尔只能求助于伪造硬币，因为提尔所持有的银不能保证它的货币流通。

西顿的货币

在所有从腓尼基城邦发掘出的物品中，出自西顿的硬币为历史学家提供了了解当时城市的政治和经济生活的机会。正如同比布鲁斯和提尔的情形一样，硬币在重量和图像方面的变化，能提供有价值的信息，这些信息包括西顿在波斯时期的地位和作用，西顿与其他腓尼基城邦的相互作用，以及西顿与在地中海地区中有影响的大国的相互作用。然而，西顿开始铸造硬币的时间相对较晚，是在公元前5世纪末期。[26] 这或许是因为当时西顿出口的商品比进口的更多。只有当经济交易变得更加复杂且需要更为精确的货币本位时，西顿才引入了硬币。

西顿的硬币一旦开始发行，便在黎凡特地区和在其他地区获得广泛使用，在波斯和埃及、安纳托利亚都发现了实例。[27] 虽然发行是定期且有规律的，没有长时间的中断，但硬币的重量在整个波斯时期波动，反映出了对帝国君主效忠的转换以及西顿和腓尼基其他城邦不断变化的经济状况。例如，公元前4世纪，西顿硬币的重量从12.83克增至14克，与提尔的谢克尔银币的重量相近。无论这是与相邻的腓尼基城邦团结一致的标志，还是经济上的必然性，这都非常重要，改变的重量标准与雅典城邦的阿提卡标准是一致的，表明了西顿与雅典更加亲密的经济关系。几十年之后，西顿人再一次改变了标准，采用了传统的西顿标准，也许是经济环境又发生了新变化。

硬币的图像可以反映出西顿在帝国政治中的地位，以及它不断变化的政治格局下的行为方式。虽然西顿的硬币是以当地航海图像为特色，但它在硬币中广泛采用了与波斯帝国相关的形象。近年来，历史学家已经发现，在波斯帝国阿契美尼德王室中有一个要凸显他们权威的艺术推广计划。例如考古学家玛格丽特·库尔·罗特（Margaret Cool Root）写道：他们的艺术计划是"一个综合事业，在这项事业中，设计原则、样式和图像被设计出来并加以调整，然后用一种能产出整体协调效果的方式实施"。[28] 通过选择富有意义的能表明波斯意识形态的图像来实施，最终在整个帝国传播开来。

讨好帝国统治强权的西顿王室，采取了直接照搬这些图像的方式。值得注意的图像是，在西顿硬币上经常会展现一辆战车（见图25）。

图25 西顿的坦尼斯（Tennes）国王（在位时间：公元前351～前347年）带有战车情景的硬币

战车的图像通常描绘的有一名马车夫、一名重要的乘客和跟随在战车后的一个人。对这幅图像的解读有好几种，乘客可能是西顿国王或本地的一位神，最切实际的解读是一位西顿的国王谦卑地徒步跟随在波斯国王之后。一位法国的古钱币学家和研究古希腊与古罗马的考古学家欧内斯特·巴伯隆（Ernest Babelon）描述道：

> 波斯国王站在他的战车里，4匹马拉的战车向硬币左侧的方向飞跑。他头戴5层的高头巾（Kidaris），穿着一件宽袖长袍（Candys），他举起右手并且伸向前方。驾驶战车者在战车里、在国王的旁边，两手持着缰绳。在马的下面是一只野山羊的残骸。[29]

波斯人在他们的图像里广泛地使用战车，虽然没有描绘国王乘坐在战车里。[30]尽管如此，实际的战车的列队行进对于王室和他们的臣民很有可能意义重大。正如古希腊历史学家色诺芬在其传记《远征记》（Cyropaedia，约公元前370年）里是如此描述的：

> 紧接着，在战车上的居鲁士本人出现在大门前，戴着他竖挺的高头巾（Tiara），穿着一件闪着光泽的紫色无袖长袍（只有国王才可能穿的衣服），他的腿上穿着深红色的长裤，全身披着一件紫色的斗篷……当他们看见他时，他们全部都拜倒在他的面前，或者是因为其中有些人曾被教导要用这种行为表示效忠，或者是因为他的神采奕奕征服了他们，或者是因为居鲁士外表看上去如此伟大、漂亮，无论如何，以前没有一个波斯人在居鲁士面前拜倒过。[31]

国王在战车里的这个充满自信的权力形象，让朋友和仇敌感到敬畏。西顿采用了这幅图像并不是偶然的。通过在硬币上展现这种权力形象，西顿的国王既重申波斯王室的权威，又表达了他们对波斯王室的尊重，因为是在波斯王室的支持下，西顿城邦崛起并实现经济繁荣。

在西顿硬币上使用的另一幅波斯帝国宣传的图像，是英勇的作战场面。描绘的场景通常是一名勇士战胜一头强大的野兽，最常见的野兽是狮子。这个图像在整个帝国被广泛地使用，包括用在珀塞波利斯（Persepolis）的浮雕和城堡的印章中。[32] 格斗的图案有助于强化国王战无不胜的观念，有助于克服看似不可逾越的障碍。此外，它还用来让臣服者对如此强有力的帝王产生恐惧和敬畏。波斯的大流士国王毫不含糊地这样说到自己：

> 这的确是我的活力：只要我的身体有力量我就是一名优秀的战士。一旦在（战）场上，我看到什么（是）叛乱，什么不（是叛乱）我都会仔细观察以理解和掌控局面。当我看见叛乱者和非（叛乱者）时，我会先认真思考，再作辨别。[33]

西顿人几乎不可否认地照搬了这种图像，目的是要加强他们与强大的波斯国王的联系。

在西顿硬币上的最后一个形象是弓箭射手。射手的形象被波斯帝国阿契美尼德王朝的宣传机器广泛采用，展现在许多印章和硬币上。[34] 历史学家指出，无所不在的形象，在臣服者的土地上广泛传播，都是与波斯的军事力量和国王的威望等观念联系在一起。正如与带有战车和格斗情景的图像一样，射手的形象仍然用于证实西顿国王与强大的波斯帝国的紧密关系。[35]

艾尔瓦德的硬币

硬币在艾尔瓦德是何时出现的，或制造硬币的作坊何时出现？我们所知甚微。开始制造硬币的时间或许是在公元前 426 年。[36] 在波斯时期，艾尔瓦德制造各种面额的硬币，从 1/16 的奥波勒斯小银币到金币（见图 26）。

有一些艾尔瓦德的早期硬币，其正面是一个海神的图像，反面是一艘战船的形象。这些是我们熟悉的海洋主题，在其他腓尼基城邦的硬币上也很常见。大约公元前 400～前 380 年，海神的图像会伴随有海马，也许它是神的侍者。图像上的细节变得更加复杂，例如战船旁边增加了描绘波浪、字母和数字。[37] 在这个时期神的头像也经历了一些风格上的变化，更加"希腊化"。

图 26　艾尔瓦德的金币（stater），约公元前 348 或前 347～前 339 或前 338 年

公元前4世纪，艾尔瓦德人开始使用青铜硬币，而不是以前使用的银币。青铜硬币是在繁忙的经济活动环境中，为更大面额的硬币提供较小面额找换的零钱。此外，硬币的衡制也变化了，从以前使用的波斯标准转为雅典城邦的阿提卡标准。[38]

艾尔瓦德在波斯时期的信息比较缺乏，硬币提供了有关艾尔瓦德城邦特征的一些线索。与其他腓尼基城邦的情形一样，到波斯时期临将结束时，艾尔瓦德明显地取向于西方的地中海地区。这一发展变化毫不令人感到意外，因为波斯人发现，他们的权威在他们当时控制的大多数地区受到了挑战。另一种可能性是，艾尔瓦德在向波斯帝国转包他们的服务不成功，因而把雅典作为一个更有利可图的贸易伙伴。这个结论被艾尔瓦德硬币证实，艾尔瓦德硬币当时分布广泛，但数量有限。艾尔瓦德的贸易完全不能同西顿的贸易竞争，因为它的贸易基本上限制在艾尔瓦德以内。

在本章中，对硬币的研究可以帮助历史学家得出几个关于腓尼基城邦的结论。硬币的图像表明，腓尼基各城邦利用各自具有意义和象征性的形象，这些形象主要涉及海洋和神的形象，并且使用它们来突出各自的身份。各城邦王室也利用硬币来将权力象、顺从和尊敬形象化，同时作为波斯帝国的臣服者，腓尼基各城邦还利用硬币协调与波斯帝国及地中海世界的关系。对波斯人来说，腓尼基城邦发誓效忠和服从，腓尼基的硬币表明，他们为波斯国王服务，因此分享波斯帝国的力量并得到保护。硬币的图像在公元前4世纪有所改变，传统的古希腊图像出现的频率不断增加，暗示着随着波斯权力不断受到挑战，腓尼基人重新调整了他们的贸易方针，开展了与古希腊的贸易。腓尼基硬币的衡制标准，从波斯的波斯卡（Persic）衡制标准变为雅典城邦的阿提卡衡制标准，证实了这个结论。

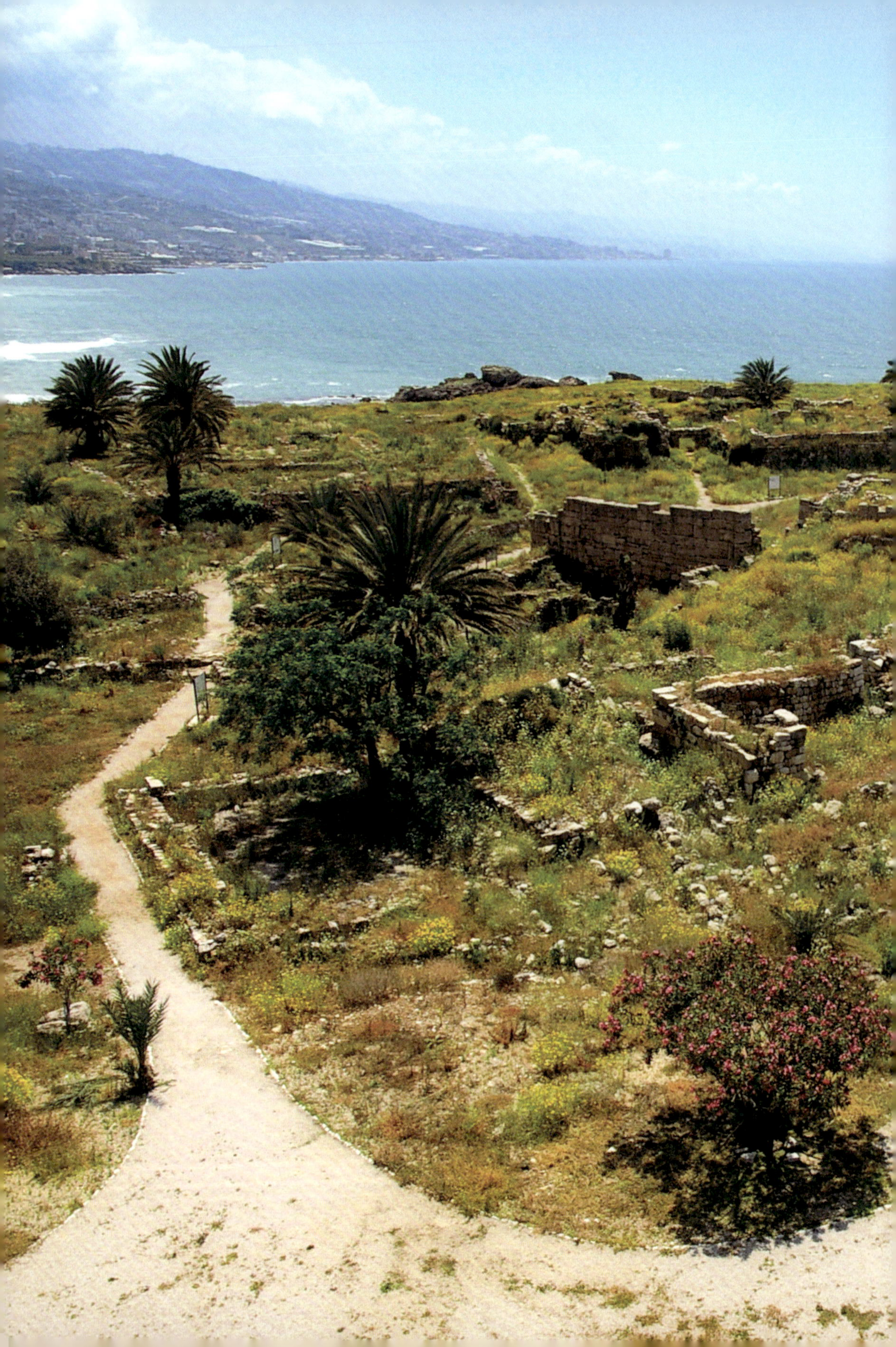

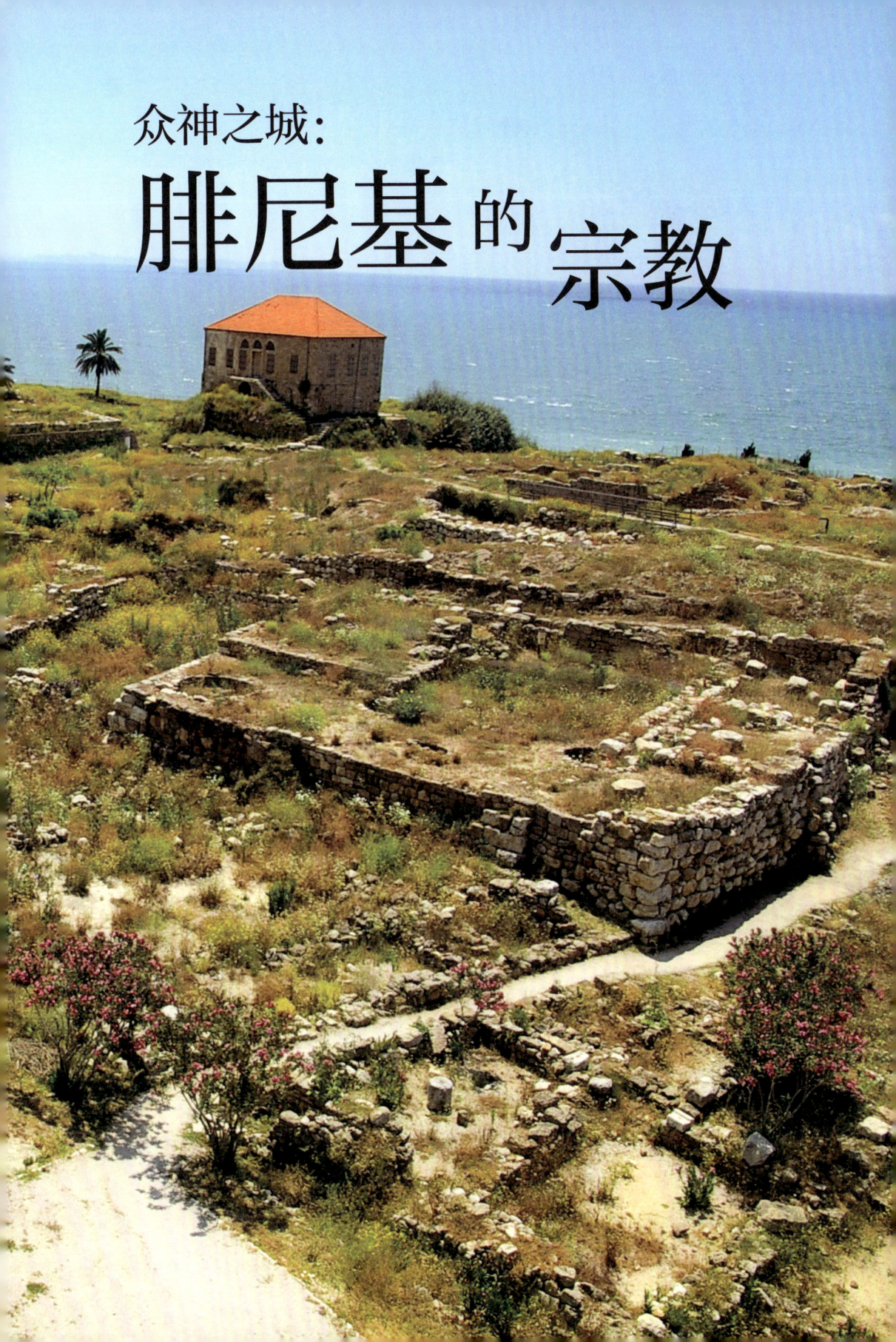

众神之城：
腓尼基的宗教

如腓尼基的铭文所示，腓尼基各城邦在其历史当中，表现出了对于特定的一些神的强烈偏爱。由于多种历史和文化，每一个城邦会更喜欢独一无二的神和神的组合，他们被认作仁慈的守护神，无论在繁荣之际，还是在痛苦之时，人们都会祈求这些神的保护。腓尼基各城邦对宗教的忠诚是以连续性为特点的，这一特点在神的二元性，即男性和女性组合中体现得更加明显。在提尔，麦勒卡特（Melqart）神和阿斯塔蒂（Astarte）女神例证了这种两重性。在比布鲁斯，居民崇拜巴力沙梅姆（Baal Shamem）和巴拉特·古巴尔（Baalat Gubal，比布鲁斯的女主人）；在西顿，埃什蒙和阿斯塔蒂这一对神获得尊敬。然而，对腓尼基的宗教，我们所知甚少。现有的铭文证据，如文字书写的祷告辞或神灵目录没有给我们提供关键信息。其他信息来源，如考古发掘中的发现，在这方面也很缺乏。

在本章中，我们将仔细研究我们所知道的腓尼基各城邦主要神灵和宗教古器物，并且我们会把腓尼基的宗教置于古近东更大的环境中讨论。如果可能的话，我们也将努力概述腓尼基各城邦对生命和死后灵魂生活的宗教理解。

众神之城：腓尼基的宗教

阿斯塔蒂

阿斯塔蒂，已经在腓尼基的铭文里被提到过，最值得注意的是那些出自西顿的铭文。阿斯塔蒂在整个古近东被广泛地崇拜。在乌加里特、古埃及、古以色列和腓尼基的殖民地、美索不达米亚这样的地方，都能看到对阿斯塔蒂的狂热崇拜。在这些地方，她以很多不同的名字受到崇拜，包括伊南那（Inanna）和伊师塔（Ishtar）。[1] 阿斯塔蒂这个名字的词源，人们还没有明确的定论，但是取得的共识是，这个名字暗指与女性相关的行星——金星。的确，阿斯塔蒂司管的领域一般是生育和性，此外，还有王权的恩惠、战争和航海。这位女神无疑代表了神性中女性的一面，因而在古代社会受到欢迎。

很多关于阿斯塔蒂在腓尼基的信息来自比布鲁斯的菲洛（Philo of Byblos）所著的《腓尼基的历史》。该著作出自大约公元前 100 年，在尤西比厄斯（Eusebius）所写的《福音的编纂》（*Praeparatio Evangelica*，公元前 4 世纪）中，主要是以古希腊语保存下来的。比布鲁斯的菲洛则说他编写的《腓尼基的历史》是基于另一位腓尼基作者桑楚尼亚松（Sanchuniathon）的著作，此人据说存在于特洛伊战争（Trojan War，公元前 13 世纪）之前。这样的一系列错综复杂的关系通常会让历史学家花时间仔细思考，但耐人寻味的是，比布鲁斯的菲洛的或是桑楚尼亚松的很多信

157

息已经被公元前 14 世纪在乌加里特（Ras Shamra，沙姆拉角，位于今叙利亚境内）找到的资料证实了。[2] 在尤西比厄斯的著作中，我们读到了天空之神乌拉诺斯（Uranus，天王星），送他的女儿阿斯塔蒂及其姐妹瑞亚（Rhea）和狄奥妮（Dione）一起，杀死时间之神克洛诺斯（Kronos，乌拉诺斯的儿子）。不过，克洛诺斯抓住了她们，虽然她们是他的姐妹，但是他与她们结婚。阿斯塔蒂和克洛诺斯有 7 个女儿，统称为泰坦尼德斯（Titanides）或阿耳特弥斯（Artemides），以及两个儿子——波托斯（Pothos，欲望之神）和厄洛斯（Eros，爱之神）。在故事后面，我们将读到：

> 最伟大的女神阿斯塔蒂和宙斯德马鲁斯（Demarus），以及众神之王阿多杜斯（Adodus），经克洛诺斯同意，统治国家。阿斯塔蒂在她自己的头上安上了一个公牛的头，作为王权的标志；环球旅行时，她发现从天而降一颗星，她捡起来在神圣的提尔岛上把这颗星奉为神圣。腓尼基人说，阿斯塔蒂就是阿弗洛狄忒（Aphrodite）①。[3]

虽然阿斯塔蒂与提尔有关系，但与阿斯塔蒂关联在

---

① 古希腊神话中的爱神、性爱与美貌女神。——译者

一起的是西顿。从塔布尼特（Tabnit）的石棺和埃什蒙那扎尔的石棺判断，这个女神是一位城市的保护神，保证城市在这一地区持续的实力和地位。塔布尼特国王是阿斯塔蒂的一名祭司，因而我们可以推测王室和神职人员的角色在西顿是合二为一的。是否这是一种固定的安排尚不清楚，但是根据塔布尼特的儿子埃什蒙那扎尔的石棺上的铭文，塔布尼特的妻子阿莫塔什塔特（Amotashtart）似乎曾担任过阿斯塔蒂的女祭司。由于西顿经济和政治声望在波斯时期显著提高，对城市主神阿斯塔蒂和埃什蒙的崇拜，在相邻的城邦更为盛行。我们在比布鲁斯的宗教生活中能观察到这种变化。在比布鲁斯，传统的神灵比布鲁斯的女主人（巴拉特古巴尔）以不同宗教信仰相互融合的方式吸收了西顿的阿斯塔蒂的多个特征。阿斯塔蒂在提尔城也受到崇拜，其配偶神麦勒卡特是近东无所不在的巴力神在提尔的化身。

巴力

在近东诸神中，阿斯塔蒂和其他女神通常被理解为女性神灵，巴力（Baal）则通常代表男性的神灵。巴力这个名字表示"领主、主人或拥有者"。关于巴力究竟是一位独一无二的神灵，还是美索不达米亚的天气神巴力·哈达德（Baal Hadad，见图27）的别称，仍存有一些争论。不过，巴力似乎在迦南人当中被当作一位单独的神灵受到崇

消失的文明：腓尼基文明

图27 刻有天气神巴力哈达德的石墓碑［发现于阿尔斯兰塔什（Arslan Tash）①，提格拉特-帕拉沙尔三世的统治时期，公元前745～前727年］

―――――――
① 位于叙利亚北部。——译者

众神之城：腓尼基的宗教

拜。随着腓尼基各城邦开始进行殖民活动。

在腓尼基和古近东地区的其他地方，很多源于神的名字中都广泛存在着"巴力"的元素。这种存在，可能是归因于巴力被认为负责司管了很多领域。以前提到的出自乌加里特的祭祀典籍揭示了他的一些更突出的特性。[4] 巴力是一位国王，也是一名法官。他的权力表现在对天气和云、风暴和闪电的支配上。他负责提供雨水，因此通常他负责司管收获和粮食。由于巴力仍然受制于每年的生死轮回，他会消失在阴暗的地府，又会重现天日，反映了每年农作物的周期性变化。无论在陆地上还是在海上，在今生还是和来世，他也是一个保护神。正因巴力是亡灵的保护神，人们才认为巴力是冥神（chthonic deity），掌管冥界。然而，我们有理由认为，即便不是全部，也有一些巴力神话促成了腓尼基各城邦和古近东其他地方对巴力的崇拜。

有一个包含"巴力"的名称是巴力·扎丰 Baal Zaphon（有时也拼写为 Saphon）。名字表示"扎丰山的主或者主人"，其中扎丰山是指神秘而真实的阿格拉山 [Jebel al-Aqra，又称卡西奥山或卡修山（Mount Kasios/Casius）]，位于今叙利亚奥龙特斯河的入海口附近。出自乌加里特的文本把这座山看作巴力的住所。"巴力·扎丰"这种形式可能更多是巴力的一个描述性的名字，但是有证据表明，巴力·扎丰是与其他巴力分别受到崇拜的。[5] 以在乌加里特的巴力神庙（Temple of Baal）附近发现的石锚（见图28）来判断，巴力·扎丰这个神主要司管的领域是天气和海上风暴（见图29）。因此，航海的人通常会向巴力·扎丰祈求保护，免受风暴和坏天气的损害。有意思的是，"台风"（typhoon）这个单词的词源有可能被追溯到"扎丰"（Zaphon），但是这种说法不能完全确定，因为"台风"（typhoon）也来源于中国粤语（广东话）的台风一词，意为大风。无论如何，所说的与海上的关联，证明了对巴力·扎丰的崇拜并不局限于在乌加里特，而且在提尔甚至在迦太基人们也对巴力·扎丰崇拜，因为提尔和迦太基的航海成就也是闻名于世的。

还有一位与腓尼基有关的天神是巴力·沙梅姆（Baal

图28 在以色列加利利海（Sea of Galilee）附近发现的膜拜用的石锚的实例

众神之城：腓尼基的宗教

图 29　天气神挥动闪电（叙利亚西部霍姆斯地区，青铜器时代晚期）

Shamem）。这位天神是很受欢迎的西北闪米特神之一，其最著名的是位于今叙利亚中部城市米拉（Palmyra）的神庙，建于公元前2世纪，这所神庙在2015年被极端恐怖组织"伊拉克和黎凡特伊斯兰国"破坏。在腓尼基，最早提到巴力·沙梅姆的是出自比布鲁斯国王耶希密尔克（Yehimilk）的一篇比较小的铭文，铭文的年代被断定为公元前10世纪中叶。在铭文中，国王请求巴力·沙梅姆为他的统治提供庇护，作为交换条件，国王为神再建几座神庙。这位天神在公元前7世纪的《埃萨尔哈登条约》（*Esarhaddon Treaty*）中也被提到，亚述国王埃萨尔哈登与提尔国王巴力签订一项条约。针对任何一方违反条约，可能受到各种诅咒时，埃萨尔哈登写道：

愿巴力·沙梅姆、巴力·马利奇（Baal-Malage）和巴力·扎丰对你的船刮起邪恶的大风，崩开系泊船的索具，扯下停泊船的杆子，愿汹涌的波涛把它们沉入大海，凶猛的潮水……淹没你。[6]

在这段叙述中，巴力·沙梅姆，跟其他两位巴力，毫无疑问是负责司管与航海有关活动的，例如风暴和大风。提尔和比布鲁斯的人们都认为风暴和大风与巴力·沙梅姆联系在一起，因此，他在提尔和比布鲁斯受到了人们的崇拜。

巴拉特·古巴尔或比布鲁斯的女主人

作为"巴力"的女性的形式,"巴拉特"(Baalat)经常被解释为"女士"或"女主人"。她作为巴力·沙梅姆的配偶,常与比布鲁斯这座城市联系在一起。而古巴尔(Gubal,或Gebal)是这座城市的居民称呼这座城市时使用的名称,比布鲁斯则是古希腊人给这座城市起的名称。我们在耶豪密尔克的铭文中看到过她的名字,也有这位女神的形象化表现形式。正如很多人指出的那样,在耶豪密尔克石墓碑上的巴拉特·古巴尔的形象,与古埃及女神哈索尔(Hathor)的形象惊人地类似,如果考虑到比布鲁斯和古埃及之间由来已久的外交史,这一点则毫不令人感到惊奇。[7] 但是,在腓尼基各城邦崇拜的诸神中,对比布鲁斯的女主人更合理的解释是,她是女神阿斯塔蒂、阿瑟拉和安娜特(Anath)在比布鲁斯本地的表现形式,通常是作为三合一的女神的化身。

埃什蒙

埃什蒙被认为是治疗和健康之神,并且从公元前1千纪早期开始在地中海东部地区受到欢迎。[8] 早在公元前8世纪,人们在叙利亚、巴勒斯坦、埃及和那些与腓尼基有关的地方,即塞浦路斯、迦太基和布匿的遗址,发现了与埃什蒙有关的文物。在腓尼基，埃什蒙就是西顿的主神，始于公元前五六世纪。从词源上来说，埃什蒙的名字使人想起闪米特语中的单词"油"，而据说油具有治愈疾病的功效。[9]关于他在西顿受到狂热的崇拜，以及对他的狂热崇拜在西顿出现的时间，都可能与公元前6世纪在古希腊越来越受到欢迎的阿斯克勒庇俄斯（Asklepios）有关系。[10]至于这是否是一种文化的借鉴，我们并不清楚，但是，不同宗教信仰相互融合并接受各种各样的神，在那时的西顿很盛行。归根到底，埃什蒙不仅被尊为医治神，而且也被尊为"死而复生"或者复活之神，类似于巴力。[11]在西顿附近的几个遗址，包括在布斯坦埃什－谢赫（Bostan esh-Sheikh）的埃什蒙神庙，有描述埃什蒙和阿斯塔蒂作为一对神夫妇相关的铭文。[12]西顿的国王们热衷于把埃什蒙的名字融入自己的神名里（如埃什蒙那扎尔），以体现出对埃什蒙的崇拜。

麦勒卡特

麦勒卡特是死亡和复活之神，掌管自然轮回。我们不仅在西顿被崇拜的诸神中能找到他，而且在提尔被崇拜的诸神中也能找到他。在西顿和提尔，守护神麦勒卡特与他的配偶阿斯塔蒂一起，获得很高的声望，在铁器时代，他们被提升到城市的保护者的地位。甚至麦勒卡特的名字（意思是"城市的国王"）也与城邦绑定在一起。据称，希罗多德本人亲自旅行到提尔，提到了麦勒卡特以及这位神对于提尔这座城市的重要性。[13] 不过，希罗多德以希腊化的名字赫拉克勒斯（Heracles）来称呼麦勒卡特，这一习惯称谓在波斯时期很普遍，那时即使古希腊人与波斯人存在冲突，但所产生的东西方文化交流却急剧增加。不过，令人感到好奇的是，为什么提尔的祭司会以古希腊名字称呼他们的城市保护神？一种可能性是他们试图为古希腊的旅行者提供一个相对应的可以理解的名字，因为古希腊的旅行者讲当地的语言并不流利。另一种可能是希罗多德简单地把两个神等同起来，并且把古希腊语的名字提供给他的读者们［他在文章中责骂他的读者们轻信，并且在他所著的《历史》（Histories）的其他文章中，责骂他们在很多历史和文化的事情上无知］。不管怎样，这段故事确实反映出提尔人对麦勒卡特的长期崇拜，以及一个将麦勒卡特和赫拉克勒斯（Heracles）等同起来的观念，至少在古希腊社会就是将他们等同起来的。[14]

正如几个原始材料所表明的，麦勒卡特，就如同埃什蒙一样，被当作一个最后死而复生的神来崇拜。[15] 例如，约瑟夫斯提到，提尔的希兰国王在建造麦勒卡特和阿斯塔蒂的神庙之后，他是怎样举办庆祝的麦勒卡特的"复活"（Egersis）。[16] 可以想见，阿斯塔蒂在麦勒卡特的复活中起到了作用，但是细节我们难以得到。

麦勒卡特（以及埃什蒙）在死而复生这方面，也同另一个在比布鲁斯受到崇拜的神阿多尼斯（Adonis）有相似之处。[17] 虽然阿多尼斯是古希腊神话中的一个重要的人物，但从词源上来说，阿多尼斯是从一个闪语单词adon（主）派生出来的。对阿多尼斯狂热崇拜的根据是关于一个极其英俊的年轻人的神话，这个年轻人是司管爱的女神阿佛洛狄忒（Aphrodite）心爱的人。在他被一头野猪咬死之后，阿佛洛狄忒（Aphrodite）恳求宙斯允许阿多尼斯在一年中与她一起度过半年时间，在阴间度过半年时间。很明显，阿多尼斯存在两重性，即陷入死亡和复活的循环中，反映出对他的崇拜起源于农耕。对阿多尼斯的崇拜在女性中尤其普遍，她们在雅典每年一度的阿多尼斯节纪念他。在比布鲁斯里，还有为阿多尼斯的死而每年举行的纪念活动（伴随着哀悼）。大多数这些信息都来自公元2世纪的一位古希腊作家琉善（Lucian），他也在他所著的《论叙利亚的女神》（*On the Syrian Goddess*）中描述了，在供奉阿多尼斯的仪式中，参加者是怎样被要求剃光她们头发的，而且，拒绝剃光头的女人会受到惩罚。[18] 不过，我们应该注意到，这是一篇晚期的文本，出自一位来访的希腊作家之手，他对一种外来仪式进行解释，他可能受到基督教关于神死亡和复活的影响。甚至在琉善的著作里，几乎找不到预料阿多尼斯会死而复生的痕迹。归根到底，要求参加仪式的女人剃光头是哀悼的一种象征性行为，但相应的迎接神的复活的行为不存在。很多历史学家不愿意把比布鲁斯的阿多尼斯当作一位典型的死而复生的神。

作为巴力神在当地的化身，麦勒卡特拥有多种身份，包括王朝的保护者、农业的帮手和海上的救助者，以及一个负责司管阴间的冥神。不过，他最重要的角色是提尔保护者。对提尔人来说，这是他们与西顿人在文化上的区别之一，因为西顿人是把埃什蒙作为主神来崇拜。正如图像和铭文的证据所表明的，由于提尔的商业和殖民活动不断增强，对麦勒卡特的崇拜传到了塞浦路斯、马耳他、意大利、西班牙和在地中海沿岸其他地方。[19]

坦尼特

女神坦尼特（Tanit，意思可能是"巴力的脸"）最经常在迦太基的遗址中得到证实，在这些地方她被认为是巴力哈蒙的配偶。[20] 她经常被描述成一个等腰三角形（代表她的身体），在三角形之上有一个水平的横杠（代表她伸开的双臂），横杠上有一个圆碟（代表她的头）。坦尼特被看作迦太基的保护者和水手的向导。令人好奇的是，坦尼特的形象经常被刻在动物遗体的上方，还经常刻在装入孩子遗体的陀斐特（tophets，埋葬缸）的上面（见图30），[21] 这让很多人推测迦太基人可能把自己的孩子作为牺牲。[22] 描写把孩子作为牺牲的文字证据主要来自古罗马的原始资料，并且颇具争议。罗马人一直与迦太基人进行竞争和战

消失的文明：腓尼基文明

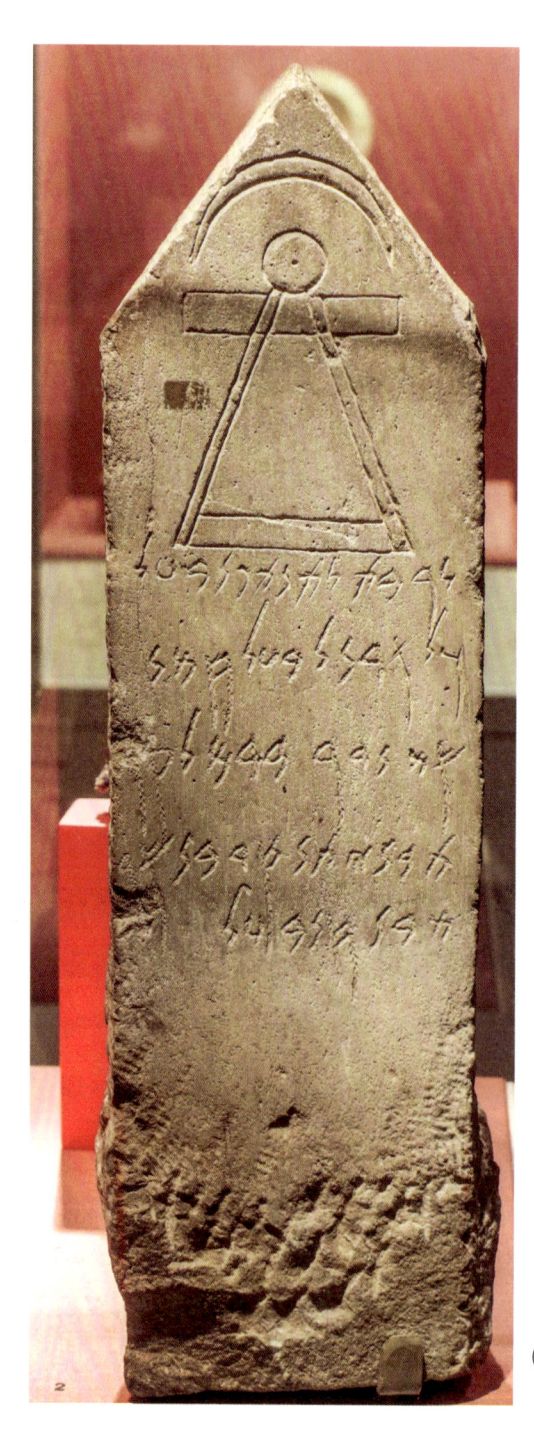

图30 出自迦太基的供奉给巴力哈蒙的陀斐特（埋葬缸），带有象征坦尼特（Tanit）的等腰三角形符号，公元前300～前200年

争，他们经常以诋毁的口吻描写敌人。他们有可能"添油加醋"，把迦太基人描述成残忍到将自己的孩子当成牺牲的程度。不过，最近的发现表明，这是不可能的，即使迦太基人可能时不时地把人当作牺牲，陀斐特（埋葬缸）也是用于其他目的的。[23]基于对超过300个埋葬缸和超过500人残骸的分析，研究人员发现，陀斐特（埋葬缸）的使用对象在很大程度上是死于出生前或出生后不久的孩子，这与现有的围生期死亡率数据是一致的。迦太基人对许多传染疾病没有免疫力，当孩子死去时，他们被埋葬于陀斐特（埋葬缸）。[24]

在腓尼基，坦尼特主要在萨雷普塔受到崇拜，坦尼特－阿斯塔蒂的神庙位于萨雷普塔。坦尼特和阿斯塔蒂的关联，我们尚不清楚，但是，正如阿斯塔蒂一样，坦尼特有复杂的个性并且负责司管许多领域。我们得到坦尼特的大多数知识是以迦太基为基础的，从迦太基开始，对她的狂热崇拜传到地中海地区，尤其是撒丁岛。

海神

我们关于腓尼基海神的大多数信息来自考古学。通过对海港的圣祠、沉船、坟墓和墓地的挖掘，我们有了航海者专门信奉的宗教的证据。文字原始资料的证据也确认了水手们对神的恩惠的信赖。例如，在《埃萨尔哈登条约》中，列出了对违犯者的诅咒，我们通过阅读，知道了巴力·沙梅姆、巴力·马拉奇（Baal Malage）和巴力·扎丰对胆敢如此做的那些人的咒语。这3位神好像被认为对航海的正负两个方面都负有负责，正像他们能帮助吹送强劲的顺风一样，他们也能带来有破坏性的风暴。这3位神对天气和航海方面的作用是很显然的。

在海上被腓尼基水手崇拜的诸神，包括巴力、瑞舍夫－麦勒卡特和女神阿瑟拉和坦尼特。他们作为陆地上的神灵受欢迎，在海上，他们获得了一系列属性，从协助航行到保护人们不受恶劣天气影响。他们的雕像（见图31）通常放在重要海角附近的圣祠中，圣祠也许就是用于导航的地标和作为淡水源的标记。[25]各种船的小雕塑和图像、船身各部分，特别是船首、锚和舵的，被用庆典的祭品，向神灵致敬。考古学家在离阿什克伦（Ashkelon）、加迪尔（Gadir）、诺拉（Nora）和比萨（Pisa）海岸附近的沉船里发现祭祀用的香炉。[26]有人认为，用雪松木制造船的桅杆，类似"阿瑟拉柱"，即《希伯来圣经》中迦南人宗教场所里的圣柱或圣树。在某种程度上，桅杆同时具有"普通实物形态和形而上学的超自然功能"，[27]被当作阿瑟拉女神有形的替代品，而女神则又可能是起到帮助作用的一位神灵，提供保护和海上导航。腓尼基的神职人员主要居住在陆地上，腓尼基船的种类繁多，不太可能在每条船上载有宗教牧师。取而代之的可能是一种宗教职能安排，包括祷告和念咒，由船上某个熟悉宗教事务的人来执行。[28]

众神之城：腓尼基的宗教

图 31　出自叙利亚海岸的一个天气神的小雕像，公元前 1500～前 1200 年

鉴于航海对于腓尼基人的重要性，他们通过对一些特定神灵的狂热崇拜，祈求其帮助。在整个古代历史中，水手们在海上活动中拥有自己单独信奉的神灵。例如，基督

173

教水手信奉圣母玛利亚。他们赋予玛利亚慰藉、怜悯和同情和援助保护航海者的特质。有时，圣母马利亚被隐喻成"希望获救者的船"。[29]

祭祀活动与对神的崇拜

在讨论古近东的神庙时，通常使用的术语非常广泛，不仅包括圣祠，而且还包括整个建筑群，以及建筑群内所有神圣的雕像。神庙通常被认为是神的住所，也是人们做礼拜和供奉牺牲品的地方，并倾向于由祭司们来进行。神庙的形状、大小和形式，在世界各地的变化非常大，即使在古近东也有很大的差别。在腓尼基，由于青铜器时代晚期和铁器时代的地层受到了破坏，神庙的精确复原受到阻碍，神庙的结构在随后的希腊化时期和罗马时期又经历了相当多的改建。幸存下来的腓尼基的神庙，都有不同程度剥蚀老化，其中有在阿姆里特（Amrit）的埃什蒙神庙［也称为马阿比德（Maabed）遗址建筑群］、在西顿附近在布斯坦埃什谢赫（Bostan esh-Sheikh）的埃什蒙神庙，以及在提尔南部的乌姆阿米德（Umm el-Amed）的由两座神庙构成的建筑群。这绝不是一个包罗万象的清单，我们必须采用比较类型学的方法，与地中海东部地区与腓尼基人相关的其他遗址比较，得出有关在腓尼基故土规划和使用神庙的结论。

腓尼基的神庙通常是神圣的建筑群，由一个或更多

众神之城：腓尼基的宗教

建筑物组成：有一块开阔的地域或院子，在黎凡特地区工作的考古学家把这种神庙称为巴玛（bamah），一个被围起来的圣殿。我们对于巴玛的主要信息来源是《希伯来圣经》，但是其中的证据太笼统，不能很有把握地说明巴玛到底真正是什么。梅沙石碑（Mesha Stele，见图32）的制造时间被确定为公元前9世纪，这块石碑出自古王国摩押（Moab，位于现在的约旦）。梅沙石碑上，在描述摩押人（Moabite）崇拜基抹（Chemosh）[①]神的场景下提到了巴玛："我为基抹建造了这个高的地方。"巴玛（bamah）通常被翻译成一个高的地方，暗示了巴玛通常被建在高地上且与一个开阔的院子类似，在院子的中间是一个做礼拜的某种设施（见图33）。在这院子里有一口圣井，与腓尼基人在地中海建立殖民地时沿袭了这一传统习俗。[30] 腓尼基的神庙经常带有洗礼用的沐浴盆。

这种封闭式神庙通常有柱子、遮盖的圆柱门廊和内殿［如同我们在《希伯来圣经》中读到的"至圣所"（holy of holies）[②]］。[31] 神庙规模不太大，如果进行任何翻修，正如我们在约瑟夫斯著作中读到的关于提尔的希兰国王的建造活动，由于在繁忙的城市中受到土地的限制，神庙很

[①] 古代西闪米特人所崇奉的神，是摩押人的至尊之神，可能是与女神阿斯塔特一同受奉祀。——译者
[②] 犹太教堂的内殿。——译者

消失的文明：腓尼基文明

图 32　梅沙石碑，公元前 9 世纪

众神之城：腓尼基的宗教

图33 阿姆里特神庙的院子，公元前4世纪末

可能是被垂直地而不是水平建造的。[32] 因为在《希伯来圣经》中暗指提尔的希兰国王在神庙的建造过程中帮助了所罗门王，[33] 一个经常被提出来的看法是，在耶路撒冷的第一个古以色列神庙是受到在提尔（也许还有其他腓尼基城邦）的神庙的启发，但由于《希伯来圣经》的历史真实性尚存在疑问，而且缺乏耶路撒冷和腓尼基存留下来的神庙遗址，这意味着这一看法是很难确定的。[34] 另外，《希伯来圣经》中提到的提尔人主要是从事青铜加工，而不是在建筑方面对神庙建设提供任何帮助。毫无疑问，所罗门神庙的建设者们通过文化交流，了解提尔、西顿和其他腓尼基城邦在建筑风格和宗教方面的传统遗产。不过，关于犹太人的神庙是借鉴腓尼基建筑风格的观点，是毫无根

177

据的。

神庙位置的选择是一个重要因素。位置的选择，既要令神喜欢，又要表达出把神庙的风景与崇拜者身处神圣之地的感觉联系起来，因而神庙位置的选择要做到两者兼顾，恰到好处，见图34。腓尼基的神与天体的联系是众所周知的，巴力被认为是太阳，阿斯塔蒂被认为是金星。[35] 腓尼基人把这两个天体看作是紧密联系在一起的，代表了巴力和阿斯塔蒂的假婚姻关系。[36] 因此，历史学家提出，根据对腓尼基的（提尔的）殖民地中发现的神庙进行比较类型学的研究，神庙的建造要按照这样的方式来进行，就是要让神庙一些元素（如祭坛）的直线排列与夏至的日出和冬至的日落保持一致。[37] 令人遗憾的是，由于缺乏古罗

图34　在比布鲁斯的巴拉特·古巴尔神庙，约公元前2800年

众神之城：腓尼基的宗教

马时代之前的考古资料，我们无从知道腓尼基城邦是否都遵循这样的排列方式，但这种奇特的观点还是很耐人寻味。

正像在整个古代社会一样，腓尼基的神庙由祭司提供服务。正如铭文所示，腓尼基的王室有时担任祭司。不过，总体说来，神职人员是世袭的，并且祭司来自居住在城市的贵族家庭。其次，在缺乏罗马时期之前的详细信息的情况下，我们只能凭借比较类型学，研究来自更晚时间段的和来自腓尼基殖民地的信息。一块出自乌姆阿米德（Umm el-Amed）的石灰石墓碑，时间被确定为希腊化时期（公元前4世纪～前2世纪）的石碑。在石碑上，描绘了一位男祭司（见图35），"脸上刮得很干净，戴着像头巾一样的包头软帽，穿着一件长长的、打着百褶的亚麻无袖长袍，佩戴着折叠的薄纱圣带，从左肩悬挂下来，这圣带是一个神职人员的特质属性"。[38] 可以推测，相同的服饰准确地反映了几个世纪中传统祭司的服装样式。关于祭司看上去像什么、他们的使命包括什么，这些表象可以从1世纪拉丁语作者西柳斯·伊塔利摩斯（Silius Italicus）的著作中搜集到，他在所著的《迦太基》（*Punica*）（第三卷）中，描述了在加迪尔（Gadir）的麦勒卡特神庙：

此外，那些被允许和有特权能进入圣祠内的人，不准许接近女人，并且要仔细留心让那些长满硬毛

179

消失的文明：腓尼基文明

图 35　在巴力亚通（Baalyaton）石墓碑上的一名腓尼基的祭司，
公元前 4～前 3 世纪

众神之城：腓尼基的宗教

的卑贱之人远离这里的门槛。在祭坛前穿着的服装全部都是一样的：亚麻布覆盖着他们的四肢，他们的前额被一根培琉喜阿姆的（Pelusian）亚麻头带装饰着。供香时穿着不缚带的长袍是他们的惯例，而且，遵循他们的祖先的规则，在祭献牺牲品时，他们用一条宽带装饰服装。他们光着脚，剃着光头，他们的床上没有伴侣。在壁炉石头上的炉火永远映照着祭坛。[39]

如果我们假定腓尼基故土的传统被输出到了殖民地，我们就可以推断，在腓尼基城邦的那些祭司按照惯例也是剃光头、赤脚行走的，并且奉行禁欲独身的生活。

其他关于神庙活动的信息，可以从比较资料中搜集。例如，希罗多德提到的巴比伦圣女的卖淫行为，并且提示相似的风俗在塞浦路斯也存在。[40]这样的习俗很恰当地符合在塞浦路斯的基蒂翁、阿马苏斯（Amathus）和帕福斯（Paphos）等腓尼基遗址对爱的女神阿斯塔蒂的狂热崇拜。[41]从基蒂翁搜集的考古信息表明，在腓尼基神庙那里雇用了很多人员，包括专门的抄写人、屠夫、面包师和献祭者。最后一位无疑涉及屠杀和焚烧用于献祭的动物，主要是绵羊和羔羊。

从出自塞浦路斯的证据判断，在古近东一个最古老和

181

广泛传播的习俗，是宴会仪式（*marzeah.*），这个习俗在腓尼基也很受欢迎。[42] "*marzeah*"这个词通常表示为了向神或神庙表示敬意的盛宴，但是它也可以指一群人参加的庆祝活动。宴会包括诵经、演奏音乐、祈祷以及唱歌，此外，还有酒水畅饮。[43] 它可以被认作由高级的公务人员参加的一个神圣的宴会。有趣的是，出自古希腊比雷埃夫斯（Piraeus）的铭文提到了宴会仪式（"在西顿人第14年的宴会第4天，西顿人在集会上决定"[44]）。在铭文中，这个词被用作一个重要的日期标志，因此表明宴会在社会中的分量和重要性。

由于缺乏原始文字资料，我们不得不通过凭借有形的考古遗物中的图像推测出普通人的宗教习俗。格伦·马科（Glenn Markoe）是一位古希腊和古罗马经典艺术和在近东地区艺术方面的专家，成功地从腓尼基的金属碗上的那些装饰中重现了这样的习俗。[45] 这些装饰经常表现的是舞蹈家和音乐家，有时戴着面具，在神或者女祭司的面前列队。在用于这样的崇拜活动中，人们使用的乐器有双簧管、手铃鼓和七弦里拉琴。[46]

在腓尼基，进献供品和烧香是敬神的重要虔诚行为，经常呈现在形象化的遗物和印章上。敬神主要在神庙里的阿瑟拉柱前进行，阿瑟拉柱代表圣林，或在毕提尔（*betyls*，原意是一块被打扮的石头）柱前进行，毕提尔应该代表神。毕提尔可以高达1.5米高，正如在西西里岛的摩提亚（Motya）以及摩洛哥的摩加多尔（Mogador）传统的腓尼基的遗址发现的毕提尔所展示的那样，它们是腓尼基神庙中能够长久完好地保留下来的那部分，进入了罗马时代。[47]

与许多古代社会一样，生育、健康和神的保护可能是家庭对神崇拜的主要关注点。相关的人工制品的图像表明，被崇拜的阿斯塔蒂和其他神起源于埃及。不过，由于很多宗教的人工制品（小塑像、小雕像等）没有被刻上铭文，很难仅仅基于图像做出任何结论性的判断。但有一个例外，就是埃及的贝斯（Bes）神（见图36），他伸出的大耳朵、挺着的大肚子和显著的大眼睛，很难被错当成其他神灵。对腓尼基神叙述和识别的含糊不清，导致很多人提出在腓尼基的宗教中无圣像论的概念。[48] 被引述的证据之一是，在西顿的埃什蒙的神庙，既没有发现埃什蒙的圣像，也没有发现阿斯塔蒂的神像。就绝大部分而言，宗教人工制品包括有宝座、石瓮和石头标志。腓尼基人避免在故土和在迦太基的殖民地描绘神的形象，这与无圣像论传统非常契合，例如，古以色列禁止使用耶和华的形象。马科（Markoe）评论道：毕提尔可能用作神像的象征性替代物。[49]

消失的文明：腓尼基文明

图 36 埃及的贝斯神，发现于埃及塞加拉（Saqqara），埃及第 30 王朝

众神之城：腓尼基的宗教

殡葬的人工制品、习俗和信仰

腓尼基人的陪葬品数量众多，我们通过这些陪葬品，可以了解腓尼基人的陪葬习俗。这种习俗还揭示出在腓尼基存在明显的社会和经济阶层划分。

腓尼基人实行两种主要的殡葬方法，即土葬和火葬，在波斯时期，前者是主要的殡葬方法。[50] 火葬被认为在最接近于以色列的区域实行，并且可能作为一个身份标志，把腓尼基人同他们南方的邻居区分开来。[51] 普通人和较富有的人的殡葬有显著的差别。普通的腓尼基人会被埋在一个浅的长方形坑里，或者埋在一座垂直的坟墓里，而富人或权贵被埋在一个被装饰的石棺中，石棺被放入岩石上凿出来的坟墓里（见图37）。通常，腓尼基人使用人形的石棺（见图38），或从埃及进口，或在当地制作但具有明显的古埃及特色，特别是在头饰方面。此外，社会的富有阶层使用丧葬面具，有时由黄金做成。

在墓地内外发现的多种器具（食品器皿、香料罐、衣服、小塑像等）以及在石棺上的图案，都强烈地暗示着人们对来世的期盼。腓尼基人相信，死者仍将通过某些能力继续存在，并且活着的人有责任照料死者的灵魂，通过供奉"食品、水、祭酒，以及通过纪念仪式颂扬死者，呼唤死者的名字，死者的灵魂继续以祖先的形式存在"。[52] 有一种说法是，死者将承担起"冥医"（chthonic healers）的角色，活着的人在痛苦的时候可能会祈求死者的保佑。[53] 在腓尼基人关于死

图 37　比布鲁斯的阿比-谢穆（Abi-Shemu）的石棺和坟墓，
公元前 19～公元前 18 世纪

图 38　出自艾因赫尔韦（Ain el-Helwe）的人形石棺，公元前 5 世纪

亡和死后灵魂生活（afterlife）的观念中，荷花是一个重要标志。荷花是一个传统的古埃及符号，在坟墓上的荷花由"死者和他的家人闻着，确保死者的灵魂可以象征性地再生"。[54]在阿希拉姆的石棺上描绘着与此相同的荷花，他的儿子伊托巴力（Ittobaal）把花举到面前，好像要闻它。按照这样的一种方式解释，在阿希拉姆石棺上描绘的荷花将永远封装着一个信念，即相信阿希拉姆已安全抵达来世。

考古人员在腓尼基故土的发现很少，而在整个腓尼基殖民地的发现却很丰富。利用这些考古成果重现的腓尼基宗教，似乎结合了两个独立的元素：信仰和习俗，类似于古近东其他宗教的信仰和习俗，有助于腓尼基各个城邦对各自的身份认同。正如许多其他古代社会的情形一样，腓尼基的宗教信仰和习俗表达了他们在每天的劳作中和海上的活动中需要依赖神的帮助。人们通过宗教仪式和神庙、祷告和宗教物品来祈求、供养和安抚神灵。来世也是腓尼基人长期关注的，他们希望并通过葬礼来保证来世。同时，每座腓尼基城市都通过崇拜一对独有的神灵夫妇，来保持并且培育了自己的文化特性。

腓尼基人乐于借鉴来自其他民族的宗教信仰和图案元素，表现出了非凡的灵活性，正如他们崇拜古埃及贝斯神和使用他的图像。王室成员，无论国王还是王后，在腓尼基的宗教事务中起到了重要作用。他们支持神庙基础设施的建设，并且也承担神职人员的职责。

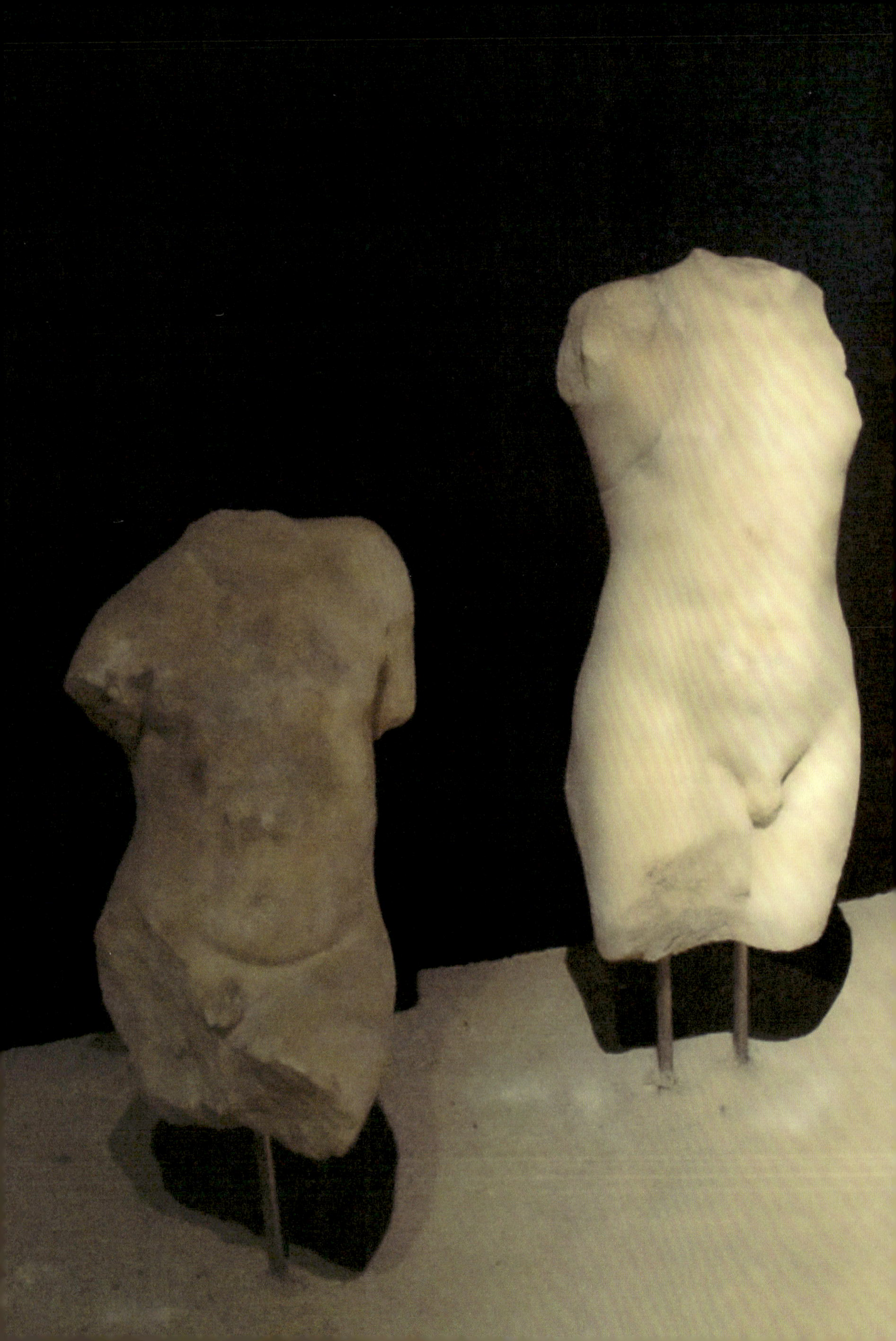

工艺大师：
腓尼基的艺术
与贸易

在确定腓尼基为独立城邦的集合体后，我们又面临另一个问题，是否可以说"腓尼基艺术"具有一系列区别于其他近东风格的特征？[1] 博物馆充满了被鉴定为"腓尼基"的文物，然而它们的来源往往不详。罗马时期以前的考古层挖掘很少，是使问题错综复杂的一个重要因素。腓尼基人是一个有凝聚力的种族和文化实体，这一看法是占主导地位的，但在不断变化，这在一定程度上是由古典作家的臆断引导驱动的。一些已知的将文物错误归属的例子有：在《伊利亚特》中，塞浦路斯的碗被荷马说成是西顿人的碗；所罗门神庙中的青铜轮架在《希伯来圣经》中被说成由提尔的希兰国王提供。历史学家已经发现文物的"东方化"过程，古希腊人和其他人并不知道艺术品的真实来源，但对那些被认为是腓尼基的艺术品赋予了特殊的神话地位。[2] 同样的过程在今天仍然在起作用，并且可以在很多人工制品的标注方式中观察到。

还有一个错综复杂的因素是，许多被鉴定为腓尼基的艺术品主要用于出口，并且，当在除腓尼基的故土以外地区被发现时，很难通过它们的风格和类型的特质证明它们是腓尼基的。历史学家倾向于关注有突出风格特征的"腓尼基"文物，把它们归属为：

（1）埃及化的（Egyptianizing），使用古埃及艺术中常见的元素，例如规则地将图形隔开；用外形轮廓来描绘的图形；用大部分未加装饰的肉体或者穿着衣服的形象；有关图案、符号和式样的对称性；使用构成古埃及色调中的颜色进行装饰；或者与古埃及通用的特定图案相结合。

（2）亚述化的（Assyrianizing），使用亚述样式的狮子、衣服、发型、神、妖魔、王室权威地位的标志或带翼的斯芬克斯；突出动物和自然景象；或描绘人相对僵硬和静止的神态。

（3）叙利亚化的（Syrianizing），使用在安纳托利亚通用的符号和图案；从正面透视的视角展现人物；并且描绘特殊的面部特征（例如大眼睛、大鼻子、后缩的大下巴、丰满的嘴唇）。

（4）塞浦路斯-腓尼基的（Cypro-Phoenician），具有腓尼基和塞浦路斯艺术传统的共同特征；尽量体现腓尼基人的组织和布局特点；使用某些通用的装饰图案；大量借鉴亚述传统。[3]

鉴于如此的丰富多样性，腓尼基文物的风格特色可以归纳为，一方面，具有对外来风格博采众长的折中性和开放性，另一方面，具有从青铜器时代晚期到铁器时代的腓尼基艺术传统的连贯性，这种艺术传统在黎凡特地区倍受欢迎。腓尼基的手艺人吸收当时存在的全部艺术风格和艺术元素，创造了一种独具特色的混合风格，这种风格被认定为"腓尼基风格"。格伦·马科把腓尼基的艺术定义为"一个包含了很多不同文化元素的混合体，有爱琴海的、叙利亚北部的、塞浦路斯的、亚述的和埃及的，正是这种强烈的博采众长的特质，使得任何严格按照风格进行分类的尝试都变得非常困难"。[4] 腓尼基的手艺人巧妙迎合消费者不断变化的喜好，提供的产品畅销国内外，从而形成了独特而灵活的腓尼基风格。

陶器和制陶术

腓尼基的陶器，或笼统地说古代陶器，对重现历史周期和文化交流是不可缺少的。在各个地理区域中，陶器艺术风格的盛衰、对颜色的偏爱以及一些特定样本的分布，对再现历史具有实质性的帮助。不过，与腓尼基相关的陶器往往被认为是不起眼的、平庸的，甚至是守旧的，无论是在色调、结构形态上，还是在装饰风格和生产质量上都是如此。[5] 不过，我们应该记住，并非所有的陶器都是一样的，应该区分不同类型，即用于消费的陶器和用于劳作的陶器[6] 消费性的陶器用于许多场合（家用、宗教仪式和殡葬）以及环境（私人的和公众的、城市的和乡村的），这些由具体的社会经济需求来决定。[7] 这类陶器有以下几种特性：[8]

（1）它们显示出按容器用途所指定的形状的连续性。

（2）它们在结构形态上类似于相似形状的金属容器；消费性的陶器代表了社会层次的划分，低阶层使用价格低廉的黏土容器，却呈现出昂贵金属器皿的形状。

（3）可供选择的形状是有限的，在铁器时代更为如此。

（4）很难确定容器的功能，因为相似的容器既可在家使用，也可在宗教场合中使用。

（5）单用途和多用途容器可能会用于同一场合。

（6）容器的质量在很大程度上取决于被使用的场合，形状通常与生产质量有关。宴会上摆放的陶器（如雕花玻璃酒瓶）通常比每天使用的（如碗）具有更高的生产价值。

（7）消费性的陶器在社会上似乎不如从爱琴海地区或者塞浦路斯进口金属容器更有声望。

总体说来，腓尼基家用消费的器皿被看重的是其功能性，这可能是其装饰和形状不被注意的原因。它们是对高档金属容器的粗劣模仿，只有进口的家用器皿，才更受到青睐。

与家用的陶器截然相反，用于劳作的陶器种类繁多，主要按照使用功能分类。一位研究腓尼基的历史学家和考古学家弗兰西斯科·努涅（Francisco Núñez），确定容器有两种主要类型：用于产品的生产和深加工（如谷物和葡萄的发酵）的容器，以及用于为储存、运输和销售各种原材料为目的的容器。[9]第一种类型在形状或设计上不需要太多的一致性，第二种类型则需要，以便使商业活动更加有序开展。两种陶器的不同用途，不仅影响质量和形状，而且影响它们的生产，这取决于对它们的需求和销售。

考古学家在泰勒拉希迪耶（Tell Rachidiyé）和提尔发现了制作陶器的工坊，但是更重要的发现是在萨雷普塔的工业区，包含有几个陶器工坊，从青铜器时代晚期的后期到波斯时期一直持续运转。[10]工坊非常有条理，有许多陶窑和特殊的干燥窑，表明那里的陶器生产已具工业规模。我们把目光从萨雷普塔的典型范例转向腓尼基的其他城邦，由于考古发现的一致性和地理位置的相对接近，我们就能从中得出结论，陶器生产在腓尼基故土是一项蓬勃发展且繁忙的工业活动。几种特定类型的陶器与腓尼基的故土有关，它们通常按照颜色和风格分类（双色的、红黑相间的、上红釉的），或按照形状分类［碗、瓶、罐（特别是喇叭口形的细颈罐以及各种有嘴和两侧带柄的大水罐）］。[11]这些分类并不是唯一的，因为在风格和形状之间会有一些重叠。腓尼基的陶器最古老的类型是双色的，最早出现在公元前11世纪中叶，大约在两个世纪后消失。[12]一些人认为，这类陶器的出现标志着腓尼基文明的开始。早期的腓尼基人开始制造双色的器皿其目的是使物品更加多样化和美观，这与之前单色陶器形成鲜明的对比。双色的容器，大多是球状的两侧带柄的大水罐，以水平方向排列的深红色宽环带和灰色窄环带相间交替为特色。环带呈水平方向排列，主要是使用了陶工旋盘的缘故。

红黑相间的或塞浦路斯的腓尼基风格，在公元前9世纪中叶取代了双色器皿。与双色陶器相比，这种类型的容器通常做工更精细，以"上红釉加上黑色的水平方向或者同心的线条"为特色。[13]这种风格因不再精致而失宠，到公元前7世纪时就消失了。它被上红釉的陶器接替，这种陶器是腓尼基陶器中最常见的类型之一，经常在塞浦路斯、北非等地区被发现。[14]它的启用时间与腓尼基在公元前9世纪开始向地中海西部地区扩张的时间一致。两侧带柄的蘑菇状开口细颈大水罐是这种风格最广泛的代表。见图39。

这三种类型的陶器用来确定考古遗址的年代序列和腓尼基性（Phoenicianness）。因为耐久性，这些陶器产品实际上经受住了时间的考验，样品能帮助揭示年代。它们也被用来确定遗址居民的种族划分。如果某种特定类型的陶器被认为是腓尼基的，那么使用者也可能被认定为腓尼基人。不过，由于陶器也可能是进口的，在使用陶罐作为识别身份标志时，会有许多问题，最近有人对这种做法提出了严重质疑，特别在腓尼基研究中。[15]很显然，在追溯考

图 39　出自泰勒拉希迪耶的
双色双耳细颈陶罐的例子（铁器时代后期）

古遗物和曾使用这些遗物的人类种族的联系，需要用更加深思熟虑的方法。

通常，腓尼基的制陶工匠擅长制作两种不同类型的陶器，紧口陶器和敞口陶器。紧口陶器的器身直径比边缘

工艺大师：腓尼基的艺术与贸易

宽大。与腓尼基相关的这类陶器中，有"两耳细颈椭圆土罐（amphorae）、双耳喷口罐（kraters，容器用来混合酒和水）、蒸煮罐、带滤网喷嘴的罐、带嘴和柄的三叶形边口大水罐和颈部成凸棱条状的罐"。[16] 带滤网喷嘴的罐很特别，喷嘴以 90 度的角度从罐子的主体突出来，这样做是使像葡萄酒那样更浓稠的液体的倾倒和过滤更容易。带嘴和柄的三叶形边口大水罐（图 40）仿造了更精致的金属容

图 40　腓尼基的赤陶土罐，公元前 7 世纪

器，这样做可能是作为普通人日常使用的廉价替代品。两耳细颈椭圆土罐使储存和装运产品更加有效。随着时间的推移，腓尼基的两耳细颈椭圆土罐有了统一的形状和标准化的容积，在实质上促进了腓尼基的贸易。在敞口陶器中，有杯子、盘子和高脚杯。[17] 陶器的柄上通常装饰有四足动物、蝎子和玫瑰花等图案。[18] 在波斯时期，出自西顿的两耳细颈椭圆土罐的柄上刻画了一艘船，这无疑是受西顿舰队的启发。

最后讲一下关于陶器的制作方法。利用对现代黎巴嫩村庄舍哈布（Shehab，也拼写为 Beit Chabab）的观察结果，历史学家提出，现在的制作方法类似于古腓尼基制陶工匠使用的方法。[19] 首先，黏土来源于附近的台地，然后在沉淀池中进行4～5个月的杂质澄清后，放入地窖，让成形的容器干燥几周。在温度为800摄氏度的陶窑内烧制8天后取出。

玻璃

腓尼基的玻璃在古代闻名于世，尤其是西顿生产的玻璃。老普林尼在公元1世纪的著作中，甚至把玻璃的发明归功于腓尼基人。[20] 虽然考古学家发现米坦尼人（Mitanni）在公元前16世纪生产了玻璃，但腓尼基人与玻璃生产有关的种种迹象表明，腓尼基人对玻璃的普及作出了重大的贡献。[21]

最初，玻璃产品是为国内市场而生产的，但是随着时间的推移、质量的不断提高，出口到地中海部西部地区的产品越来越多。腓尼基较早期的玻璃制品比较粗糙，因为玻璃膏是在模具核心周围伸展开来，然后按照设计要求加工。[22] 过后可能使用不同颜色的铅制玻璃膏进行装饰。由于吹制玻璃器皿工艺的发明，更为精致优美的玻璃整件出现了。与腓尼基人有关的吹制玻璃制品是雪花石膏瓶（alabastra，alabastron 的复数形式，一种小陶器类型的玻璃瓶子，用于储存油和香水，见图 41）以及半球形的容器。[23] 这些类型的玻璃大多来自神庙、宫殿、坟墓和精英的住宅的遗迹，表明它们是令人羡慕的奢侈品。尽管如此，腓尼基的玻璃类型很宽泛，包括护身符、吉祥物和在木头和象牙工艺品中镶嵌的玻璃，"魔鬼面具、动物和猿人头像形的垂饰坠子"，[24] 以及精巧的彩陶。彩陶可能被塑造成各种不同的避邪物，包括圣甲虫和模仿埃及符号和神的护身符。[25] 这些无所不在的产品是在腓尼基的故土、塞浦路斯岛和罗德岛（Rhodes）上的工坊大量生产。荷马甚至在《奥德赛》（*Odyssey*）中把这样的产品称为小玩意或小饰物，表明它们在整个古代地中海地区被广泛使用。如同大多数的腓尼基产品一样，为大众市场大批生产的彩陶产品的质量比针对奢侈品市场的要低得多。

消失的文明：腓尼基文明

图 41　腓尼基的玻璃雪花石膏瓶，公元前 625～前 600 年

象牙

　　腓尼基人不是最先用象牙精心制作艺术品的。公元前9世纪左右，他们开始制作象牙艺术品，因熟练的技巧而迅速获得名望。[26] 由于古埃及第22王朝在晚期对更广泛的黎凡特地区的影响显著，在腓尼基艺术中有大量古埃及图案，特别是象牙艺术品。[27]

　　大多数腓尼基的象牙制品来自腓尼基外部，但有一些在比布鲁斯和萨雷普塔被发现。出产象牙制品最多的地方主要有亚述［在考尔萨巴得（Khorsabad）］、叙利亚北部［阿尔斯兰塔什（Arslan Tash）和津色利霍尤克（Zinçirli Höyük）］、巴勒斯坦北部［撒马利亚（Samaria）］、布匿遗址［迦太基、帕莱斯特里纳（Palestrina）、卡尔莫纳（Carmona）、加迪尔（Gadir）］以及伊拉克北部［尼姆鲁兹（Nimrud）和古卡尔胡（ancient Kalhu）］。[28] 我们能区腓尼基风格的和叙利亚北部风格的象牙艺术品。腓尼基风格的象牙作品，在尼姆鲁兹（Nimrud）的亚述纳西拔二世（Ashurnasirpal Ⅱ）国王的宫殿中被大量发现，很具有代表性。它突出的特点是显著地刻画传统的古埃及主题，例如"何露斯（Horus）的诞生、一头母牛哺乳一只小牛犊、年轻人捆扎纸莎草、一头母狮在纸莎草的草丛中，以及一个生有双翼的狮身鹰首兽（griffin）践踏着一个跪倒的亚洲人（Asiatic）"。[29] 在象牙饰板上的带有翼的扁圆盘（winged

201

disc）也是一种埃及化（Egyptianizing）的元素。在腓尼基风格的工艺技巧中，有镂空工艺，还有更多的是镶嵌珐琅（带有凸起图案浮雕，不带背景）工艺，即在象牙镶上嵌金属丝花纹的珐琅，包括嵌入各种颜色的人造宝石和半宝石。象牙经常作为家具的镶嵌装饰品（见图42），用于床、大衣箱、桌子等的装饰。较大的象牙艺术作品的各组成部分上，经常刻有腓尼基字母，作为组装和次序排列的说明。[30]

叙利亚北部风格的象牙艺术品，主要的特点在于更注重细节但缺少古埃及特征，也同样是以亚述纳西拔二世国王的宫殿中发现的象牙艺术品为主要代表。[31] 这些很有可能是亚述掠夺来的战利品，可能就是从腓尼基那里抢来的，却是从不同于生产腓尼基风格象牙艺术品的工坊里抢来的。另一个看法是，它们是由易地而居的腓尼基工匠在尼姆鲁兹（Nimrud）生产的。为了支持这一看法，马科（Markoe）引述了一例在尼姆鲁兹的发现，发现有未制成的用于镶嵌在象牙中的古埃及彩陶玻璃。[32]

腓尼基的象牙艺术品通常发现于宫殿中，这凸显了象牙的尊贵性，特别是由熟练工匠雕刻的。正如埃里克·居贝尔（Eric Gubel）所指出的那样，很多图像的图案带有类似于古埃及视觉语言的元素，腓尼基人使用古埃及的图案表达他们自己的传统和信仰。[33]

由于叙利亚的象群减少，腓尼基的象牙艺术品生产在

工艺大师：腓尼基的艺术与贸易

图 42　出自亚述的象牙的家具饰板，带有埃及化的
人物形象，公元前 9 世纪

消失的文明：腓尼基文明

公元前7世纪初逐渐衰落。但是，这不是唯一的因素，因为腓尼基人仍然与埃及和在迦太基新建立的殖民地保持密切的关系，这两个地方都能够提供用于生产象牙产品所需的原料。造成象牙产品减少的另一个原因可能是在公元前7世纪初西顿和提尔经济活动的减少，以及随之引起的在地中海西部地区腓尼基奢侈品流通的急剧减少。[34]

金属制品

金属碗不仅在过去而且在现在仍然被认为是腓尼基手工艺的顶峰之作。荷马提到西顿制造的"一个掺有银的碗是一件艺术品"，在为了向帕特洛克罗斯（Patroclus）①致敬而举行的赛跑竞赛中，作为最高奖赏授予获胜者。[35]多年以来，大多数精致的古代碗被认为是腓尼基的。只要它们在塞浦路斯、意大利、伊朗、叙利亚、西班牙或者其他地方被发现，便被确定为腓尼基的，理由是使用的图像语言是相同的：中心是一个圆形的浮雕、玫瑰形的装饰物或打猎或其他的情景（见图43），以及一个圆圈或更多的同心圆圈。[36]1988年，在威尼斯格拉西宫（Palazzo Grassi）举办的"腓尼基人"展览上，所有金属碗都被冠以"腓尼基人"的称号，不考虑它是否为考古发现或有考古背景，是否为墓葬或大型收藏品的一部分。[37]

---

① 希腊神话中特洛伊战争的参加者。——译者

工艺大师：腓尼基的艺术与贸易

图 43 腓尼基的碗描绘有打猎的情景，公元前 8 世纪

尽管都归属为腓尼基的碗，但古代碗的式样和主题是不断变化的。最早的碗主要是青铜的，大约在公元前700年出现，随后出现的是银碗，通常是镀银的碗。形状由容器的功能来决定。比较浅的碗用于宗教祭酒的场合或作为装饰物，通常用于私人摆放的场合，很多带有穿孔，表明它们是被挂起来展示的。[38] 勇士格斗、花的图案

205

和各种动物是常见的主题。它们经常以埃及化的元素为特色，包括描绘成群的穿埃及服装的女人、埃及的神、用纸莎草制的小船在芦苇丛中的情景。这很可能是工匠们着眼于出口市场，有意识地选择具有埃及元素的主题。埃及化的元素，还包括那些看不出有什么意义的象形文字，可能是把文化影响和审美感染力赋予到碗里的一种方法，目的是出口。[39] 类似的还有亚述化的元素，这在亚述统治近东的时代颇有意义，其中包括带翼的斯芬克斯和打猎的情景。

腓尼基的碗在古代分布得很广泛，却在腓尼基故土的考古发掘中没有发现，因此提出了以下4个假设：[40]

（1）这些碗在黎凡特地区生产，然后从黎凡特地区向整个地中海地区广泛传播。其理由是，现有的碗的图案和形状明显都属于近东。[41] 但这种假设完全解释不了源自黎凡特地区的样品为什么在腓尼基故土缺失。

（2）由漂泊旅行的工匠们制作。随着腓尼基人在地中海地区不断探索，试图发现金属资源向亚述国王缴纳贡款，一些工匠在他们的故土之外建立了工坊。这种假设目前获得了广泛的支持，它解释了为什么在腓尼基没有发现碗，但有些人还是不信。历史学家詹姆斯·米利（James Muhly）写道："我非常强烈认为，整个关于工匠移民的想法有点像英国人的一种幻想，我愿意看到学术研究转移到另一个方向。"[42]

（3）碗是在它们被发现的地方生产的。这种假设获得一些人，包括米利的支持。

（4）通过商业贸易、交换、进贡和战争掠夺解释碗在地中海地区的地理分布。按照这样的观点，一件物品在某一个地方生产后，会远走他乡、易手他人，其流动很可能由其内在价值和作为名贵物品的地位驱动。

最后一个假设非常有信服力，它考虑到了古代社会观念和知识的交流，碗上描绘的主题（如勇士格斗的图案）会迎合人们对王权和英雄地位的感性认识，会对他们有所启发。此外，各种风格（爱琴海的、亚述的、埃及的）的融合会使一个物品，不管产自何处，都广受欢迎。正如尼古拉斯·韦拉（Nicholas Vella）所说："称金属碗为'腓尼基的'，只能作为理解古老时代地中海地区这个流动而多变的世界的速记符号。"[43]

除了碗外，与腓尼基相关的其他金属物品还包括青铜小人像和供奉用的剃刀，但是后者仅出现在地中海地区而非腓尼基的环境中。小人像被供奉在神庙和家庭神龛中。在很多时候，它们描绘的是站立或坐着的男性和女性崇拜者，或者穿着埃及式样服装的神，有时戴着神秘的Ω形（O形）项链，并常常伸出他们的手掌以示祝福。一些青铜小人像镶上了黄金，如乌加里特的小人像（见图44）。大多数小人像是在腓尼基之外被发现的，但马科提出，它们是从腓尼基的故土出口的。[44]

消失的文明：腓尼基文明

图 44　出自乌加里特的巴力小人像，约公元前 1350 年

印章

有两种器具经常在腓尼基的坟墓中被发现：圆筒印章（Cylinder Seals）和盖印印章（Stamp Seals）。圆筒印章从青铜器时代中期起就在古近东很流行，是一种雕有打猎或有关王室的情景的小石柱，贯穿其长度方向有一个钻孔，穿上一根细绳或一个轴钉。[45] 它们的主要用途是代表签名，圆筒印章的持有人将其在潮湿的黏土上滚动，留下印章图像的压痕。公元前1千纪，腓尼基文字的发明，促使人们从使用近东地区传统泥板（非常适用于楔形文字）转变为使用纸莎草纸卷轴。[46] 纸莎草纸轻便、易于运输，被证明是用于各种私人和正式信件的一种极好的材料。材料的改变使得盖印的器具也要发生改变，因此更小的盖印印章应运而生。为了保护卷轴的内容，可以把卷轴卷起来，用一根细绳绑紧。盖章时，在卷轴上放一块黏土，在黏土上加盖印章。绝大多数盖印印章是用一种柔软的滑石（steatite）雕刻而成，但也使用不太值钱的碧玉、红玉髓、玛瑙和其他材料。

腓尼基的盖印印章几乎从一开始就以甲虫的印记为特色，即压痕呈甲虫形。甲虫在古埃及象征着再生，后来甲虫的形状被简化成近乎一个简单的椭圆形［称为圣甲虫（scaraboid）］。[47] 其他古埃及的图案也出现在盖印印章上：安克架（ankh）（像十字架一样的符号，但用一个环结替代了顶部的横杠）、猎鹰、圣蛇以及荷鲁斯之眼（Eye of Horus）。古埃及宗教常常对腓尼基的印章雕刻师产生影响，特别是再生的主题。不过，公元前8～前7世纪的印章经常与碗和象牙上的图案相呼应。

印章生产的高潮是公元前5～前4世纪，当时印章的雕刻技术传播到了地中海地区的西部。在那里，当地的材料被用于印章的生产。在撒丁岛上的城市萨罗斯（Tharros）成为主要生产地和销售地。萨罗斯的印章有时由绿色的碧玉制成。随着生产向西转移，可供选择的图案也发生了改变，吸收塞浦路斯的、埃维亚的、波斯的、希腊的和伊特鲁里亚的（Etruscan）形象，[48]其中特定的神扩充了，包括赫拉克勒斯和长有公牛头的巴力。与动物搏斗的情景也变得很普遍，这绝对是受到了波斯文化的影响，在波斯，这样的情景与王权的观念有关。

赤土陶器

与我们所关心的大多数物品不同，赤土陶器是主要从腓尼基的故土流出的产品，与腓尼基和黎凡特地区有着明显的联系。赤土陶器的图案通常是粗糙的人物形象和花卉，尚未发现用于出口的赤土陶器。它们主要用于宗教活动和家庭生活，这意味着是面向当地市场的。赤土陶器生产主要的中心是西顿、阿赤基乌（Achziv）、萨雷普塔和贝鲁特。

赤土陶器（大多为小人像，原型品和面具）的生产过程不仅揭示了生产这些物品的社会的经济层次划分，而且也揭示了这些物品的社会背景。腓尼基的陶塑工（coroplast，赤土陶器小人像的塑造者）主要使用3项技术制作陶器：手工制作、用陶工旋盘制作，以及用各种模具制作。当然，手工制作的产品相对粗糙，不需要很多的技巧。它们很有可能是由业余的工匠制作的，在家庭中作为护身符或其他驱邪物。用陶工旋盘制作的赤土陶器在外形和样式上似乎更标准化，它们拥有"逐渐变细的圆锥形躯干、模具制作的头，以及用手工制作的黏土手臂"。[49] 但是，制作赤土陶器与用手工制作其他产品一样，似乎没有竭力模仿或吸纳古代社会其他地方的风格。此外，用模具制作的赤土陶器因在神庙和殡葬中使用而显示出外来的艺术传统。大多数用模具制作的小人像是作为还愿奉献物（ex-votos，对神或者女神的还愿的供品）和陪葬品，它们在圣殿和公墓废墟中被发现，但有一些来自古董市场。

在用模具制作的赤土陶器上，有两个频繁出现的图案，一个是裸体的阿斯塔蒂（见图45）还有一个是遮掩着的怀孕的女神。这两个图案都表明了直到公元前6世纪前，生殖力在古代腓尼基图像中的重要性。[50] 其他流行的图案描绘的有，穿衣服版本的阿斯塔蒂（叙利亚风格的，从波斯时期开始），在王位上坐着的神（麦勒卡特、埃什蒙、巴力）、古埃及贝斯神的小塑像、"空心喇叭状"的男性和女性崇拜者的小人像，他们抱着动物或孩子，或演奏乐器，还有"神圣的骑手"、在马拉的战车里的人、半身

图 45 腓尼基赤陶神龛中的裸体的阿斯塔蒂，公元前 7～前 6 世纪

像和真人大小的小塑像。[51] 从这个所列的清单里很明显看出，大多数赤土陶器的物品属于宗教领域，用于宗教仪式或向腓尼基众神中的一些神表示敬意。

铁器时代，黎凡特地区的大多数黏土面具大多来自腓尼基。[52] 从青铜器时代中期末到波斯时期，赤陶土面具的使用在黎凡特地区一直没有间断，因为大多数是在殡葬的环境中（见图46）或神庙里被发现（但有一些在作坊或世俗环境中被发现），它们很可能是用于宗教的。腓尼基的面具描述女性和男性人物（各种各样的，没有胡子的、有短胡子或长胡子的和脸上布满皱纹的），但是从来没有动物的。在男性面

图46 出自提尔的用于殡葬的黏土面具，公元前7世纪

具上能观察到的年龄的增长，可能暗指一些标志人生重大变化的仪式，这些面具经常呈现嘴部镂空的特征，暗示着佩戴面具的崇拜者或许正在唱圣歌或者祈祷，虽然面具是在死后使用的，但是不能在崇拜神方面打折扣。[53] 随着腓尼基人扩张到地中海地区的西部，他们把制作面具的技能也带到了那里。不过，出自摩提亚（Motya）、伊维萨岛（Ibiza）和迦太基等地方的面具表明，随着时间的推移，新的面具图案被引入，露齿而笑的形象（见图47）非常流行。

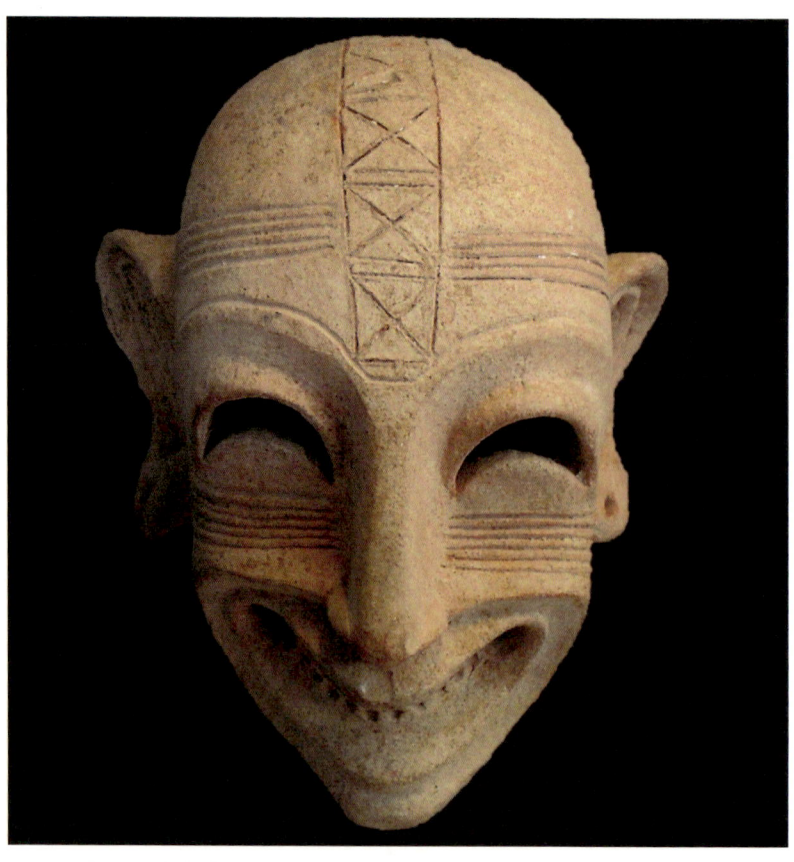

图47　出自突尼斯的迦太基的黏土面具，公元前5～前4世纪

工艺大师：腓尼基的艺术与贸易

石雕工艺品

石制工艺品在腓尼基的故土更为盛行，原因很简单，因为它们不易被移动。腓尼基的石制工艺品有几个不同的类型：圆雕雕像（Statuary in the Round，雕像以三维的形式呈现，没有背景的衬托）、石碑（stelae）和石棺。腓尼基缺乏用于制作高质量雕像的所必需的坚硬石料，工匠们利用的是在当地发现的丰富的石料：石灰石和砂岩。虽然这些石料更容易被加工，但最终的产品与在埃及和亚述找到的产品相比，更容易损坏，艺术质量也更低。不过，腓尼基人在公元前6世纪开始进口希腊的大理石，主要为更富有的主顾制作精美的艺术品。

圆锥雕像在波斯时期出现于腓尼基，和以前一样，古埃及风格深重地影响了那些工匠的作品。不过，腓尼基人不遵循同时代的古埃及雕像的风格习俗，而是遵循古埃及第22王朝的风格习俗。幸存的圆锥雕像实际上主要是宗教性质的。最著名的还愿奉献用的雕像是在西顿的布斯坦·埃什-谢赫（Bostan esh-Sheikh）圣所的废墟（约公元前430~前380年）中发现的"神庙男孩（以及女孩）"。在这里的人物雕像（见图48）与古希腊的人物雕像有明显的相似之处。出自比布鲁斯的一座未完成的石灰石巨像，可以作为描绘神主题的纪念性雕像中难得的一个例子。雕像的姿势（一条腿在另一条腿的前面，正如在很多古埃及

215

图48　出自西顿附近的埃什蒙神庙的雕像，公元前6～前5世纪

雕像那样，见图49）、古埃及式的假发和黑色支柱，都显露出强烈的古埃及特色。[54]

腓尼基的石碑主要以殡葬的纪念碑为代表，有刻上碑文的石碑和空白的石碑，这些都已经在西顿附近的海勒代（Khalde，在现代的贝鲁特国际机场附近）、西顿南部的泰勒布拉克（Tell el-Burak）遗址，以及在提尔的巴斯（Al-Bass）公墓被发现。[55]其中，在巴斯公墓出土的石碑和碑座（cippi），是一个小的圆形或矩形的碑基或碑柱）。一些公墓没有任何石碑，如泰勒拉希迪耶（Tell Rachidiyé）的公墓。其他的一些公墓，如阿赤基乌（Achziv）的公墓，有很多的石碑。很有可能是石碑在后来的建筑工程中被重新利用或在考古挖掘期间被忽视，因为很多石碑被粗暴地推倒，夷为平地，石碑可能错被当作了建造用的石头。[56]与

工艺大师：腓尼基的艺术与贸易

图49 出自比布鲁斯的巨像（Colossus），约公元前300～前200年

腓尼基相比，迦太基的石碑更多，在迦太基使用还愿奉献的墓碑和殡葬的墓碑的传统更有系统性。[57]在腓尼基南部和巴勒斯坦北部发现的石碑比在贝鲁特及其以北地区发现的石碑更多。原因可能是挖掘的对象（石碑被忽视）不同或不同的腓尼基遗址之间殡葬习俗存在差别。

因为石碑和碑座是由石灰石或其他硬度较低的材料粗凿而成的，出自腓尼基的图案和铭文的质量很差。一些图案，例如安克架，比其他图案更容易认出。一般说来，图案有下列几种类型：具有人形的（面部特征和半身像）、古埃及的象形文字、坦尼特的标志（女神举起手的一种风格化的姿态）、毕提尔（betyls）、独立的字母、天文符号（带有翼的扁的圆盘证明是多数人喜爱的选择）、几何图形、圣祠和花的图案。[58]这么大量丰富的图案表明了宗教在腓尼基人的日常生活中极其重要。作为面向平民百姓的产品，低质量的石碑和碑座与那些与王室相关的和用于出口的物品完全不同。

虽然普通市民可能对他们坟墓上简朴的石碑或碑座感到满意，但是富裕的腓尼基人更喜欢石棺。在腓尼基已经发现许多石棺，主要是在艾尔瓦德和西顿。腓尼基石棺最早的例子之一是阿希拉姆（Ahiram）的石棺，石棺确定的日期为公元前1千纪早期，被许多人认为是早期腓尼基艺术的重要例子之一。具有这样一种地位的原因是这个石棺具有在黎凡特地区非常盛行的一些特征（如雕刻在石棺上的服装、胡子和发型等特征），并且相对来说没有受到古埃及特征的影响，例如人们通常遇到的荷花与花蕾的装饰图案或在宗教仪式桌子上摆放的供品。我们在阿希拉姆石棺上发现古埃及元素的减少，而更偏爱当地的图像和风格。这种改变可能是因为一些未知的政治事态发展，比布鲁斯王室有意采取的行动。古埃及图案在接下来的第22王朝又开始大行其道。大多数在腓尼基发现的石棺，日期都确定在公元前5~前4世纪，并且它们的风格仍然呈现出受到了古埃及的强烈影响。

腓尼基的石棺由玄武岩和大理石制成，不仅在当地制作，而且也从埃及进口，并且有时依次被重复使用。殡葬器具的这种循环使用显示出，与埃及相关的进口商品在精英中拥有很高的威望。最受欢迎和最吸引人注意的棺材类型之一是人形的石棺。这类石棺由两部分组成，棺材体和棺材盖，后者对我们追溯不断变化中的品味最有用。古埃及类型的石棺在公元前5世纪之前在腓尼基的石棺中占主导地位，有一个制作粗糙的身体和描绘细致的头部，头部有与死者性别相一致的发型。不过，在接下来的时期，在西顿和艾尔瓦德制作的石棺抛弃了石棺身体形状的式样，由一块材料光洁的平板替换，在石棺上的男性头部也采用了古希腊元素，例如厚密的头发和卷曲的胡子。很有可能脸部采用的图案是通用的，不与单个死者的实际面貌一致。

珠宝

许多用金、银和青铜精心制作的珠宝都与腓尼基和腓尼基人有关（见图 50），但是只有很少的珠宝可以溯源到真正意义上的腓尼基。在腓尼基故土缺乏未受破坏的坟墓，不可能进行可掌控的考古挖掘，像这样诸多的限制因素妨碍了任何把特定的发现物与腓尼基联系起来的尝试。[59]

绝大多数的珠宝出土于地中海西部地区，特别是迦太基和萨罗斯（Tharros），这两个地方分别从大约公元前 7 世纪和公元前 6 世纪开始成为主要的珠宝制作中心。[60] 不

图 50　腓尼基的金耳环，带有挂锁的垂饰坠子，
公元前 7 ~ 前 6 世纪

过有人提出，很多地中海地区的珠宝产品是按照腓尼基故土的式样制作的，根据是地中海地区的珠宝产品与腓尼基故土的少量制品有相像之处，特别是出自西顿周围坟墓的断定为波斯时期的珠宝制品。基于这一观点，我们能得出一些关于腓尼基的珠宝生产和腓尼基故土的珠宝鉴赏品味演变的结论。

腓尼基珠宝的历史至少可追溯到青铜时代，随着时间的推移，腓尼基人逐渐获得非凡的金属加工技能，创作出质量前所未有的珠宝产品，尤为专注珠宝细节。腓尼基珠宝匠广泛采用的技艺有表面颗粒状处理（使用金属小颗粒装饰表面）、花丝装饰（使用金或银丝制作出错综复杂的图案）以及用凹凸轧花。彩色玻璃、青金石、光玉髓、紫水晶和赤血石经常被镶嵌在珠宝上，创作出成品。富裕的买家寻求黄金的和镀银的珠宝，而镶包了金箔和银箔的青铜珠宝则用来满足更广泛的市场需求。[61]

很受欢迎的珠宝产品是制成或装饰多种图案的认为具有魔力和驱邪功能的物品，如护身符、项链、耳环、坠子和戒指。珠宝制作者会利用古埃及符号库，其中我们已经遇到的一些符号标志有：安克架、荷鲁斯之眼、雕饰成圣甲虫的甲虫和带有翼的扁圆盘。腓尼基人喜欢给项链和耳环加上各种形状的垂饰坠子，包括石榴、女性人物形象（见图51）、荷花和圣坛状的圆盘，所采用的技艺是凹凸轧花或颗粒状的处理。[62]戒指具有双重功能，戴戒指的人

221

图51 腓尼基的头形的玻璃垂饰坠子，公元前650～前550年

可以把他的印章嵌入戒指上。在地中海西部地区，耳环是蚂蟥或小船形状的，并进行了颗粒状的处理。

纺织品和染色工艺

腓尼基的纺织产品和贸易在古代非常著名。荷马提到了西顿妇女生产的"精心制作的带有装饰的长袍"。[63] 亚述人高度评价腓尼基的纺织品，他们把腓尼基的纺织品作为贡品征收。[64] 在《希伯来圣经》中的先知以西结（Ezekiel）提到了提尔既进口又出口纺织品（《以西结书》27:7，16，18）。此外，考古学家也确定腓尼基的舰船在波斯时期运载羊毛。[65] 令人遗憾的是，几乎没有纺织品遗存能够让我们了解那些服装的外观或构造。基于现存的那些描绘腓尼基人的艺术品（如浮雕），我们可以推测他们喜欢长至脚踝、宽大的长袍，并用刺绣图案和流苏下摆装饰。[66] 不过，我们有充足的证据表明腓尼基染色业繁荣鼎盛。

在古代西方，紫色被认为是象征王室和权力的颜色，是财富和地位的显著标志。例如，在荷马的叙事诗中，他经常提到穿紫色衣服的英雄。腓尼基是一个紫色染料生产的中心，甚至有一个神话般的故事讲述提尔是紫色染料工业的发源地。公元2世纪的一位古希腊学者和修辞学家朱利叶斯·波鲁克斯（Julius Pollux），复述了赫拉克勒斯（Heracles）与他的狗在提尔的岸边散步的故事，狗咬上了一只海螺，因此它的嘴染上了提尔紫红色。[67] 根据波鲁克斯的讲述，这个故事情节发生在特洛伊战争之前的几百年，在传奇般的菲尼克斯国王（King Phoenix）的统治期间，而菲尼克斯国王是最先穿上用提尔紫红色染成的衣服的人。不过，在当代取得的共识是，染料的发明年代还要早很多，是在米诺斯文明中期（Middle Minoan Ⅰ-Ⅱ，公元前1900~前1700年）。[68] 老普林尼认为提尔有最优质的紫色染料，并强调了染料是如何支撑提尔的名望和财运的。[69]斯特拉博（Strabo）提到提尔由于它的染料工业而经济发达（但因生产染料所产生的臭味，生活在这座城市是多么不愉快）。[70]就连腓尼基（Phoenicia）的希腊语词汇"phoinix"，也是从"phoinós"派生而来的，意思为红色，暗示紫色染料的生产，同时也反映了种族的成见。

腓尼基人使用两种地中海的软体动物来生产染料。一种是环带骨螺（*Hexaplex trunculus*，见图 52），另一种是染料骨螺（*Bolinus brandaris*，见图 53）。环带骨螺可生产出一种品蓝（Royal blue）染料，而染料骨螺可生产出提尔紫红色（Tyrian）的染料或称帝国紫色的染料。[71]

图52　中等大小的环带骨螺壳，因用于制作品蓝染料而闻名

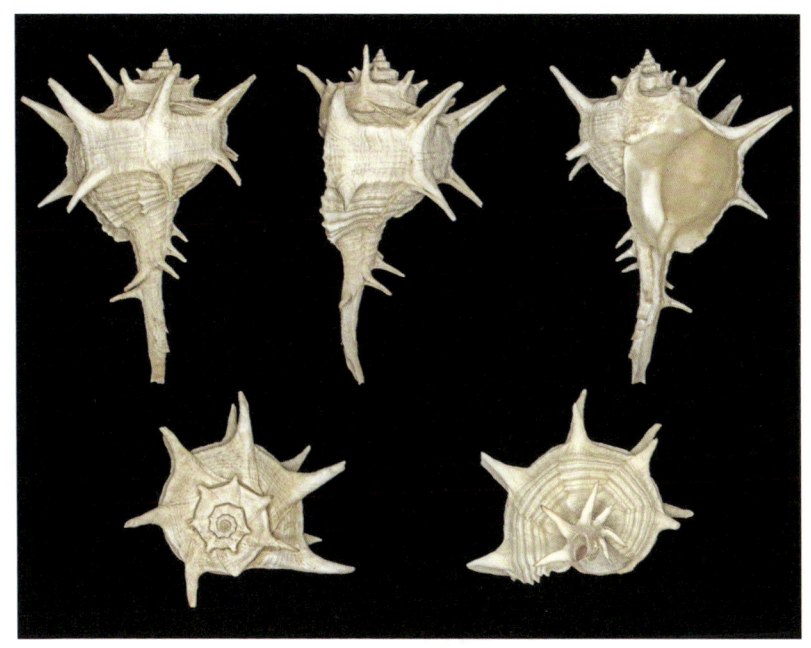

图53 中等大小的染料骨螺壳，
因用于制作提尔紫红色染料或称帝国紫色染料而闻名

老普林尼描述了紫色染料是怎样被制成的。[72] 它的生产过程是收集骨螺，把它们破开，取出腺体，将它们在装满盐水的大缸里加热10天。当这种染料最终被释放出来时先是无色的，再次暴露在空气中便转为紫色。

考古学家证实了紫色染料和腓尼基的联系。贝鲁特、西顿、提尔、萨雷普塔、西科莫纳（Shiqmona，也拼写为Shikmona）、阿波罗尼亚（Apollonia）、多尔、阿卡、泰勒凯桑（Tell Keisan）和艾尔瓦德，这些地方都有骨螺的收获、加工处理和制染的证据。[73] 提尔和西顿附近可以采集到大量的骨螺壳。不过，在大量需求的情况下，腓尼基人则从遥远的摩洛哥的摩加多尔（Mogador）进口骨螺壳。

紫色染料的声誉部分归功于其生产所需的大量骨螺壳。仅仅为了生产只够染一件衣服的 1.4 克染料，竟需要 1.2 万个染料骨螺壳。[74] 因此，染料的价值超过了同等重量的黄金的价值。

其他小件的手工艺品

有几种工艺品无法简单归类，但是它们神秘而新颖，所以值得在这里提一下。雕刻或绘有图案的鸵鸟蛋，主要是在迦太基被发现的。在公元前 7 世纪左右，它们在迦太基开始赢得声誉。[75] 不过，有人提出，在地中海西部地区的这类鸵鸟蛋的实例是模仿公元前 8 世纪在腓尼基故土出现的更古老的鸵鸟蛋的式样。[76] 随着装饰鸵鸟蛋的习俗在古地中海地区周围扩散开来，工匠们便开始使用当地的图案。然而，现有的文献并没有提到出自腓尼基故土的鸵鸟蛋的样本，所以鸵鸟蛋与腓尼基有联系的说法是不确定的。

我们同样能够观察到用植物、动物和人的形象装饰的鳞砗磲（*Tridacna squamosa*）的壳。令人关注的焦点是在壳嘴，也就是在壳的最高部位雕刻的女性头像或鸟的头像。这些壳是在地中海地区的东部和西部被发现的，但不是在真正意义上的腓尼基的本土发现的。[77] 它们的装饰风格模仿了碗和象牙的装饰风格，由一家唯一的工坊或者有着紧密关系的一些工坊在一个默默无闻的地方制作。虽然我们没有确凿可靠的证据，但是，有极大的可能性是在沿着腓尼基南部海岸的某一个地方。

腓尼基的手工艺的一个特点是广泛接纳各种不同的风格和图案，把它们结合起来形成被认定为"腓尼基的艺术"的东西。这并不是说腓尼基人在手工艺方面没有发展出自己的艺术语言和技能，他们通过到处巧妙地销售他们的产品做到了这一点，把要求不高的消费者与那些更挑剔的消费者（以及财力雄厚的消费者）区分开来。

腓尼基艺术遗产的另一个显著的特点是，从腓尼基故土流出的产品与迦太基的产品之间的界线非常模糊。因为缺乏出自真正意义上的腓尼基的有形考古遗物，任何展现出具有博采众长折中主义风格的产品或与腓尼基人有关的产品，都会被自动认为是腓尼基的。这种经常把产品与地中海东部地区联系到一起的"东方化"过程，影响了古代和现代的评论家。每当无法预料艺术品属性或不符合已经被接受的标准时，它们就被认为是"腓尼基"的。诚然，把任何腓尼基的移民者生产的物品都归类为"腓尼基"的是非常容易的，也是可以理解的，但是那些移民者是在什么时候开始脱离他们在地中海东部根基的传统，而开始发展自己的艺术语言的？

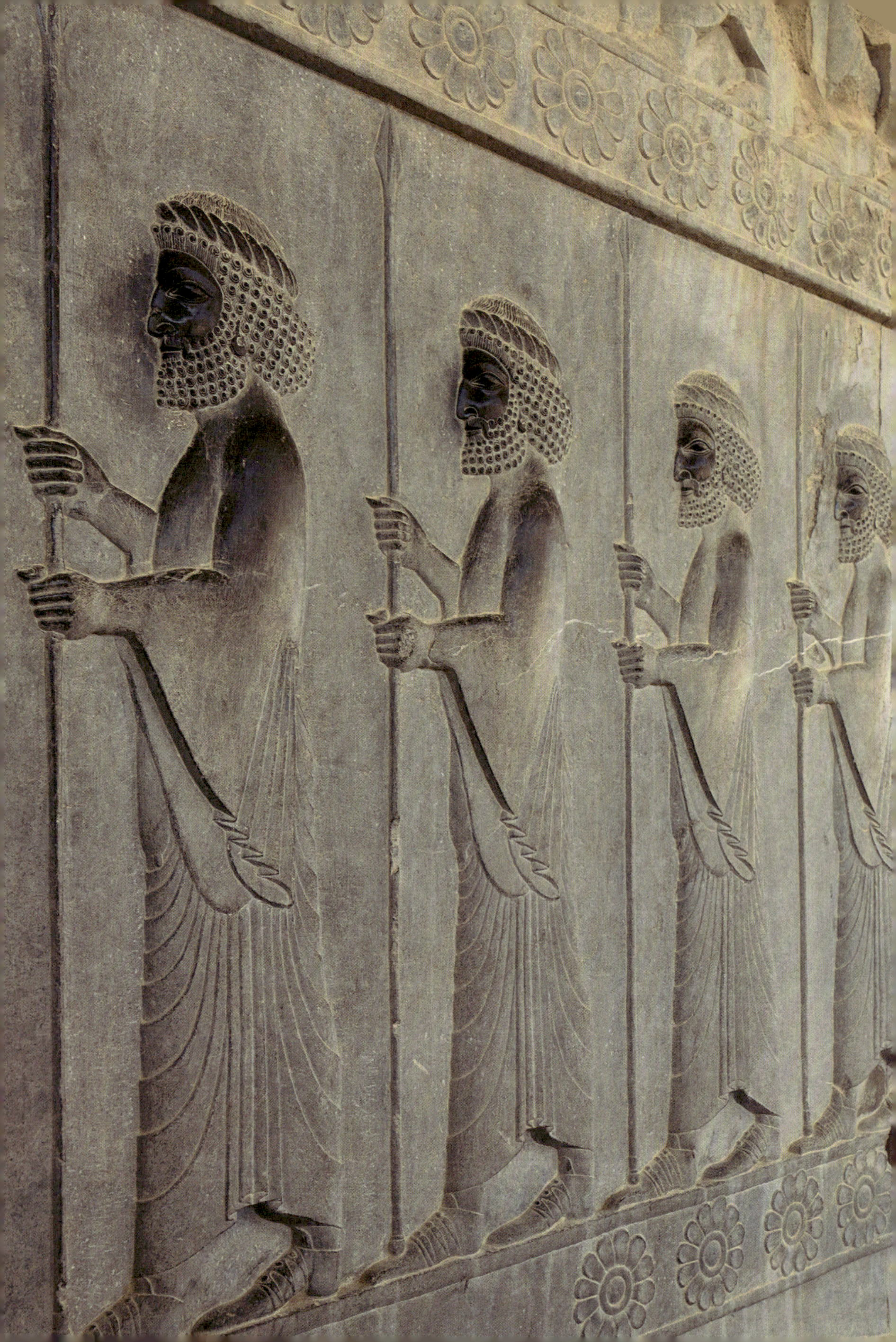

航海贸易：
腓尼基向地中海西部的殖民扩张

无论是同盟者，还是敌人，他们都认为腓尼基人是技术精湛的航海家。腓尼基人在海上的成就在古代是前所未有的。到公元前10世纪和公元前9世纪，他们已致力于横跨地中海，建立殖民地的前哨居民点（见图54），甚至冒险进入了伊比利亚半岛的大西洋海岸一侧。多亏腓尼基人的这些殖民地，我们才知道了有关腓尼基人的许多情况。就像我们在前述中通过观察有形的考古遗物所获得信息，地中海西部地区的腓尼基殖民地为我们提供了关于腓尼基艺术的大部分知识。在本章中，我们将纵览腓尼基在塞浦路斯、爱琴海地区、亚平宁半岛、撒丁岛、西西里岛、马耳他岛、伊维萨岛、伊比利亚半岛、葡萄牙和非洲北部的主要殖民地。不过，我们将首先介绍腓尼基人的航海才能和成就，然后再仔细探究为什么腓尼基人敢于冒险向海外扩张。

腓尼基的造船和航海

为了了解腓尼基造船技术的独特性，我们必须依赖非腓尼基的描述（古埃及的、古希腊的和其他的），以及与造船相关的原始资料，例如描绘腓尼基船的亚述浮雕和腓尼基硬币以及印章。此外，也有几个失事沉船的残骸很有用，因为沉船不仅保留了一些造船技术，而且还保留了

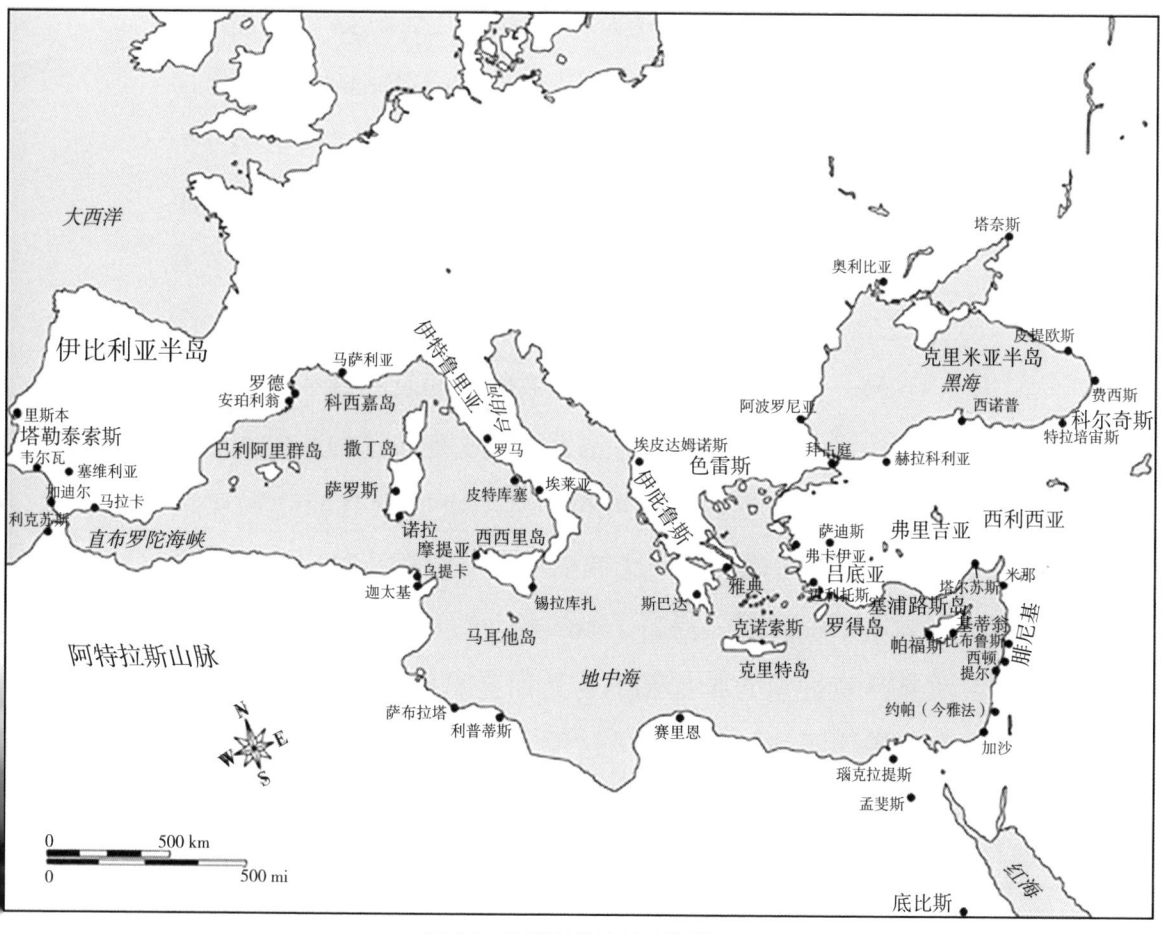

航海贸易：腓尼基向地中海西部的殖民扩张

图 54　铁器时代的地中海地区

船上装载的物品。很多航海的技术创新来自腓尼基以外地区，但是腓尼基人把这些发明推向市场，因而显示出他们在采用有用的创新和趋势方面具有卓越的才能（就像在艺术领域的成就）。最早的榫卯结构出现于中国的河姆渡遗址，而西方人认为榫卯结构发明于公元前14世纪，在公元前1千纪得到了普及。在西方，榫卯结构被认为是腓

231

尼基人的发明［古罗马人称之为腓尼基接头（Coagmenta Punicana）］。杰弗里·伊曼纽尔（Jeffrey Emanuel）这样描述："这种技术取代了厚板缝合的细木工技术，包括用一个凸榫联结厚板（榫眼）的边缘，凸榫插入两个联结着的厚板后，再用一个木钉或钉子固定，这种边缘与边缘固定的方法，在古代地中海地区被普遍采用。"[1]

另一个"借来的"发明是卷帆索船具装置和未固定底部的船帆，它们出现于青铜器时代晚期。这种装置和船帆最早出现在古埃及哈布城神庙群（Medinet Habu）拉美西斯三世陵庙的墙上。[2] 这种技术像一扇百叶窗一样，使得风帆降下和升起，提高了船的机动性和操纵的灵敏性。公元前8世纪末，腓尼基人为造船艺术作出了自己的贡献，他们发明了两排桨海船，这种大海船桨帆并用，其两排桨使得海船在没有延长的情况下，在海上的速度更快。[3]

腓尼基人是航海专家。荷马把他们称作"一流的水手"，[4] 希罗多德欣喜地描述了古埃及人是怎样雇用一支腓尼基的舰队环绕非洲航海一周的。[5] 腓尼基人敢于向外冒险的原因之一，是缺乏资源和纵深腹地，因为黎巴嫩山脉的存在，实际上仅给腓尼基人留下了沿海岸的一小片地区用于进行生产和经济活动。一些人认为，腓尼基人一向务实，进行海外扩张不是去扩大地理视野和获取知识，而是为他们所生产的产品寻找更好的市场，同时寻找原材料。[6]

在介绍腓尼基的宗教习俗时，我们已经看到腓尼基人关注星体。这种重视无疑源自在地中海未知海域的航海经验，因此，腓尼基人尽力抚慰星体并且获得它们的任何指示。古希腊地理学家斯特拉博（Strabo）提到腓尼基人如何把各种星座用于导航。[7] 狄奥多罗斯·西库罗斯描述腓尼基人怎样最先穿过"赫拉克勒斯之柱"（Pillars of Heracles，即直布罗陀海峡）进入大西洋并发现马德拉群岛（Madeiras）或加那利群岛（Canaries）。[8]

腓尼基人向地中海西部地区的扩张是循序渐进的，最接近已建立的腓尼基殖民地前哨居民点的土地被首先开发和定居。继塞浦路斯之后，克里特岛也许是第一个腓尼基的前哨居民点。在去克里特岛的途中，腓尼基人可能在罗德岛停留过。我们注意到，进一步向西迁移，腓尼基人对亚得里亚海地区根本不感兴趣，也许因为伊特鲁里亚（Etruscan）居民已存在。[9] 不过，他们确实从西西里岛开始并向更远处的地方继续进行大规模移民活动。

腓尼基人的航海巅峰是传说中的环绕非洲航行。希罗多德在其《历史》中讲述了这个故事，专门提到腓尼基人是临时停留，播种并等待收获，然后再继续他们环绕非洲的旅行。[10] 据希罗多德称，这一航行发生在古埃及尼科二世（Necho Ⅱ）的统治期间，即公元前609～前593年。无疑，希罗多德的叙述好像对于古代读者来说是可信的，因为在古代非洲被认为是一块很小的大陆。它好像对当代的评论家也是貌似可信的，但是可信的原因不同。像所记载的那样，只有当腓尼基城邦仍然享有经济上的繁荣的时候，才可能进行这样的旅行。此外，超过两年的航行，涉及一段估计为2万千米的距离，也是可信的。[11] 即使腓尼基人没有完成这段旅行，他们也仍然比同时代的大多数人向南走得更远。

旅行的一个未曾预料的结果是，它凸显了腓尼基发现其他遥远土地的能力。远在1535年出现的一个研究结果提出，迦太基人或腓尼基人，他们登上美洲大陆的时间比其他人都要早。[12] 这些主张似乎建立在一个简单的观念上，腓尼基人和迦太基人（迦太基人作为提尔人的"亲戚"，建立了迦太基）是他们那个时代的杰出的海上群体。19世纪前，对腓尼基人和迦太基人，人们都了解甚少，但这并不影响他们的地位。关于是谁最先登上美洲大陆的，争论的论据在腓尼基和迦太基人之间摇摆不定，有的论据提出，前者在公元前600年之前就航行去了美洲大陆，而有的论据提出，后者在公元前500年之后才去的美洲大陆，该论据基于的事实是，迦太基人从大约公元前509年开始，不准任何船只，包括来自腓尼基故土的船只驶过直布罗陀海峡。[13]

看起来，关于是否由腓尼基人发现了美洲大陆这个问题，似乎所有人只能是信以为真了。1872年，人们发现了这种信念的证据——帕拉伊巴的石头（Paraíba Stone）。这块石头是在巴西帕拉伊巴河附近发现的，上面用一种未知语言刻了一篇像谜一般的铭文。发现石头的人叫作若阿金·达·科斯塔（Joaquim da Costa），他抄写了铭文并且将副本寄到里约热内卢去破译。事实表明，铭文好像是用一种闪语语言写的。由于在巴西找不到懂得古代语言的专家，一位名为拉迪斯劳·内图（Ladislau Netto）的博物学家接受了破译任务。他推断，文字看起来好像是用希伯来语写的，为此他专门学习了希伯来语。最后，辨认出来的铭文的意思大概是：

> 我们是来自国王的城市西顿的迦南的子孙。一阵风暴把我们抛在了这个遥远的海岸上，这里是在山边的一片土地，我们已经祭奉了一个年轻人给神。现在是希兰的第19年，希兰是我们的伟大的国王。
>
> 我们从红海岸边的以旬-迦别（Ezion-geber）出发，一共有10条船。
>
> 我们一起在海上绕着属于含（Ham）[①]的土地航行了两年，现在脱离了巴力（保护）的能力范围。我们到达这里有12个男人和3个女人，我名叫马特阿斯塔特（Mat 'aštart），是船长，现在已经拥有这片新海岸。愿神赐予我们恩惠。[14]

如果铭文是真的，它将会成为我们了解腓尼基人知识的新篇章。不过，人们普遍认为它是伪造的。我们绝对找

---

① 挪亚的次子，传说中埃及人、迦南人的祖先。——译者

不到任何一份这样的资料，在资料中，腓尼基人认为自己是迦南的子孙或使用一个术语把腓尼基的人统称为迦南的子孙。最终，内图不得不发布声明收回他的结论，在声明中，他试图归罪于5个可能的伪造者。其他的一些情形让历史学家进行严肃思考。就人而论，科斯塔和石头都消失了；对石头而言，没有一个令人信服的学者曾经看到过这块石头。甚至连发现石头的地方也是模棱两可、含糊不清的，因为在巴西有两个不同的帕拉伊巴地区。[15]

人们认为这种事情的出现可能会促使人们不再轻信，但事与愿违。推测仍然在继续：腓尼基人沿着红海向南航行，穿过印度洋和太平洋，然后在美洲大陆登陆。[16] 有时腓尼基人被认为是希伯来人，这是由《摩门经》(Book of Mormon)的教义灌输的一个信条，谈论的是巴比伦人摧毁了耶路撒冷，古希伯来人登船逃离，穿过大西洋，形成了一个种族，后来被称为印第安人。有大量关于腓尼基人发现美洲大陆的推理，没有任何具体的考古证据（但有很多伪造的硬币[17]），都是被一个事实激发的，这就是腓尼基人是具有长距离航行能力的航海家。值得注意的是一份最近来自波多黎各的报告。在报告中，一组被称为纳扎里奥神父之石（las piedras del padre Nazario）的神秘石刻被认为与腓尼基人有关，但如往常一样，证据不充分。[18]

与贵族有关或被认为是有能力的人的后裔被视为一种荣誉，这种愿望驱使一些人提出了腓尼基人发现并且居住于其他地方的观点。约瑟芬·奎因（Josephine Quinn）谈到从16世纪到19世纪北大西洋的一些岛屿有一种腓尼基主义的趋向，即他们通过腓尼基的遗产来寻找自己的民族身份和意识。[19]

正像是谁发现了美洲大陆的问题一样，北大西洋岛屿上的证据是不足的，仅存在一件有争议的人工制品，可以把北大西洋岛屿与腓尼基联系到一起。这是一件出自威尔士霍尔特（Holt）镇的在一个瓦片上粗糙雕画的涂鸦，在涂鸦上提到了马克利努斯（Macrinus），他是公元1世纪或2世纪的一名非洲裔的古罗马士兵，在罗马帝国第20军团中服役，并且驻扎在切斯特（Chester，今英格兰西北部城市。——译者注）。涂鸦上的铭文是用新迦太基语（Neo-Punic）镌刻的，这符合这名在北非出生的士兵的习惯。马克利努斯可能是会用他的母语写他的名字（不知是否还能写点别的），或许是作为一个故弄玄虚的笑话迷惑他的伙伴们。[20] 尽管只有这么一个微弱的证据，但把英国和其他地方与腓尼基联系到一起，各种推测在19世纪后大为兴起，甚至持续到了20世纪。奎因提供了很多令人着迷的例子，例如腓尼基人是怎样与史前巨石群和康沃尔郡（Cornwall）这样的地方有关联，英国人用菘蓝染料把自己的身体染成靛蓝色的习俗，以及在威尔士的迦太基的服装和迦太基的小屋。另外还有腓尼基的语言怎样被认为是欧洲西北部凯尔特人（Celtic）讲的母语，以及怎样推测爱

消失的文明：腓尼基文明

尔兰是腓尼基人的殖民地。在某种程度上，英国人和爱尔兰人通过倾诉自己拥有黎凡特地区的遗产，拓展了对腓尼基和腓尼基人身份认同的概念。[21]

有可能与我们讨论腓尼基人可能的或者虚构的航行和殖民一样，我们需要仔细地查看从地中海地区及伊比利亚和北非的大西洋海岸而来的可靠的资料。腓尼基在那里扩张的证据能帮助我们理解腓尼基的殖民是怎样发生的，以及什么样的证据能有助于我们识别哪些地方曾是腓尼基的。

塞浦路斯

塞浦路斯岛位于地中海东北部，与黎巴嫩海岸的最近距离约有160千米，是腓尼基向地中海西部地区扩张的一个跳板。除此之外，腓尼基人对它的铜矿资源非常感兴趣，因为腓尼基的原材料极度缺乏。腓尼基各城邦和塞浦路斯王国的关系时断时续，随着古代地中海地区的文化、经济和政治的发展而起起落落。塞浦路斯［或称作阿拉什亚（Alashiya），这是它在青铜器时代晚期的名字］早在我们能讨论的腓尼基扩张进入该岛以前，就与黎凡特地区、古埃及和乌加里特王国建立了稳固和广泛的关系。塞浦路斯以它的铜和青铜而闻名［塞浦路斯（Cyprus）一词是从希腊语单词kúpros派生而来，意思是铜］，塞浦路斯岛上的王国在国际舞台成功地进行着金属和陶器贸易。[22]

自公元前11世纪，腓尼基对塞浦路斯的出口渐渐稳定地增长。200 年以后，腓尼基在岛上的存在变得更加显著，伴随着基蒂翁城邦（迦太基语或腓尼基语也称为 Qart-hadasht，即"新城"）的出现，见图 55。基蒂翁位于现代塞浦路斯的拉纳卡（Larnaca）附近。[23] 在塞浦路斯和亚述这两个地方，都发现了约公元前 8 世纪和公元前 7 世纪的铭文证据，表明提尔国王在大约公元前 730～前 670 年任命了"新城"的总督。铭文称基蒂翁城市是塞浦路斯王国的首都，只对亚述伟大的国王负责。虽然这个铭文证据不充分，但它表明了"新城"这个名字是基蒂翁在腓尼基人控制之下的名字，直到它受到希腊的影响［最后一

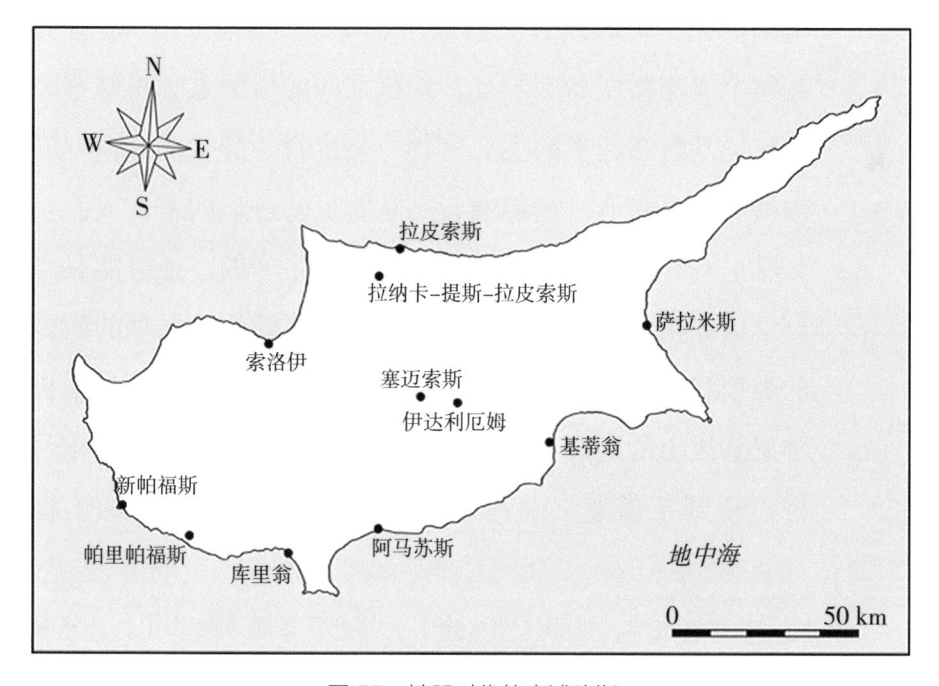

图 55 铁器时代的塞浦路斯

次"新城"名字的出现是在亚述国王亚述巴尼拔的拉萨姆（Rassam）赤陶三棱柱上，断定柱子的年代为公元前664年，内容还包含了亚述巴尼拔征服"新城"的记载]。从5世纪起，基蒂翁成为该城市唯一的地理名称。由于基蒂翁融合了当地人与腓尼基人的独有特征，所以把它称作塞浦路斯－腓尼基王国更恰当。

从公元前13世纪起，在基蒂翁的定居点就已经存在了。这座城市在古代社会非常有名望，甚至在《希伯来圣经》中提到了基蒂姆（Kittim）。《希伯来圣经》还使用了塞浦路斯的另一个名字——埃利莎（Elishah）①，源于塞浦路斯的古名阿拉什亚（Alashiya），这个名字可能表示一个不同的独立传统或者经商网络。基蒂翁位于一个港湾内，是整个塞浦路斯岛和黎凡特地区之间的接触点。将基蒂翁与腓尼基联系起来的主要文物，是出现于公元前8世纪的陶器和赤土陶器。它们或者是从腓尼基进口而来，或者是从腓尼基移居到基蒂翁的陶工在当地生产的，很可能是培训学徒以扩大生产。[24] 本地陶工也开始模仿腓尼基的陶器的类型和形状，因而很难分清陶器是当地的产品还是来自腓尼基故土的进口产品。在基蒂翁，甚至腓尼基的文化习俗也得到了借鉴。萨比娜·富里耶（Sabine Fourrier）提

---

① 又称以利沙，根据《雅舍书》，埃利莎是雅万的儿子，是亚勒曼人的始祖。亚勒曼人可能是日耳曼部落（阿拉曼尼）。还有人认为他们是塞浦路斯人。

到塞浦路斯人传统的带柄酒碗的"腓尼基化"过程。腓尼基时期塞浦路斯容器是带柄的，但几乎不使用，这表明在基蒂翁甚至连喝酒的方式也模仿大陆上的，即用双手捧着碗喝。[25]

关于腓尼基在塞浦路斯的影响或存在，另一种形式的证据是铭文。在塞浦路斯发现的铭文表明，腓尼基的字母系统在公元前9世纪左右就在塞浦路斯岛上出现了。[26] 大多数的铭文证据从那时起都以腓尼基字母的形式出现，而不是塞浦路斯人用于书写的音节字母形式。很多铭文都提到了腓尼基的神，包括阿斯塔蒂、麦勒卡特、埃什蒙、安娜特、瑞舍夫（Reshef）[①]和塞浦路斯的腓尼基的神米卡尔（Mikal）。不过，总体说来，我们无法通过铭文证据来确定塞浦路斯和腓尼基故土之间的接触程度。[27]

波斯时期，特别是公元前5世纪，古希腊对塞浦路斯岛的影响不断增加。塞浦路斯处于古希腊和波斯之间的敌对和仇恨中，而希腊的历史作者们都致力于把塞浦路斯纳入古希腊的文化环境中。[28] 古希腊和腓尼基两种不同文化传统之间的冲突，以及它们对塞浦路斯的吸引作用，明显体现在混合风格的墓石碑、棺材和石棺上——爱奥尼亚人（Ionian）和腓尼基人的两种类型在基蒂翁都能够被看到。伴随着公元前5世纪政治和经济的发展，基蒂翁也开始取

---

① 古代西闪米特人所信奉的瘟神和冥神，是安娜特的伴侣，相当于巴比伦的死神内加尔，他兼司刀兵之事。——译者

向于古希腊。首先，基蒂翁的国王吞并了另一座塞浦路斯城市伊达利厄姆（Idalion），也许是在公元前5世纪的中叶通过军事征服的方式吞并的。100年以后，基蒂翁再次扩张，这次得到了塞迈索斯（Thamassos）。这样的扩张主义肯定影响到基蒂翁的经济繁荣。来自基蒂翁的考古证据显示了城市主要的建设阶段，表明在公元前5世纪和公元前4世纪，城市经济繁荣。[29]

除了基蒂翁、伊达利厄姆和塞迈索斯外，在塞浦路斯的其他遗址也表明与腓尼基有联系。它们当中包括库里翁（Kourion）、拉皮索斯（Lapethos）、萨拉米斯（Salamis）①和阿马苏斯（Amathus）。值得注意的是，公元前5世纪之前，当时的塞浦路斯的精英非常偏爱在腓尼基生产的产品，许多腓尼基的产品被随葬在塞浦路斯人的坟墓里。[30]基蒂翁以外，来自腓尼基的新移民没有完全融入当地社会，而是保持他们的风俗习惯，包括保留自己的埋葬地。

随着亚历山大大帝的崛起，塞浦路斯王国落入了托勒密王朝的统治。作为塞浦路斯岛上可显示腓尼基存在的可靠标志之一，腓尼基的语言的所有踪迹都消失了。塞浦路斯岛，尤其是基蒂翁，继续积极对外进行着活跃的商业往来，积极与腓尼基和其他许多地区进行贸易。

---

① 这里指的是塞浦路斯岛上的萨拉米斯，而不是希腊东南海岸的萨拉米斯。——译者

航海贸易：腓尼基向地中海西部的殖民扩张

爱琴海地区

文字原始资料和考古发现都显示，腓尼基人对有着多个岛屿和沿海定居点的爱琴海地区（见图56）非常感兴趣，主要是因为这一地区拥有自然资源，主要是金属。古典作家多次提到腓尼基人，视之为商人，有时是土匪、贩卖奴隶者，以及卓越无比的航海家。更早期的文字原始资料，尤其是荷马的史诗，赞颂了腓尼基在手工艺和航海方面的成就，但是这些资料没有提到腓尼基人在爱琴海地区进行殖民开拓活动。不过，后来的作家确实提到了腓尼基人建造了更多永久性殖民定居点。例如，希罗多德讲述了腓尼基人怎样来到萨索斯岛（Thasos），在岛上进行殖民开拓，并且开采金矿，在挖矿的过程中，把整个山弄得乱七八糟。[31] 希罗多德还提到腓尼基人在位于伯罗奔尼撒半岛东南的基西拉岛（Cythera）上建造的阿斯塔蒂神庙。随着时间的推移，神庙逐渐形成了一座古典的阿佛洛狄忒（Aphrodite）神庙。公元前4世纪的一位历史学家罗德岛的厄尔吉亚斯（Ergias of Rhodes），他的著作被公元2世纪的一位古希腊修辞学家阿忒那奥斯（Athenaeus）所引用，提到腓尼基人在罗德岛上伊阿里索斯（Ialysos）定居。[32] 狄奥多罗斯·西库罗斯叙述腓尼基人在去克里特岛的路上，在罗德岛上停留的一段插曲。[33] 古代的原始资料也提到了腓尼基人到达阿尔戈斯

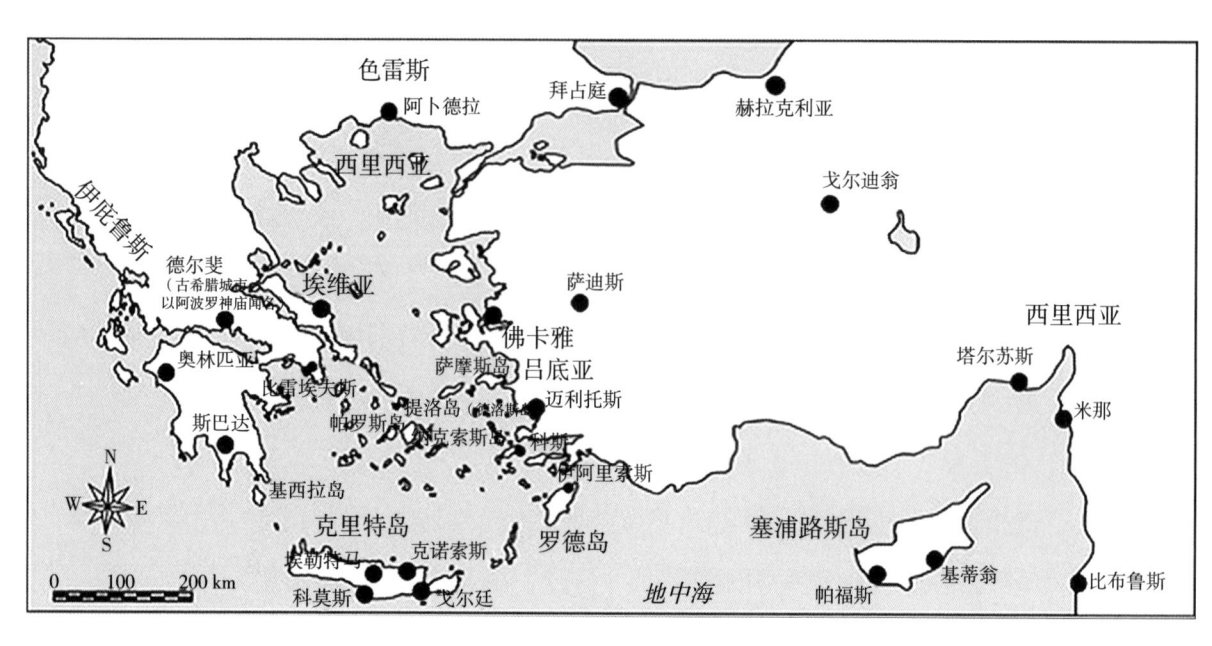

图 56　铁器时代的爱琴海地区

（Argos）①和爱琴海的北部地区。[34] 最后，修昔底德、约瑟夫斯和其他一些人显示，腓尼基人，尤其是西顿人，在古近东北部地区的港口和安纳托利亚的南部和西南部地区定居，特别是在西里西亚（Cilicia）地区定居。[35] 总体说来，古代的文字资料显示，腓尼基人主要是在爱琴海地区从事贸易活动，在对他们的商业利益有利的地方定居。可以想象得到，洋流和风向也是他们选择定居点所要考虑的因素。

然而，腓尼基人在爱琴海地区的存在及贸易活动的考

---

① 希腊伯罗奔尼撒东北部古城。——译者

古证据不是太清楚,这是因为关于腓尼基与这一地区有牵连的说法,经常是基于那些被认为是"东方化"的和"非本地"的艺术品,也就是说,外来的很可能来源于腓尼基。[36]确定这样的艺术品是怎样来到爱琴海地区的往往是不可能的,因为它们可能是在当地生产的,或者是从别处进口的,包括从腓尼基的故土进口的。东方化艺术的观念是含糊的,因为暗示一件物品的腓尼基属性可能会产生误解和错误。此外,腓尼基的有形存在可以有好几种形式,包括零星的商业接触、持续不断地在港口停靠、除商业利益以外原因的定居,以及最后与当地居民并肩共处,从而融合、同化和思想交流。[37]

罗德岛是航行进入地中海西部必经的一站,因此罗德岛的考古记录中包含许多腓尼基的人工制品并不令人感到惊讶,但腓尼基人是否在那里定居并不清楚。在被归类为腓尼基的物品当中,我们能判断出腓尼基的贸易品是公元前8世纪后期和公元前7世纪的奢侈品(象牙、大砗磲的壳和金银珠宝)。[38]有人提出,在罗德岛上有一个工坊,模仿腓尼基和塞浦路斯的原型,生产奢侈品和小香水瓶。大多数物品好像来源于岛上的伊阿里索斯(Ialysos),表明工坊建在那里。古典作家的证言也支持这样的一种观点。在附近的科斯岛(Cos)上,我们发现了红黑相间的药膏细颈瓶,证明了这样的物品是塞浦路斯的腓尼基人在公元前9世纪与这座岛所做的贸易。[39]与此类似,萨摩斯岛（Samos）在赫拉神庙附近生产源自近东和黎凡特地区的非本地的人工制品（小人像、玩具、护身符，以及青铜的和上釉的容器）。[40] 不清楚是否在萨摩斯岛（Samos）上有生产中心，但是与黎凡特地区和腓尼基做这些物品的贸易是有可能的。

罗德岛和科斯岛在腓尼基人穿过爱琴海中部的路径上，基克拉泽斯群岛（Cyclades）是爱琴海中部的岛屿的一部分。[41] 这个岛屿众多（大约有220个）的群岛没有多少腓尼基的人工制品，但是与腓尼基的联系仍然存在。帕罗斯岛（Paros）因在波斯时期和希腊化时期出口大理石到西顿而闻名。[42] 此外，一个有影响力的腓尼基商人群体在提洛岛（Delos）上建立了他们的家园。这个岛是一个有影响力的贸易和银行中心，为提洛同盟保管资金财富。提洛岛也是一个神圣的宗教中心和重要的朝圣地，因为它被认为是阿波罗的出生地。提洛岛是如此神圣，实际上，所有的埋葬和诞生在那里都被禁止。公元前4世纪，腓尼基人出现在岛上的铭文记载中，当时他们在岛上奉献提尔和西顿的象征物，并且西顿人的国王菲罗克尔斯（Philokles，也拼写为 Philocles）于大约公元前280年在提洛的各个圣所奉献金色王冠，并且以他的名义发起了一个救赎节活动。[43] 奉献给黎凡特地区诸神的圣物以及存在的腓尼基人之间同族结婚（endogamy，近亲结婚）的现象，全部都支持了腓尼基人于公元前3世纪和公元前2世纪在提洛岛进

航海贸易：腓尼基向地中海西部的殖民扩张

行殖民的说法。

在前面关于铭文的讨论过程中，我们已经提到过出自古希腊的腓尼基铭文，铭文说明了西顿人在公元前4世纪在雅典安营扎寨和他们怎样享有特殊的权利。出自比雷埃夫斯（Piraeus）地区（雅典市中心西南大约12千米）的腓尼基铭文和古希腊铭文也都暗示了提尔人和基蒂翁人（Kitian）定居点的存在。[44]

腓尼基人选择在哪里定居，主要是基于他们的通商路线。克里特岛位于爱琴海南部地区腓尼基人的商业路线上，这条路线允许他们绕过希腊，[45]在岛上找到的几类物品都支持了腓尼基人到访并且定居在岛上的说法。首先，大约在公元前9世纪左右，有一些不知姓名的金属工匠来到了克诺索斯（Knossos）。克诺索斯是米诺斯（Minoan）文明的中心和克里特岛上的重要城市，在这里发现的金属制品与腓尼基人拿手的金属制品非常相似。[46]除此之外，还有各种稀奇罕见的工艺品（象牙、玩具、护身符、彩釉陶器、圣甲虫和其他容易携带的人工制品），被归类为腓尼基的和塞浦路斯-腓尼基的物品，于公元前9世纪和公元前8世纪在克里特岛上不断增加。[47]即使我们考虑这些物品是腓尼基的，也不能肯定说它们的确是由腓尼基人自己带来的。另外，在克里特岛上的公墓提供了更实质性的关于腓尼基存在的详细的证据。除了出自克诺索斯、科莫斯（Kommos）和伊柳塞那（Eleutherna）几个公墓的腓

247

尼基风格的陶器、金属容器和珠宝外，发现的墓碑的碑座（3个在克诺索斯，2个在伊柳塞那）都是很有价值的。碑座不是由当地居民使用的，而与在提尔的巴斯（Al-Bass）公墓和其他腓尼基遗址中的碑座相似，[48]这是一个强有力的实证，暗示在克里特岛上一直延续存在着曾生活并且死在克里特岛上的腓尼基人。他们可能是与选择基蒂翁相同的原因而选择了克里特岛。在克里特岛上，腓尼基的工匠们建起了他们的工坊，用他们的商品满足市场需求并且还教授学徒。

西西里岛

对于腓尼基人来说，进一步向西航行，西西里岛是进入地中海（以及更远的地方）的下一个逻辑上必经的一站。在西西里岛上生活的腓尼基人遍及各处，这一事实广为古典作家所知，其中也包括修昔底德。[49]修昔底德在他的叙述中指出，由于古希腊人也有扩张的野心，腓尼基人迫于古希腊人的压力，移居到岛的西北部并且在一些镇子定居下来，这些镇子有摩提亚［Motya，现代马尔萨拉（Marsala）］、索伦土穆［Soluntum，现代索伦托（Solunto）］以及巴诺尔穆斯［Panormus，现代巴勒莫（Palermo）］，他们保持了与当地原住民密切的合作关系。马科（Markoe）指出，腓尼基人与古希腊人不同，他们培育与当地居民的关系以便保持商业活动的顺畅，而不是向当地人提出领土要求。[50] 在修昔底德的讲述中，把在摩提亚早期定居阶段的时间，确定为大约在公元前720年，这个时间是古希腊在西西里岛最早的两个殖民地纳克索斯（Naxos，建立于公元前734年）以及锡拉库扎（Syracuse，建立于733公元前）建立之后不久，而考古学也支持修昔底德的这一说法。[51] 修昔底德也提到，腓尼基人放弃他们早期在岛东部的定居点，而更喜欢岛西北部的位置。这是一个貌似有理的想法，因为纳克索斯应该是乘船从西西里岛北部横渡到"意大利脚尖"的方便港口。

索伦土穆（Soluntum）镇，尚未被完全挖掘（发现有一处古代大墓地，断定的时期不早于公元前6世纪）。[52] 索伦土穆在公元前4世纪被古希腊暴君狄奥尼修斯一世（Dionysius I）摧毁，但是在几年之后在卡塔尔法诺山（Monte Catalfano）上重建。[53] 人们在巴诺尔穆斯（Panormus，按希腊语字面的意思是全部港口）发现了古代的大墓地，但是没有定居点。虽然它建城的日期被断定为公元前8世纪，但是最古老的文物来自1个世纪后的地层考古挖掘。城市被持续居住了数千年之久，无法进行大规模挖掘，因此考古学提供不了有关腓尼基定居点的确切答案。

不过，摩提亚则是另一件情况。遗址位于圣潘塔雷奥（San Pantaleo）岛，离迦太基大约160千米，这里是朝着拥有丰富矿产资源的撒丁岛方向最近的起航点之一。[54]

对于在西西里岛上的这座腓尼基城市的自然、发展、组织和特性，考古学已经提供很多的相关信息。但是我们应该注意到，这个城市只有很少一部分被挖掘：大墓地、陀斐特（Tophets，埋葬缸）、卡皮达兹（Cappidazzu）圣所、北大门、南城堡、考通（Kothon），以及在南大门的神庙。[55] 最早的居住场所遗址的日期确定为公元前8世纪，并且陀斐特被确定的日期为公元前8世纪或者公元前7世纪。虽然陀斐特主要是与迦太基的传统有关，但是它被确定的日期却把这种人工制品归入腓尼基的文化范畴中了。总体说来，在摩提亚（Motya）的腓尼基人工制品是很稀少的，这表明有一个腓尼基人持续地渗透到当地已有社会中，而不是由腓尼基人创建的新的社会。[56]

在公元前6世纪中叶，摩提亚有许多明显的扩张迹象，这是一个与迦太基侵占地中海西部有关的过程。[57] 在寻求领土扩张的过程中，迦太基不仅忙于与古希腊人和伊特鲁里亚人（Etruscans）交战，而且与更早期的腓尼基移民敌对。在摩提亚和西西里岛西部的其他遗址发现的年代被断定为公元前6世纪和公元前5世纪的铭文中，经常提到对巴力哈蒙、阿斯塔蒂、坦尼特和沙德拉法（Shadrapha）的狂热崇拜，这些神是在迦太基的众神中常见神灵。不过，一个主要的腓尼基的神——麦勒卡特，在铭文的证据里很少出现，只是在个别的硬币上出现。在摩提亚的埋葬习俗也与在腓尼基故土的那些习俗不同。在公元前4世纪末开始，埋葬习俗的特征从土葬转变为火葬，并且与在迦太基的转变过程相同。即使在房子的布局上，地中海地区的传统更加显著，显示出与黎凡特地区东部的传统有很少的联系。所有这些因素都表明了西西里岛的迦太基化（Punification）。腓尼基人可能曾经一度在西西里岛上停留，并且有一些人留下来了，但是，他们最后的目的地是更远的地中海西部地区。

亚平宁半岛

腓尼基在亚平宁半岛和撒丁岛的存在被认为是理所当然的，这种观念已经有一段时间了。但是谈到腓尼基在那里有永久的定居点，可能还为时过早。原因如下：首先，在亚平宁半岛和撒丁岛发现的被认为是"东方化"的人工制品无法说明在那里究竟是谁创造了它们和它们是怎样到达那里的，正如我们早先已经讨论的那样。其次，20世纪对古希腊的过度强调，掩盖了对亚平宁半岛上的腓尼基人的真正探究。[58]因此，当在鉴定古希腊陶器（埃维亚的、科林斯的等）的过程中有细微差别的时候，腓尼基的这一词语便被用于区分城市之间和地区之间很小的差别上。近年来，有一种从"希腊化"转向审视更加当地的和更加复杂的相互作用的变化，相比于僵化和停滞，它更重视流动性和关联性。[59]这种变化对研究在亚平宁半岛的腓尼基人，具有双重影响：重新评价腓尼基人在亚平宁中部地区起到的作用，以及公元前1千纪的早期和中期，撒丁岛北方的第勒尼安海盆地区（Tyrrhenian Basin）在发展与腓尼基人接触方面的重要性。[60] 这种在研究方法上的变化是很新奇的，对它尚无评价结果，但是时间会告诉我们一切。

腓尼基人首次在平亚宁半岛[主要是坎帕尼亚（Campania）和伊特鲁里亚（Etruria）]登陆，是在公元前8世纪早期至中期，[61] 登陆的路线是沿着迈锡尼人（Mycenaean）的通商路线，这条路线一直被他们的紧密合作者塞浦路斯人维持着。[62] 从坎帕尼亚和伊特鲁里亚，黎凡特地区的人工制品在整个第勒尼安沿海地区传播开来，只是在公元前7世纪中叶之后开始减弱。在黎凡特人与埃维亚人合作探索第勒尼安海方面，存在有相当多的证据。这两个群体使用相同的贸易技巧，这个技巧常常是基于赠送礼物的方式。[63] 作出这种假定是基于他们采取的策略，即把豪华的奢侈商品，如象牙、银碗或者青铜碗以及大的容器送给当地的精英，以便在获取他们自己需要的商品过程中能得到精英们的帮助。在获得当地精英的支持以后，他们再开始进行大规模的小饰物贸易。[64]

已取得的共识认为，腓尼基人对第勒尼安海盆地区的兴趣，主要是由于他们对那里的铜、铅、铁和银的丰富矿藏资源感兴趣。不过，腓尼基人的踪迹在一些地区却一点也没有被发现（如坎帕尼亚）。这个因素已经促使一些人重新评价黎凡特地区的贸易和形式，强调腓尼基人主要接触社会复杂的人群，而不是对任何人进行文化交流感兴趣。[65] 其他人提出，要解释为什么缺乏金属的地方对腓尼基人仍有吸引力，那是因为在接触的初期阶段，腓尼基人被那里的农产品和人力资源所吸引。[66]

呈现出与黎凡特地区有接触的一些地区是，在南部地区卡拉布里亚（Calabria）的托雷加利（Torre Galli）和滨海弗兰卡维拉（Francavilla Marittima），在西南部地区坎帕尼亚（Campania）的篷泰卡尼亚诺（Pontecagnano）、蒙特韦特拉诺（Montevetrano）和皮特库塞（Pithekoussai），在罗马附近拉齐奥的卡斯特尔迪德西马（Castel di Decima）、帕莱斯特里纳（Palestrina）、劳伦提那（Laurentina）、韦约（Veio）、塞尔韦特里（Cerveteri）和塔尔奎尼亚（Tarquinia），在平亚宁半岛中西部地区拉丁姆（Latium）的武勒奇（Vulci），以及在平亚宁半岛中部地区托斯卡纳的丘西（Chiusi）、马尔西里阿纳（Marsiliana）、韦图罗尼亚（Vetulonia）和波普洛尼亚（Populonia）。[67] 其中，在伊斯其兰岛（Island of Ischia）上，皮特库塞（Pithekoussai）的古代定居点是不同的地中海社区互联性的一个例证。腓尼基人在皮特库塞似乎与当地的和希腊的居民生活在一起，或在他们的附近生活。这个遗址的殡葬显示出以各种陶器类型混合状态为特点，既有腓尼基的红釉陶器，也有罗德岛的绘有阿拉米语（Aramaic）涂鸦的运输用的两耳

253

细颈椭圆土罐。有证据表明，在相同的殡葬遗址举行了一种混合式的宗教仪式。[68]

撒丁岛

腓尼基的海外扩张不只是寻找矿产丰富的地区，但我们不能低估他们对获取金属的兴趣，撒丁岛就是一个好例子。撒丁岛蕴藏丰富的铜、铁和银铅矿，因此，从公元前14世纪和13世纪迈锡尼人初次到达这里时，它便开始吸引贸易商。[69]迈锡尼人之后是塞浦路斯的商人，在公元前12世纪后期或公元前11世纪，塞浦路斯的商人通过在这里生产青铜器对撒丁岛产生了很大的影响。接下来，黎凡特人到来，随之而来的是在公元前11世纪和公元前10世纪的铁的精炼技术。[70]撒丁岛对于黎凡特人探索西西里岛和北非的地区非常重要，撒丁岛也是进入亚平宁半岛的重要跳板。

当黎凡特商人初次到达撒丁岛海岸时，就遇到当地的从事截头圆锥形石建筑的努拉基奇（Nuragic）人，当代研究主要集中在两者的相互作用。由于腓尼基人的存在，努拉基奇文明的青铜业十分发达，同时当地还出现了城市定居点。从公元前7世纪开始，努拉基奇文明逐渐消逝。他们有些人融入了腓尼基人中，有些人错过了腓尼基人在地中海贸易中带来的经济机遇，转而从事传统农业生产。[71]

岛上腓尼基存在的最早证据，是在南部海岸遗址诺拉（Nora）发现的刻有铭文的纪念性石碑。碑文研究学家断定它的日期是在公元前9世纪末或公元前8世纪初，并且解释了铭文，石碑是为腓尼基的神普梅（Pumay）[72]建立的圣所的纪念碑。如果日期和解释都是正确的，石碑上的铭文最早提到了岛的现代名字以及石碑建立的时期，它正好与迦太基和基蒂翁遗址建立的时期相同。在诺拉的考古发现与在塞浦路斯的考古发现表明，来自基蒂翁的腓尼基人在这里定居。此外，普梅神也与塞浦路斯有关。[73]

在撒丁岛南面的圣安蒂奥科（Sant'Antioco）岛，是另一个有证据显示腓尼基定居的遗址，断定的年代是公元前775～前757年。[74]在岛上的考古发现有一个大墓地和一些陶器样品，混合了努拉基奇人的、腓尼基人的和从希腊进口的物品，表明居民是混杂在一起的。

与黎凡特人定居点有关的最后两个主要的撒丁岛遗址是萨罗斯（Tharros）和奥托卡（Othoca）。根据陶器样品，考古学家已经确定腓尼基的定居点是在已有的努拉基奇人的遗址上建立起来的。在两个遗址中，这种情形在萨罗斯更为明显，因为到公元前6世纪，它已转变成为一个新兴的城市中心，国际港口和主要生产和销售殡葬雕塑、赤土陶器和珠宝的中心。[75]

历史学家发现，在撒丁岛上出现了一种独特的"地中海－腓尼基的（Mediterraneo-Phoenician）文化"，岛上生产与黎凡特地区原始风格迥异的陶器和其他物品。公元前7世纪前的陶器样品倾向于被认定是提尔的陶器，所以在公元前7世纪新出现的产品就不能被认定是提尔的陶器了。不仅黎凡特的殖民者影响了撒丁岛（以及其他地方）的当地居民，而且当地居民也影响了殖民者。

马耳他和戈佐岛

马耳他群岛的位置对腓尼基人来说非常有利，因为它位于地中海两条主要贸易路线的中间点上，一条路线向北到西西里岛的南海岸；另一条路线向南，沿着北非的海岸地区。[76]狄奥多罗斯·西库罗斯提到，马耳他群岛是腓尼基船队的一个补给服务站。[77]

马耳他群岛的两个主要岛屿是马耳他岛和戈佐岛（Gozo），两个岛都有考古证据，不仅证明了腓尼基人的到访，也证明了腓尼基定居点的存在。考古学家认定在马耳他最早的腓尼基定居点是在公元前9世纪初～前8世纪，腓尼基人遍布于马耳他群岛上（见图57）。在戈佐岛上，腓尼基人主要定居在岛内部的高地和南部的沿海港口。在马耳他岛上，定居在中部丘陵的一块高原上和在马尔萨什洛克（Marsaxlokk）海湾周围。[78]拉巴特（Rabat）遗址和姆迪纳（Mdina）遗址的所在地形成了定居区的核心，马尔萨什洛克海湾成了一个天然的商业贸易中心，正如腓尼基的两座神庙——麦勒卡特神庙［在拉赫布角（Ras ir-

图57 马耳他群岛上的腓尼基遗址

Raħeb）] 和阿斯塔蒂神庙 [在塔斯西尔格（Tas-Silg）] 所表明的那样。[79]

正像撒丁岛的情形一样，在考古记录中马耳他岛上的器皿也是呈混合状态，特别在姆迪纳和拉巴特的内陆遗址，表明腓尼基人好像与马耳他岛的居民建立了紧密的联系。由于缺乏富含金属的矿产和发达的农业，这个腓尼基的定居点与众不同，几乎没有持续的来自黎凡特、迦太基或地中海西部腓尼基的文化输入的考古证据，例如新奇的陶器类型，包括手工的陶罐和蓟花头状的宽口陶器。[80] 这样的发现表明了一种融入当地文化的过程，例如，通过接纳新的日常饮食习惯和共餐者，建立一个不同于黎凡特地区和其他的民族根基的新地区性的集体身份。[81]

腓尼基人在马耳他的活动范围很广，得到了证实，常常被人称颂。从17世纪起，马耳他不断有新的考古发现。

257

最早发现的有一个石棺（在拉巴特发现）和在碑座上的两篇用两种语言镌刻的铭文。后者对让－雅克·巴泰勒米（Jean-Jacques Barthélemy）破译腓尼基铭文起到了重要作用。[82] 尽管如此，马耳他群岛尚未出土太多与腓尼基和腓尼基人有关的考古珍品，许多考古发现仍有待于公布，许多遗址仍有待适当的挖掘。最有希望的遗址有塔斯西尔格（Tas-Silg）的神庙、圣保罗湾镇（San Pawl Milqi）的迦太基农庄、姆贾尔（Għar ix-Xih）的一所迦太基圣所，以及公元前 7 世纪早期的一艘沉船，上面装有一船的两耳细颈椭圆土罐和磨盘。[83]

伊维萨岛

伊维萨岛是巴利阿里群岛（Balearic archipelago）的一部分，是来自大西洋海峡的殖民者的重要移民地点，后来成为来自迦太基的殖民者的重要移民地点。伊维萨岛位于伊比利亚半岛东海岸外大约 90 千米处，对于横穿地中海的腓尼基人，以及那些定居在现在的西班牙的那些殖民者，都起到了重要的作用。Ibiza（伊维萨）这个名字是从迦太基语 *'YBšM*（也许是 *'Yboshim* 的发音）派生出来的，意思是香脂树之岛（Isle of the Balsam-tree）。[84] 这个岛的加泰罗尼亚语名称是埃伊比萨（Eivissa），几乎可以肯定是来自伊布苏斯（Ebusus）。伊布苏斯是古罗马人给这个岛起的名字，古罗马人直译并且采用了古迦太基语的名称。

伊维萨岛上的土壤不肥沃，因此农业受到了很大的限制。但岛东部的阿真泰拉（S'Argentera）矿拥有自然资源，主要是铅矿石和银矿石。[85] 在那里，考古人员已经发现了遗留下来的用于炼铁的一个高炉，而腓尼基人以冶炼铁矿石而闻名。最早的证据表明，地中海西部地区的腓尼基人在公元前8世纪造访并且停留在岛上，在岛西南部的萨卡莱塔（Sa Caleta）和莫林山（Puig des Molins）是主要的考古遗址（见图58）。尚不清楚最早的造访是不是临时性的，永久性定居是从公元前7世纪中叶开始，这个日期最早是在狄奥多罗斯·西库罗斯著作中提到的。[86] 我们在前面讲到，在撒丁岛和马耳他岛上新来的人与当地居民融合在一起，但在伊维萨岛上没有发现这一现象，因为在岛上没有值得注意的当地聚居的痕迹。

萨卡莱塔（Sa Caleta）的定居点或许是由已经在"黎凡特"（这里所谓的黎凡特是指伊比利亚东部海岸）的阿利坎特（Alicante）定居的腓尼基人建立的。[87] 一些人认为萨卡莱塔是一个类似于工厂的定居点，旨在采集和加工当地和来自国外的原材料。在与腓尼基人有关的考古发现中，有与金属加工有关的家用产品和其他物品。维拉山（Puig de Vila）遗址，虽然大致上与萨卡莱塔是同一时代的，看起来更像是城市的布局，而不是工业的布局。在附近的莫林山（Puig des Molins）遗址有一个大墓地，发现了

259

图58 伊维萨岛上的腓尼基遗址

很多随葬品和几十个火葬的骨灰瓮,存放在由岩石凿出的洞穴中或埋在墓坑里。出自这个遗址的一篇铭文提到,一位名叫埃什蒙阿比[Eshmunab(i)]的人被当作奉献的祭品献给了埃什蒙-麦勒卡特神。[88]铭文可能表明伊维萨岛上有一座神庙,专门用于祭拜西顿的主神(埃什蒙)以及提尔的主神(麦勒卡特)。

公元前6世纪,地中海西部地区的腓尼基人在伊维萨岛上的减少,很可能是由于与希腊贸易的增加。大约公元前600~前575年,萨卡莱塔被遗弃,居民迁居到了伊维萨湾(Ibiza Bay),这里成为伊维萨岛腓尼基陶器的一个生产中心。[89]不过，在这里生产的陶器的风格更类似于西西里岛、撒丁岛和迦太基陶器的风格，这可能是伊维萨岛的风格向迦太基转变的一种迹象。从公元前6世纪末期开始，我们不再能论及地中海西部地区的腓尼基人在岛上的运营，而是论及迦太基的存在，迦太基开始统治这个岛，直到罗马时代。

伊比利亚半岛

整个伊比利亚南部海岸在古代被称为塔勒泰索斯（Tartessos）。塔勒泰索斯是一个自然资源丰富的半神话城市，尤其是锡［一些人把《希伯来圣经》中的他施（Tarshish）等同于塔勒泰索斯］。通过腓尼基人的航海路线和来自伊比利亚半岛西南部的考古证据的数量来判断，加迪尔（Gadir）是航海人的最后目的地。与地中海其他地区的遗址不同，伊比利亚半岛地区允许我们不只是论及无定形和非特定的腓尼基的存在，而且还可以论及更具体的提尔。[90]这样精确的指定是意味深长的，因为它描绘了一张腓尼基在地中海地区和伊比利亚的大西洋海岸进行探索和殖民的更详细的画面。因此，我们才会更有信心地论及提尔人在寻找富含金、铜、铁、锡和银等金属矿藏方面的探索，不仅是在伊比利亚半岛内，而且是在整个地中海西部地区。

在最近几十年，考古挖掘得到了加强，已经揭示出

261

沿着伊比利亚大部分海岸的腓尼基定居点和大墓地。在南部，这样的遗址有阿尔穆涅卡尔（Almuñécar）、莫罗梅兹基提利亚山（Morro de Mezquitilla）、托斯卡诺斯（Toscanos）、乔雷拉斯（Chorreras）和塞罗比利亚尔山（Cerro del Villar）。[91] 沿着大西洋海岸，在加迪尔（Gadir）之外分布在萨杜河（Sado）、塔古斯河（Tagus）和蒙德古河（Mondego）的各个河口的遗址，都是由腓尼基人建立的。根据古典文献资料，现代城市加的斯（Cádiz）、马拉加（Málaga）、阿尔穆涅卡尔（Almuñécar）和阿德拉（Adra）分别对应的古遗址为加迪尔（Gadir）、马拉卡（Malaka）、塞克斯（Seks）和阿卜德拉（Abdera），它们都有充分的证据表明腓尼基人的存在。

经典文献把加迪尔（源自迦太基语 *gdr*，意为"城墙"或"坚固的城堡"）建立的时间确定为公元前 12 世纪，与在北非的乌提卡（Utica）和利克苏斯（Lixus）建立的时间相同，大约比迦太基建立的时间早了 3 个世纪。虽然考古学无法确认这些日期，但现有证据仍然表明，早在公元前 10 世纪，腓尼基人在一些地点建立了永久定居点。[92] 在伊比利亚西南部的一些遗址特征表明，这些遗址具有黎凡特/提尔的特征。有几个遗址，例如卡拉姆博洛（El Carambolo）和雷瓦那迪利亚（La Rebanadilla）使用了泥砖、石头建立地基，用黏土或石灰涂墙以及建造露天天井，这些都是传统的黎凡特建筑方法。最早的腓尼基定居点也是沿着青铜时代的贸易路线，以对贸易最为有利的方式布置的。

在最早的定居浪潮后，加迪尔成为地中海西部最重要的殖民地前哨居民点。在加的斯海湾（Bay of Cádiz）的考古挖掘揭示出了公元前9世纪末或公元前8世纪初的复杂城市建筑结构。[93] 提尔人的标志性建筑麦勒卡特神庙，也在加迪尔被发现［对麦勒卡特的狂热崇拜也在塞克斯（Seks）和阿卜德拉（Abdera）得到证实］。动物考古学揭示，除了金属加工、豪华奢侈品生产和陶器生产外，在加迪尔的腓尼基人还种植小麦和大麦、橄榄树和葡萄以及其他果树。他们养牛、绵羊和山羊，以及少量的猪，而且开发海洋资源。到公元前7世纪，已存在的定居点在规模上不断增大，以适应人口的爆炸式增长。有很多迹象表明，地中海西部地区的腓尼基人与伊比利亚和摩洛哥海岸地区开展贸易活动非常活跃，而且还延伸到了地中海中部地区。最重要的出口产品之一是陶器，是按照黎凡特地区风格生产的。反过来，他们也进口大量迦太基的、伊特鲁里亚的、希腊爱奥尼亚（Ionian）的、希腊阿提卡的和科林斯的陶器，大多都是两耳细颈椭圆土罐。

地中海西部地区的腓尼基社会，是由提尔贵族阶层为首的世界性和多元化的社会。殡葬的习俗揭示了这一点，与众不同的家庭墓室是指定留给有统治地位家庭的，使用黎凡特地区的殡葬传统。地中海西部地区的腓尼基人使用古埃及的或具有古埃及风格的雪花石膏瓶作为骨灰瓮，其中有一些是从地中海东部腓尼基王室那里得到的礼物。[94]当地人被雇用为劳动力，有迹象表明与当地居民的通婚出现了，因为考古发现在日常烹饪过程中使用了当地陶器。不过，当地人似乎被排除在殡葬仪式之外，所以完全的种族融合没有实现。[95]

公元573年提尔被巴比伦人征服后，提尔人对伊比利亚半岛西南部地区的统治逐渐减弱。这些定居点受到了许多威胁，因此为了保护经济利益而构筑了防御工事，以防止伊特鲁里亚人、福西亚人（Phocaeans）和伊比利亚其他地区统治者的入侵，因为这些人对地中海西部地区的腓尼基人的丰富资源虎视眈眈。最终，加迪尔和其他定居点与迦太基结盟，到公元前237年，他们完全被纳入了迦太基的文化中。[96]

葡萄牙

地中海西部地区的腓尼基人，热切地想要探索和利用伊比利亚半岛，在公元前9世纪或公元前8世纪进一步向北冒险进入了现在的葡萄牙。这样的探索是由韦尔瓦（Huelva）的腓尼基居民与当地人合作进行的，留下了许多黎凡特有形或无形的文物，包括家庭建筑和防御建筑、建筑技术、考古遗物、语言和文本的踪迹。[97]虽然主要是在沿海地区发现的，但腓尼基的存在也对内陆地区留下深刻的社会和文化影响。虽然这一地区也是腓尼基人用于他们自己贸易活动的古代贸易路线的一部分，但是金属是被关注的焦点。葡萄牙有相当多的遗址与腓尼基人有关，主要在江河入海口，还有在贝雅（Beja）和欧里基（Ourique）地区的两个重要的大墓地。腓尼基人的占领仅仅延伸到伊比利亚北部，表明了探索是有计划的，目的是到达某些地区，并且与已存在的贸易网络保持一致。

在葡萄牙遗址发现的带有腓尼基标志的遗物之一是上了红釉的陶器，包括带嘴和柄的三叶形边口大水罐（trefoil-rim jugs）、红黑相间的用于盛油和粮食的阔嘴壶（pithoi）、金属加工的随身用品、玻璃产品和充满黎凡特地区特色的建筑（矩形建筑）。此外，在里斯本发现一对腓尼基语铭文也表明了腓尼基的存在。当地居民对腓尼基语言的采用，表明了当地文化与腓尼基文化的一种密切关系。

总体说来，腓尼基对葡萄牙的殖民地化似乎是由在韦尔瓦（Huelva）的地中海西部地区腓尼基定居者进行的，但是在葡萄牙的考古数据不如在伊比利亚半岛加迪尔地区发现的那么丰富。这可以从两方面解释，一方面是在西班牙工作的考古学家工作热情高涨，另一方面是葡萄牙定居点的边缘化。

非洲北部

虽然从本千纪之初开始，关于非洲北部（图59）的考古学研究有了很大的进展，但其考古挖掘的范围仍然比较狭窄，这是由于资源缺乏和在这一地区的地缘政治形势妨碍了考古挖掘活动的开展。来自西班牙、法国、意大利和

图59 非洲北部的腓尼基和迦太基遗址

德国的国际考古团队在当地研究人员的帮助下，主要在摩洛哥开展考古学的工作。[98]

从摩洛哥西部向东部移动，我们首先遇到的是摩加多尔（Mogador）岛，这个岛在大约公元前700年的时候是由一道地峡连接着大陆。[99]在古代，岛的名称是阿默格杜尔（Amogdoul）或阿迈格杜尔（Amegdoul），意思是塔。可以想象得到，它的名称指的是岛上的一个瞭望塔，用于观察者从塔上寻找金枪鱼的鱼群。[100]对岛的发掘揭示了摩加多尔岛至少从公元前7世纪就被占据了，更频繁的占据活动发生在后来的几十年。除了不知来源和地名的塞浦路斯两耳细颈椭圆土罐暗示有可能源自腓尼基或者迦太基以外，没有太多具体的证据能够明确地把摩加多尔岛与腓尼基联系在一起。

利克苏斯（Lixus）城位于直布罗陀海峡西南，作为最老的腓尼基定居点之一，在古典文献（如普林尼的《博物志》）中被提到。但是考古学并不支持这一观点，因为发掘的定居点被断定的时间不早于公元前8世纪。[101]普林尼也还提到在利科索（Lixo）河的入海口处有一座麦勒卡特的神庙，但是考古学家没能找到它。

古典作家经常提到的另一个遗址是乌提卡，在突尼斯的海岸上位于迦太基的东南大约40千米。大多数原始资料断定它建立的年代（相当精确地）是在公元前1101年，这引发了一个问题，是否有多位作者，包括普林尼

（Pliny）、西柳斯（来自意大利卡的，Silius Italicus）和伪亚里士多德（the Pseudo-Aristotle）在内，都使用了相同的但现在已丢失的原始资料？突尼斯与西班牙新近的合作挖掘表明，乌提卡建立的日期还要晚些，即公元前9世纪，这个日期在历史上要早于迦太基建立的日期。[102] 考古学尚未提供非常具体的关于腓尼基–迦太基遗址的历史信息。

最后，我们来谈一谈迦太基。如果我们相信古典文献［如古罗马历史学家查士丁（Justin）的《菲利普的历史》（*Philippic Histories*）①］，这座城市是埃利萨（Elissa）在公元前814年建立的。埃利萨是提尔国王皮格马利翁（Pygmalion，或拼写为Pumayyaton）的姐姐，据说因为她的弟弟谋杀了她的丈夫阿塞尔巴斯（Acerbas），所以埃利萨逃离了出生地提尔。到达新城（迦太基源于qarthadasht，意思是新城），有贸易兴趣的乌提卡人帮助了埃利萨和她的随从人员，与她们以物易物交换商品。考古学没能确实支持日期，但形成了一个共识，城市建立的时间断定为公元前9世纪后期。[103]

提尔和迦太基的联系是频繁的，并且令人信服。虽然迦太基的主神是巴力哈蒙而不是人们所预料的提尔的主神麦勒卡特，但是通过文字的原始资料判断，提尔和迦太

---

① 古希腊德摩斯梯尼痛斥马其顿国王菲利普的演说。——译者

基的关系持续了多个世纪。希罗多德叙述了有关波斯帝国国王冈比西斯二世（Cambyses Ⅱ）的一个故事，冈比西斯二世命令腓尼基人去同迦太基交战，但是腓尼基人拒绝了，这是因为腓尼基和迦太基存在着亲密的关系，腓尼基人憎恨对他们的"孩子"发动战争。[104]

据说在整个迦太基的历史中，迦太基一直向提尔赠送礼物。狄奥多罗斯·西库罗斯在他的世界通史《历史》中列举了一个例子，提到了迦太基人送给提尔一座阿波罗的巨大雕像。[105]曼努埃尔·阿尔瓦雷斯·马蒂-阿吉拉尔（Manuel Álvarez Martí-Aguilar）总结了提尔-迦太基关系的兴衰起伏，说道："在经过最初一段相互依存关系的时期后，殖民地切断了他们与宗主城市在政治和经济领域中的附属关系，但是即使如此，他们并没有失去极其牢固的宗教和种族关系。"[106]

城市建立之后不久，迦太基便能够与古希腊人和在地中海地区的各个腓尼基中心建立起联系。[107]从成立后到第6个世纪以前，迦太基人遍及北非、撒丁岛、西西里岛和第勒尼安海盆地区，从事贸易并建立新的殖民地前哨居民点。由于迦太基和它所建立的迦太基社会不属于本书的范围，我们关注的焦点主要集中在腓尼基人的扩张，也就是黎凡特人的扩张。尽管如此，格伦·马科（Glenn Markoe）关于腓尼基人渗透到非洲北部和地中海的观察报告是极其珍贵的，特别是关于水流和风向的描述：

从直布罗陀海峡到塞得港（Port Said），沿着北非海岸自西向东流动的强大的水流，使得从埃及沿着海岸向迦太基的航行变得极其困难。同样，在利比亚中部沿海的延亘了480千米的荒凉的不毛之地……也遭遇着积蓄而成的阵风、危险的浅滩和低能见度等困难……面对各种困难，来自东部大陆的腓尼基水手，如果要驶向迦太基和更远的目的地，将会选择经由公海向西航行的合适路径。[108]

至于迦太基，一旦提尔人到了那里，他们就不再离开。他们永远不忘自己的根，但逐步形成了自己的特征，越来越不像他们故土的提尔人。

腓尼基在地中海地区的贸易

关于腓尼基定居点在地中海地区建立的日期，古典作家的证据与考古记录所提供的日期截然不同（一些例子包括加迪尔、乌提卡和利克苏斯）。300年的间断不得不设法以某种方式进行解释，有一种说法是要分清"前殖民阶段"和严格意义上的"殖民阶段"。[109]在前殖民阶段中，黎凡特地区的商人可能为了寻求资源而去勘察各个地区，估计判断当地居民对新来的人的容忍接受程度，并确定殖民开发的生存环境。这样的勘察会由一小部分商人来进行，他们会准备贸易驿站和浮动码头，为了试图进行大规

航海贸易：腓尼基向地中海西部的殖民扩张

模殖民开拓采取先期行动。凡此种种说法往往是深深植于核心和外围理论（core-periphery theories），也是基于把贸易仅仅理解为对自然资源的剥削滥用。[110]

较新的解释淡化了腓尼基在扩张中寻找资源（金属）的重要性，[111] 而更加关注社会的相互作用。腓尼基人与他们可能偶尔在商业活动中有合作的古希腊人和埃维亚人不同，他们对与更复杂的社会保持贸易关系感兴趣，因为这样的社会具有精心设计的标准和价值体系。[112] 一些人指出，黎凡特地区的商人在两个层面上进行贸易：一个是与重要的精英人物进行交易（交易的商品包括象牙、银碗或青铜碗，大锅等更大的容器）；另一个是四处奔走贩卖在地中海地区无所不在的小饰物。[113] 他们首先通过赠送礼物的方式把更昂贵的物品送给那些精英，以便获取精英的支持和庇护，黎凡特人会继续进行更丰富多样的家用产品贸易，以满足精英和普通人的需要。

黎凡特地区的腓尼基人进行贸易的方式有三个阶段，一是海上航行的阶段，二是殖民开拓的阶段，三是产生影响的阶段（当腓尼基的影响在考古学的记录里变得明显时）。[114] 一位在地中海地区进行考古的学者理查德·弗莱彻（Richard Fletcher）提出，在黎凡特人没有建立定居点的情况下，三个阶段可以区分为勘察、送礼物和集中贸易的阶段。[115] 与当地人交往时，黎凡特人对建立和保持与当地文化有关的联系不感兴趣。虽然这种关系也确实存在

271

过，但是我们不能确认那就是文化交流，而文化交流是古希腊人所擅长的。

在地中海地区，黎凡特人的贸易活动跨越了几个世纪，更频繁的探索则始于公元前9世纪和公元前8世纪。[116] 有形的物质考古遗物表明，黎凡特人在地中海地区的活动随着时间而不断变化。例如在亚平宁半岛，公元前7世纪中叶之后，腓尼基的出口在总量上下降，只是在公元前6世纪中叶有一点增加。[117] 可以想象得到，相同的状况在地中海地区的其他各个地方也存在。伴随着地缘政治、经济和文化的变化，这种状况不仅在地中海地区的西部存在，而且在东部、腓尼基的故土也存在。巴比伦人在公元前573年征服了提尔，这无疑影响了贸易，但是其他因素也起到了作用，包括对黎凡特地区银的需求的暴跌、在第勒尼安海盆地区的希腊东部和福尼亚以及在伊比利亚半岛海岸的贸易的不断增长，还有在更广泛的黎凡特地区由于巴比伦的军事行动所造成的破坏。[118]

最后，我们对腓尼基商人的身份进行评论。虽然在现有的文献中大多数的定居点都被称为腓尼基的或黎凡特地区的，并且没有区分开黎凡特地区海岸各个城邦的差别，但证据表明，在公元前6世纪之前，提尔是在地中海地区的主要商人和殖民者。大多数证据来自经典文献，而且考古学常常不支持他们的证据。不过，韦尔瓦和加迪尔和其他地方的古老定居点清楚地显示出与提尔的牢固关系。因此，当论及公元前 9～前 6 世纪腓尼基在地中海地区和大西洋海岸的扩张时，我们要记住，虽然考古发现，特别伊维萨岛的考古发现表明了西顿在向西扩张过程中也参与其中，但几乎可以肯定的是提尔发起并保持了这些向西的扩张。

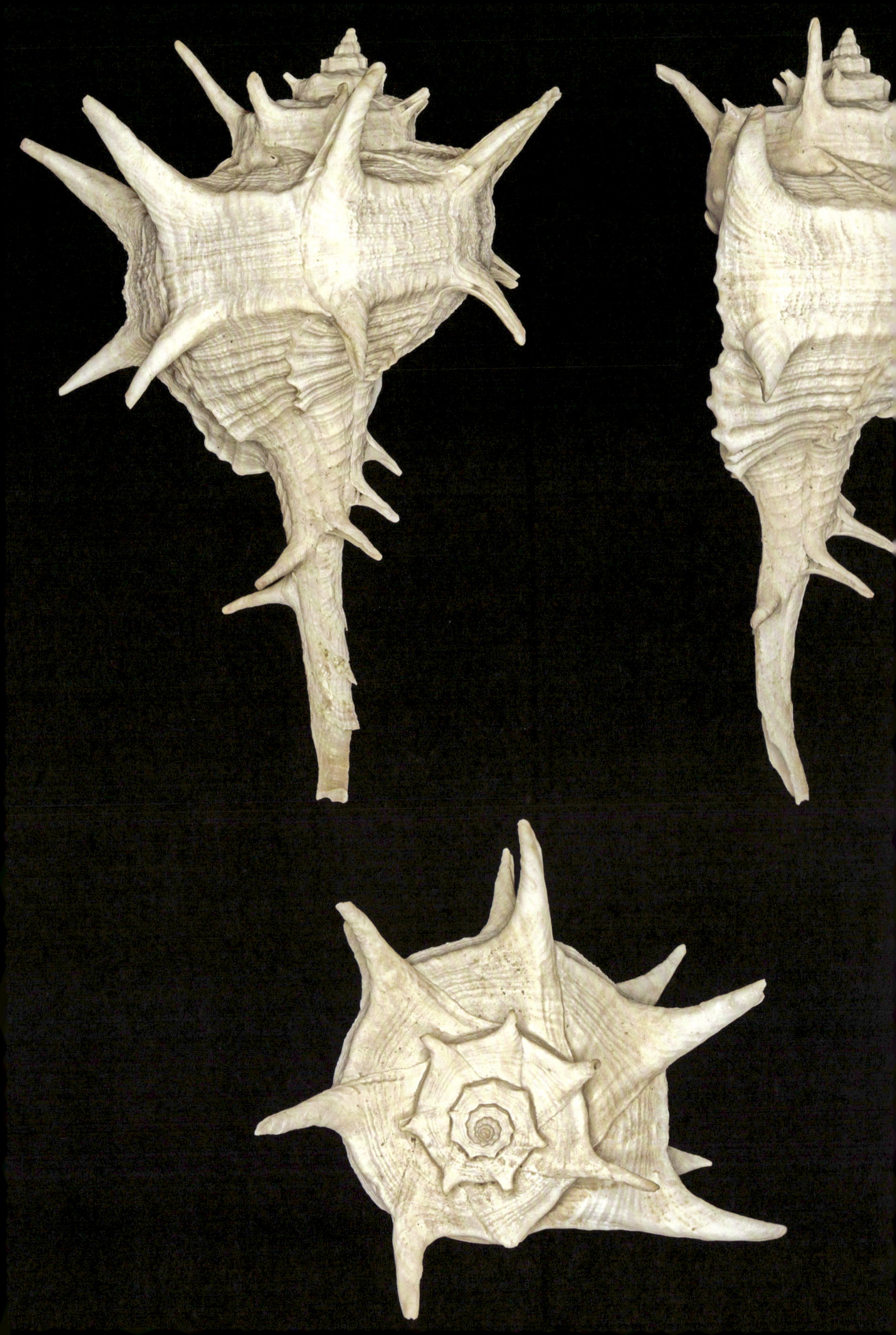

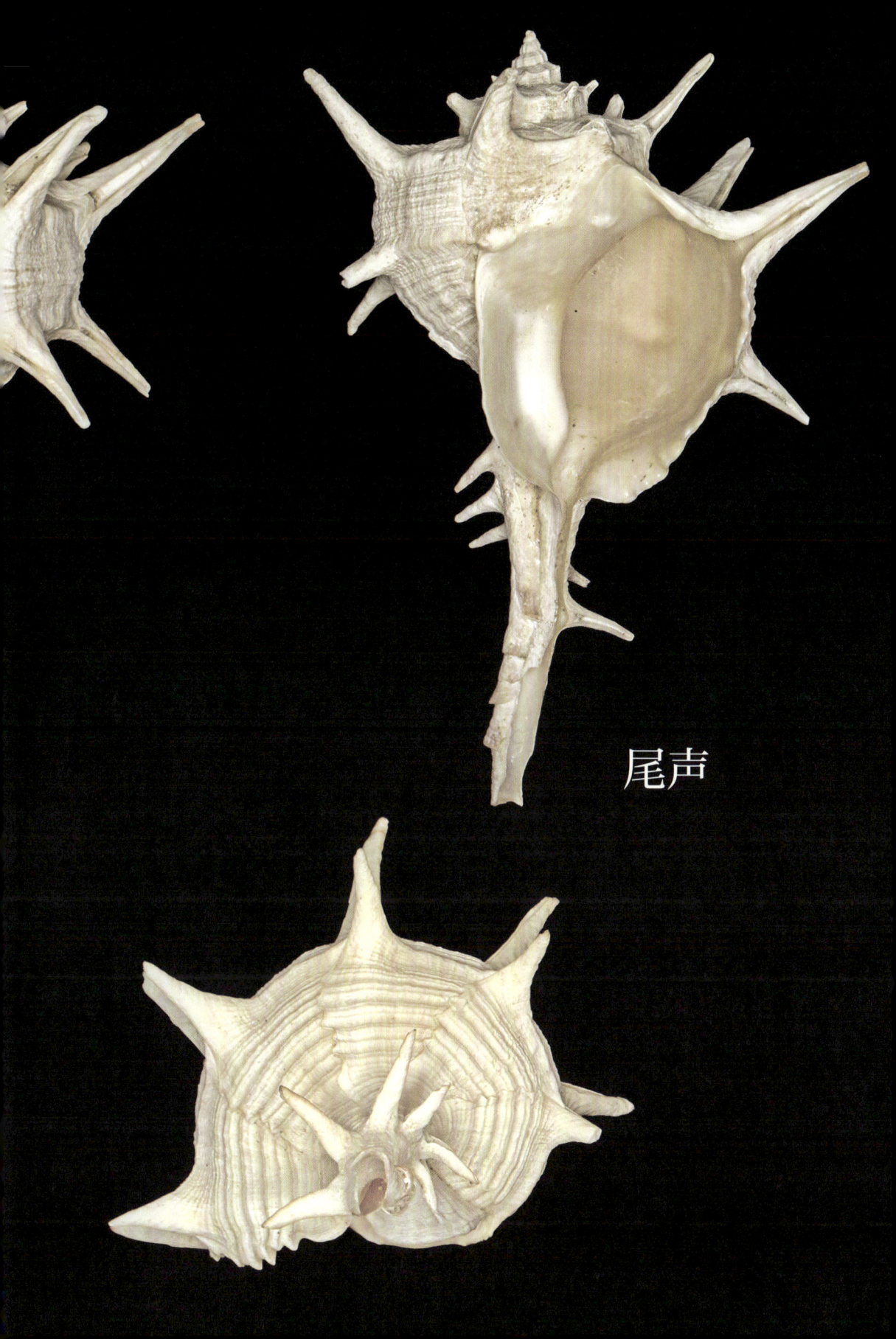

尾声

希罗多德在他的《历史》开篇中指出，他的著作的主要目标是保证"人类的成就不会因时间的流逝而被忘记，伟大和杰出的功绩……不能没有它们的荣耀"。1 在某种程度上，这段话也是本书的灵魂，即承认腓尼基人对人类文明的贡献。古老的腓尼基人未能幸存下来，我们很少能听到他们清晰可辨的声音，但他们的遗产至今仍然使我们的生活丰富多彩。他们在文字方面的成就，尤其是字母表的发明，使书写、阅读和学习成为人类的典型特征。腓尼基人的航海探险激发了人类探索未知领域的无数次冒险。即使在他们的巅峰已过去几个世纪后，仍有一些人以他们为榜样。他们在文化上的灵活善变性、包容性，驾驭政治和文化格局的能力以及善于和解的才智，为人们树立了化险为夷、坚忍不拔、随遇而安的典范。

诚然，在某种程度上，我们对于腓尼基人的真实情况只是略知一二。我们主要是从其他人的著作中听说过他们。在试图重现他们的文化和社会的过程中，我们只能着眼于那些经得起时间考验的东西：他们的艺术品、他们的古城遗址和墓地遗址、偶然幸存下来的铭文，以及他们的硬币。

尾声

近年来，DNA研究的问世提供了许多其他来源无法提供的珍贵信息。我们希望，随着更科学的和更敏锐的研究方法的发展，新的复杂关系和人际网络可以被揭示出来。2016年，一名突尼斯的腓尼基男人的首个完整的线粒体基因组被新西兰奥塔戈大学（University of Otago）的一个研究团队成功地排序。[2] 这个男人的遗体是在突尼斯国立迦太基博物馆（National Museum of Carthage）附近的拜尔萨山（Byrsa Hill）上被发现的，现在这个人被称为"拜尔萨的年轻人"（Young Man of Byrsa，见图60）或称为阿里什（Ariche，意思是"深爱的人"），这个名称被刻在随遗体埋葬的铭文上。根据DNA的证据，并结合对遗骨的分析，学者们重现阿里什可能的样貌。阿里什死于大约2500年以前（如随葬品表明的），身高大约1.7米，年龄在19~24岁。令人感到惊奇的是，他属于稀有的欧洲单体型染色体种群（haplogroup，整个种群的人有一位共同的祖先），"很可能把他的母系血统与受腓尼基影响的在地中海北部海岸、地中海中的岛屿或伊比利亚半岛的某个地方联系在一起，而不是北非或亚洲的血统"。[3] 该研究团队的共同负责人莉萨·马提苏·史密斯（Lisa Matisoo-Smith）提到，研究结果确定了北非的欧洲人祖先的最早证据，至少可追溯至公元前6世纪。[4] 接下来的研究也获得了进一步的关于腓尼基人的信息。[5]

消失的文明：腓尼基文明

图 60　突尼斯国立迦太基博物馆对"拜尔萨的年轻人"的重现

尾声

  大部分腓尼基遗产被隐藏并且埋在现代城市和基础设施的下面。海勒代〔Khalde，即现代的海勒达（Khaldah）就是其中的一个令人着迷的遗址，它位于贝鲁特国际机场和一个黎巴嫩空军基地的下面。除此之外，在中东地区的政治形势使得人们无法进行发掘活动。在城市进行腓尼基的考古发掘活动在最近几年能取得很大进展的可能性是令人怀疑的，我们应关注另一个学科领域——海洋考古学。只要我们有适当的投入和热情，就有可能获得意想不到的考古发现。考虑到腓尼基在海上取得的成就范围如此之广，我们可以设想一下，从海洋会有可能获得怎样的考古发现。

  腓尼基人已经让人类为之着迷了数千年。在某种程度上，腓尼基人从未离开人类的想象空间。一些人不喜欢他们，一些人赞赏他们，但熟悉他们的人大多对他们充满好奇。因此希望本书能激起了你的好奇之心。

引用文献

依稀的记忆：腓尼基的历史与考古

1 Pomponius Mela, 'De situ orbis',1.65, in Frank E. Romer, Pomponius Mela's'Description of the World'（Ann Arbor, mi,1998）, p.53.
2 Mark Woolmer, 'Introduction', in A Short History of the Phoenicians（I.B.Tauris Short Histories, Kindle Edition,2017）.
3 Ibid.
4 'Climate', www.britannica.com, accessed 31July 2019.
5 Josette Elayi, The History of Phoenicia（Atlanta, ga,2018）, p.27.
6 Ibid.
7 Gassia Artin, 'The Northern Levant during the Chalcolithic Period：The Lebanese–Syrian Coast', in The Oxford Handbook of the Archaeology of the Levant, c.8000–332bce, ed. Ann E. Killebrew and Margreet Steiner（Oxford,2013）, p.213.
8 Ibid., p.215.
9 Ibid., p.217.
10 Hermann Genz, 'The Northern Levant（Lebanon）during the Early Bronze Age', in Oxford Handbook of the Archaeology of the Levant, ed. Killebrew and Steiner, p.292.
11 Ibid., p.296.
12 Maurice Dunand, Fouilles de Byblos, vol. v：l'architecture, les tombes, le matériel domestique des origines néolithiques à l'avènement urbain（Paris,1973）, pp.328–9.
13 Genz, 'The Northern Levant（Lebanon）during the Early Bronze Age', p.300.
14 Ibid., p.302.
15 Ibid., p.303.
16 Elayi, History of Phoenicia, p.48.
17 Genz, 'The Northern Levant（Lebanon）during the Early Bronze Age', p.304.
18 Hanan Charaf, 'The Northern Levant（Lebanon）during the Middle Bronze Age', in Oxford Handbook of the Archaeology of the Levant, ed. Killebrew and Steiner, p.434.

19 All dates for Egyptian history are from 'List of Rulers of Ancient Egypt and Nubia', in Heilbrunn Timeline of Art History（New York,2000）, www.metmuseum.org, accessed10December 2020.

20 Hermann Genz and Hélène Sader, 'Bronze Age Funerary Practices in Lebanon', Archaeology and History in Lebanon,26–27（Autumn 2007– Spring 2009）, pp.258–83.

21 Jean-Paul Thalmann, Tell Arqa-i：les niveaux de l'âge du Bronze（Beirut,2006）, p.67.

22 Claude Doumet-Serhal, 'Sidon during the Bronze Age：Burials, Rituals and Feasting Grounds at the College Site', Near Eastern Archaeology, lxxii/2–3（2010）, pp.114–29.

23 Charaf, 'The Northern Levant（Lebanon）during the Middle Bronze Age', pp.443–4.

24 Ibid., p.525.

25 Thalmann, Tell Arqa-i, p.190.

26 William P. Anderson, 'The Kilns and Workshops of Sarepta（Sarafand, Lebanon）：Remnants of a Phoenician Ceramic Industry', Berytus, xxxv（1988）, pp.41–66; Issam A. Khalifeh, Sarepta ii：The Late Bronze and Iron Age Periods of Area ii, x（Beirut,1988）.

27 Ellen Fowles Morris, The Architecture of Imperialism：Military Bases and the Evolution of Foreign Policy in Egypt's New Kingdom（Leiden,2005）, p.120.

28 Roger Saidah, 'Beirut in the Bronze Age：The Khariji Tombs', Berytus, xli（1993）, pp.137–210.

29 Elayi, History of Phoenicia, pp.89–90.

30 Heinz and Kulemann-Ossen, 'The Northern Levant（Lebanon）during the Late Bronze Age', p.535.

31 Susan Sherratt, '"Sea Peoples" and the Economic Structure of the Late Second Millennium in the Eastern Mediterranean', in Mediterranean Peoples in Transition：Thirteenth to Early Tenth Centuries bce, ed. Seymour Gitin, Amihai Mazar and Ephraim Stern(Jerusalem,1998）, p.307.

32 See an overview in Robert A. Mullins, 'The Emergence of Israel in Retrospect', in Israel's Exodus in Transdisciplinary Perspective, ed. Thomas E. Levy, Thomas Schneider and William H. C. Propp（New York,2015）, pp.517–26.

33 Ann E. Killebrew, 'Canaanite Roots, Proto-Phoenician and the Early Phoenician Period：c.1300–1000bce', in The Oxford Handbook of

the Phoenician and Punic Mediterranean, ed. Carolina López-Ruiz and Brian R. Doak（Oxford,2019）, p.42.

34 James Bennett Pritchard, The Ancient Near East：An Anthology of Texts and Pictures, vol. i（Princeton, nj,1973）, pp.16–24.

35 Killebrew, 'Canaanite Roots', pp.48–52.

36 For more on the concept of 'kingship' in Phoenicia, see Elayi, History of Phoenicia, pp.97–8.

37 For the concept of 'divine kingship' and its various manifestations, see Margaret Cool Root, The King and Kingship in Achaemenid Art：Essays on the Creation of an Iconography of Empire（Leiden,1979）; Nicole Maria Brisch, ed., Religion and Power：Divine Kingship in the Ancient World and Beyond（Chicago, il,2008）.

38 Carol Bell, 'The Influence of Economic Factors on Settlement Continuity across the lba/Iron Age Transition on the Northern Levantine Littoral', PhD thesis, University of London（2005）.

39 Killebrew, 'Canaanite Roots', p.40.

40 Guy Bunnens, 'Phoenicia in the Later Iron Age：Tenth Century bce to the Assyrian and Babylonian Periods', in Oxford Handbook of the Phoenician and Punic Mediterranean, ed. López-Ruiz and Doak, p.58.

41 H. Jacob Katzenstein, The History of Tyre, from the Beginning of the Second Millennium bce until the Fall of the Neo-Babylonian Empire in538bce（Jerusalem,1973）, pp.130–35；Bunnens, 'Phoenicia in the Later Iron Age', p.58.

42 For an overview of Assyrian sources on Phoenicia, see Frederick Mario Fales, 'Phoenicia in the Neo-Assyrian Period：An Updated Overview', State Archives of Assyria Bulletin, xxiii（2017）, pp.181–295.

43 James Bennett Pritchard, Ancient Near Eastern Texts Relating to the Old Testament（Princeton, nj,1969）, p.275.

44 Elayi, History of Phoenicia, p.106.

45 Pritchard, Ancient Near Eastern Texts, p.276.

46 Bunnens, 'Phoenicia in the Later Iron Age', p.66.

47 Pritchard, Ancient Near Eastern Texts, p.287.

48 Ibid.

49 Ibid., p.290.

50 Elayi, History of Phoenicia, p.170.

51 Bunnens, 'Phoenicia in the Later Iron Age', p.68.

52 Elayi, History of Phoenicia, p.176.

53 Pritchard, Ancient Near Eastern Texts, pp.295–6.
54 Flavius Josephus, The Antiquities of the Jews, X.11.222–223, in The Works of Josephus, updated edn, trans. William Whiston（Peabody, ma,1987）, p.281.
55 Bunnens, 'Phoenicia in the Later Iron Age', p.69.
56 María Eugenia Aubet, 'Phoenicia during the Iron Age ii Period', in Oxford Handbook of the Archaeology of the Levant, ed. Killebrew and Steiner, p.706.
57 Susan Frankenstein, 'The Phoenicians in the Far West: A Function of Neo-Assyrian Imperialism', in Power and Propaganda: A Symposium on Ancient Empires, ed. Mogens T. Larsen（Copenhagen,1979）, pp.263–94; Joseph W. Shaw, 'Phoenicians in Southern Crete', American Journal of Archaeology, xciii/2（1989）, pp.165–83; Amélie Kuhrt, The Ancient Near East, c.3000–330bc（London and New York,1995）, pp.403–10; J. Nicolas Coldstream, Geometric Greece,900–700bc（London and New York,2004）, pp.240–41; Alexander Fantalkin, 'Identity in the Making: Greeks in the Eastern Mediterranean During the Iron Age', in Naukratis: Greek Diversity in Egypt: Studies on East Greek Pottery and Exchange in the Eastern Mediterranean, ed. Alexandra Villing and Udo Schlotzhauer（London,2006）, pp.199–235.
58 Richard N. Fletcher, 'Opening the Mediterranean: Assyria, the Levant and the Transformation of Early Iron Age Trade', Antiquity, lxxxvi/331（2012）, pp.211–20.
59 Hélène Sader, 'The Northern Levant during the Iron Age i Period', in Oxford Handbook of the Archaeology of the Levant, ed. Killebrew and Steiner, p.610.
60 Aubet, 'Phoenicia during the Iron Age ii Period', pp.707–8.
61 William P. Anderson, Sarepta i: The Late Bronze and Iron Age Strata of Area ii, y（Beirut,1988）, p.387.
62 Patricia M. Bikai, The Pottery of Tyre（Warminster, Wilts,1978）.
63 Aubet, 'Phoenicia during the Iron Age ii Period', p.712.
64 María Eugenia Aubet, 'The Phoenician Cemetery of Tyre', Near Eastern Archaeology, lxxii/2–3（2010）, p.144.
65 S. Vibert Chapman, 'A Catalogue of Iron Age Pottery from the Cemeteries of Khirbet Silm, Joya, Qrayé and Qasmieh of South Lebanon', Berytus, xxi（1972）, p.179.

66 Aubet, 'The Phoenician Cemetery of Tyre', p.145.
67 Ibid., p.146.
68 Ibid., p.148.
69 I discuss Achaemenid Phoenicia in detail in Vadim S. Jigoulov, The Social History of Achaemenid Phoenicia: Being a Phoenician, Negotiating Empires (London and Oakville, ct,2010). The following has been adapted with a general informed readership in mind. The Achaemenid period has enjoyed an acute interest in recent years, and a good start is the seminal work by Pierre Briant: Pierre Briant, From Cyrus to Alexander: A History of the Persian Empire, trans. Peter T. Daniels (Winona Lake, in,2002). Briant also maintains an ongoing Persika series, which can be found online at www.college-de-france.fr/site/pierre-briant/collection_persika.htm.
70 Diodorus Siculus, Library of History, XVI.41.
71 For example see Root, The King and Kingship in Achaemenid Art; Margaret Cool Root, 'Circles of Artistic Programming: Strategies for Studying Creative Process at Persepolis', in Investigating Artistic Environments in the Ancient Near East, ed. Ann C. Gunter (Washington, dc,1990), pp.115–39; Margaret Cool Root, 'Imperial Ideology in Achaemenid Persian Art: Transforming the Mesopotamian Legacy', Bulletin of the Canadian Society for Mesopotamian Studies,35 (2000), pp.19–27; Mark B. Garrison and Margaret Cool Root, Seals on the Persepolis Fortification Tablets, vol. i: Images of the Heroic Encounter (Chicago, il,2001).
72 For more on Tripolis, see Elayi, History of Phoenicia, pp.268–70.
73 Jigoulov, The Social History of Achaemenid Phoenicia, p.111.
74 Hélène Sader, 'The Archaeology of Phoenician Cities', in Oxford Handbook of the Phoenician and Punic Mediterranean, ed. López-Ruiz and Doak, p.125.
75 Ibid., pp.125–6.
76 William A. Ward, 'Phoenicia', in The Oxford Encyclopedia of Archaeology in the Near East, vol. iv, ed. Eric M. Meyers (Oxford,1997), p.316; Sader, 'The Archaeology of Phoenician Cities', p.134.
77 Robert Fleischer and Wolf Schiele, Der Klagefrauensarkophag aus Sidon (Tübingen,1983).
78 Diana Edelman, 'Tyrian Trade in Yehud under Artaxerxes i: Real or Fictional? Independent or Crown Endorsed?', in Judah and the

Judeans in the Persian Period, ed. Oded Lipschits and Manfred Oeming（Winona Lake, in,2006）, pp.207–46.
79 Jigoulov, The Social History of Achaemenid Phoenicia, p.127.
80 Sader, 'The Archaeology of Phoenician Cities', p.125. The following two works are essential for the history of Hellenistic Phoenicia：Maurice Sartre, D'Alexandre à Zénobie, histoire du Levant antique：ive siècle avant J.-C.–iiie siècle après J.-C,2nd edn（Paris,2003）; Corinne Bonnet, Les Enfants de Cadmos：le paysage religieux de la Phénicie hellénistique（Paris,2015）.
81 For a critique of 'Hellenization', see Irad Malkin, A Small Greek World：Networks in the Ancient Mediterranean（Oxford,2011）; Corinne Bonnet, 'The Hellenistic Period and Hellenization in Phoenicia', in Oxford Handbook of the Phoenician and Punic Mediterranean, ed. López-Ruiz and Doak, pp.99–101.
82 Bonnet, 'The Hellenistic Period', p.101.
83 Arrian, The Anabasis of Alexander, II.20.1–3.
84 Quintus Curtius Rufus, History of Alexander the Great of Macedonia, IV.4.10–21.
85 Bonnet, 'The Hellenistic Period', pp.103–4.
86 Corinne Bonnet, 'The Religious Life in Hellenistic Phoenicia："Middle Ground" and New Agencies', in The Individual in the Religions of the Ancient Mediterranean, ed. Jörg Rüpke（Oxford,2013）, p.41.
87 Corinne Bonnet refers to this process as 'hybridity'：Bonnet, 'The Hellenistic Period', p.107.
88 Ibid., p.104.
89 Ibid.
90 Bonnet, 'The Religious Life in Hellenistic Phoenicia', p.42.
91 Bonnet, 'The Hellenistic Period', p.107.
92 For more on Phoenicia under the Roman rule, see Julien Aliquot, 'Phoenicia in the Roman Empire', in Oxford Handbook of the Phoenician and Punic Mediterranean, ed. López-Ruiz and Doak, pp.111–24.
93 Jean-Paul Rey-Coquais, Inscriptions grecques et latines de la Syrie vii：Arados et régions voisines（Paris,1970）, pp.25–7.

迷失他乡：腓尼基人在古希腊和古罗马文献中的印迹
1 Homer, Iliad,6：289–95；23：740–45.

2 Homer, Odyssey,14：287–97；15：415–16. All translations are from Homer, The Odyssey, trans. Richmond A. Lattimore（New York,1967）.

3 Josephine Crawley Quinn, 'Phoenicians and Carthaginians in Greco Roman Literature', in The Oxford Handbook of the Phoenician and Punic Mediterranean, ed. Carolina López-Ruiz and Brian R. Doak（Oxford,2019）, p.672. See also Erich S. Gruen, Rethinking the Other in Antiquity（Princeton, nj,2011）, p.116.

4 Federico Mazza, 'The Phoenicians as Seen by the Ancient World', in The Phoenicians, ed. Sabatino Moscati（New York,1999）, p.633.

5 Herodotus, Histories,3.107,111.

6 Ibid.,4.42.

7 Ibid.,6.14.

8 Gruen, Rethinking the Other in Antiquity, p.118.

9 Herodotus, Histories,3.19.

10 For example, Herodotus, Histories,2.49,4.147,5.57–8.

11 Euripides, Phoenician Women, lines193–290.

12 Quinn, 'Phoenicians and Carthaginians', p.673.

13 Herodotus, Histories,7.44 and 7.96.

14 Ibid.,8.67.

15 Vadim S. Jigoulov, The Social History of Achaemenid Phoenicia： Being a Phoenician, Negotiating Empires（London and Oakville, ct,2010）, p.20.

16 Thucydides, History of the Peloponnesian War,1.7–8；6.2.

17 Jigoulov, The Social History of Achaemenid Phoenicia, p.35.

18 Diodorus Siculus, Library of History, XVII.44.1–3.

19 Ibid.

20 Quinn, 'Phoenicians and Carthaginians', p.676.

21 Jonathan Prag explains：'"Punic" is the modern term derived from the Latin poenus, usually, but not consistently, applied to all the originally Phoenician peoples in the western Mediterranean；"Phoenician", from the Greek phoinix, is used to refer to the eastern Phoenicians and frequently also to the original Phoenician diaspora in the West prior to approximately the sixth century bc（the century in which Carthage first rose to power in the West）；"Carthaginian" properly only refers to those from the city-state of Carthage itself – Carthaginians are Punic, but not all those who are Punic（or western Phoenician）are Carthaginian.

For clarity, in modern usage "eastern" and "western Phoenician" are increasingly the preferred terms, with "Punic" best avoided except in the realm of linguistics. Note that Greek lacks an equivalent to poenus, using phoinix universally, while, vice versa, early Latin seems to have lacked the distinct term phoenix, using poenus universally.' Jonathan Prag, 'Tyrannizing Sicily: The Despots Who Cried "Carthage!"', in Private and Public Lies: The Discourse of Despotism and Deceit in the Graeco-Roman World, ed. Andrew J. Turner, Kim On Chong-Gossard and Frederik Juliaan Vervaet(Leiden,2010), p.51, n.1.

22 Diodorus Siculus, Library of History, XIII.57.1–3.
23 Ibid.,20.14.1–2,5.
24 Quinn, 'Phoenicians and Carthaginians', p.675.
25 Mazza, 'The Phoenicians as Seen by the Ancient World', p.643.
26 Plato, Republic,3.414B–C, quoted from Plato, The Republic, trans. Richard W. Sterling and William C. Scott(New York and London,1996).
27 For example, see Gruen, Rethinking the Other in Antiquity, p.121.
28 Quinn, 'Phoenicians and Carthaginians', pp.674–5.
29 Ibid.
30 Ibid., p.675.
31 Strabo, Geography, XVI.2.24.
32 Gruen, Rethinking the Other in Antiquity, p.119.
33 Ibid., p.120. Gruen cites Aristotle's Politics,1272.b,1273.b.
34 Gruen, Rethinking the Other in Antiquity, p.120.
35 Ibid., p.123. Gruen gives an extensive overview of 'Punica fides' ibid., pp.122–40.
36 Quinn, 'Phoenicians and Carthaginians', p.677. Quinn quotes from Diodorus Siculus, Library of History, XXX.7.
37 Ibid. Quinn quotes from Plautus, Poenulus,112–13.
38 Marcus Tullius Cicero, For Aemilius Scaurus,42, in The Orations of Marcus Tullius Cicero: Orations for Quintius, Sextus Roscius, Quintus Roscius, Against Quintus Cæcilius, and Against Verres, trans. Charles Duke Yonge(London,1856).
39 Quinn, 'Phoenicians and Carthaginians', p.678.

效劳国王：腓尼基人在《圣经》里的角色

1 For example David M. Carr, 'Criteria and Periodization in Dating

Biblical Texts to Parts of the Persian Period', in On Dating Biblical Texts to the Persian Period, ed. Richard J. Bautch and Mark Lackowski（Heidelberg,2019）, pp.11–18.

2 Vadim S. Jigoulov, The Social History of Achaemenid Phoenicia：Being a Phoenician, Negotiating Empires（London and Oakville, ct,2010）, p.145.

3 Translation is from Lancelot C. Brenton, The Septuagint with Apocrypha：Greek and English（Peabody, ma,1986）, p.459, emphasis added.

4 Translation ibid., pp.577–8, emphasis added.

5 Brian R. Doak, 'Phoenicians in the Hebrew Bible', in The Oxford Handbook of the Phoenician and Punic Mediterranean, ed. Carolina López-Ruiz and Brian R. Doak（Oxford,2019）, p.659.

6 Carolina López-Ruiz, 'Tarshish and Tartessos Revisited：Textual Problems and Historical Implications', in Colonial Encounters in Ancient Iberia：Phoenician, Greek, and Indigenous Relations, ed. Michael Dietler and Carolina López-Ruiz（Chicago, il,2009）, pp.255–80.

7 For more on Jezebel, see Doak, 'Phoenicians in the Hebrew Bible', pp.663–4.

8 'KAI' stands for 'Kanaanäische und Aramäische Inschriften'（in English, 'Canaanite and Aramaic Inscriptions'）published in three volumes by Herbert Donner and Wolfgang Röllig in the1960s. KAI numbers are the standard way to refer to non-biblical Canaanite and Aramaic inscriptions from the Ancient Near East.

9 Gunnar Lehmann, 'Phoenicians in Western Galilee：First Results of an Archaeological Survey in the Hinterland of Akko', in Studies in the Archaeology of the Iron Age in Israel and Jordan, ed. Amihai Mazar and Ginny Mathias（Sheffield,2001）, pp.65–112；Jigoulov, The Social History of Achaemenid Phoenicia, p.153.

10 Ephraim Stern, The Archaeology of the Land of the Bible：The Assyrian, Babylonian, and Persian Periods（732–332bce）（New York,2001）, pp.373–85.

11 David Ussishkin, 'Lachish', in The New Encyclopedia of Archaeological Excavations in the Holy Land, vol. iii, ed. Ephraim Stern（New York,1993）, pp.897–911；Edward Lipiński, Itineraria Phoenicia, Studia Phoenicia xviii；Orientalia Lovaniensia Analecta127（Leuven,2004）, p.508.

12 Herodotus, Histories, 2：112.
13 Doak, 'Phoenicians in the Hebrew Bible', p.662. Dius's name is also spelled as 'Dios'. The spelling 'Dius' is from Flavius Josephus, The Works of Josephus, updated edn, trans. William Whiston（Peabody, ma,1987）.
14 Josephus, Against Apion,1.17–20；Josephus, The Antiquities of the Jews, VIII.5.146–8.
15 John M. G. Barclay, Flavius Josephus：Translation and Commentary, vol. x：Against Apion, ed. Steven Mason（Leiden and Boston,2007）, p.67.
16 Doak, 'Phoenicians in the Hebrew Bible', pp.665–6. Doak echoes arguments made by Shalom M. Paul, Amos：A Commentary on the Book of Amos, ed. Frank Moore Cross（Minneapolis, mn,1991）, pp.59–63.
17 Stern, Archaeology of the Land of the Bible, p.407.
18 Glenn E. Markoe, Phoenicians（London,2000）, pp.170–89；María Eugenia Aubet, The Phoenicians and the West：Politics, Colonies and Trade, trans. Mary Turton,2nd edn（Cambridge,2001）, pp.212–304.
19 Daniel I. Block, The Book of Ezekiel：Chapters25–48, The New International Commentary on the Old Testament（Grand Rapids, mi,1998）, pp.121–22；Martin Alonso Corral, Ezekiel's Oracles against Tyre：Historical Reality and Motivations, Biblica et Orientalia46（Rome,2002）, pp.57,170.
20 Doak, 'Phoenicians in the Hebrew Bible', p.657.

非凡之音：腓尼基的文字

1 Barbara W. Tuchman, 'The Book', Bulletin of the American Academy of Arts and Sciences, xxxiv/2（1980）, pp.16–32.
2 Daniel Stone, 'Discovery May Help Decipher Ancient Inca String Code', https：//news.nationalgeographic.com,19April2017.
3 Carolina López-Ruiz, 'Phoenician Literature', in The Oxford Handbook of the Phoenician and Punic Mediterranean, ed. Carolina López-Ruiz and Brian R. Doak（Oxford,2019）, p.258.
4 Ibid., pp.259–67.
5 Herodotus, Histories,5.58. Translation from Andrea L. Purvis and Robert B.Strassler, The Landmark Herodotus：The Histories（New York,2009）, p.514.

6 Benjamin Sass, The Genesis of the Alphabet and Its Development in the Second Millennium bc（Wiesbaden,1988）, pp.151–6.

7 Maria Giulia Amadasi Guzzo, 'The Language', in Oxford Handbook of the Phoenician and Punic Mediterranean, ed. López-Ruiz and Doak, p.201.

8 For an extended overview of the emergence of the writing system in the Phoenician city-states, see Holger Gzella, 'Phoenician', in Languages from the World of the Bible, ed. Holger Gzella（Berlin,2011）, pp.55–75. For the exhaustive overview of the Phoenician and Punic languages, see Jo Ann Hackett, 'Phoenician and Punic', in The Ancient Languages of Syria-Palestine and Arabia, ed. Roger D. Woodard（Cambridge,2008）, pp.82–102.

9 Amadasi Guzzo, 'The Language', p.203.

10 Benjamin Sass, 'The Pseudo-Hieroglyphic Inscriptions from Byblos, their Elusive Dating, and their Affinities with the Early Phoenician Inscriptions', in Cultures et sociétés syro-mésopotamiennes: mélanges offerts à Olivier Rouault, ed. Philippe Abrahami and Laura Battini（Oxford,2019）, pp.157–80.

11 Amadasi Guzzo, 'The Language', p.201.

12 For the earliest date（c.1000bce）, see Joseph Naveh, 'Some Semitic Epigraphical Considerations on the Antiquity of the Greek Alphabet', American Journal of Archaeology, lxxvii/1（1973）, pp.1–8. For the later date, see Benjamin Sass, The Alphabet at the Turn of the Millennium: The West Semitic Alphabet, c.1150–850bce（Tel Aviv,2005）, pp.133–46.

13 For more on the adoption of the alphabet by the Greeks, see Madadh Richey, 'The Alphabet and its Legacy', in Oxford Handbook of the Phoenician and Punic Mediterranean, ed. López-Ruiz and Doak, pp.245–50.

14 Paolo Xella and José Á. Zamora, 'Phoenician Digital Epigraphy: cip Project, the State of the Art', in Crossing Experiences in Digital Epigraphy: From Practice to Discipline, ed. Irene Rossi and Annamaria De Santis（Warsaw,2018）, pp.93–101; Madadh Richey, 'Inscriptions', in Oxford Handbook of the Phoenician and Punic Mediterranean, ed. López-Ruiz and Doak, p.224.

15 Richey, 'Inscriptions', p.226.

16 Throughout this overview, one may notice variant spellings of personal

and geographic names. Quite often, the English spelling will depend on one's individual preference. I will try to use the most widely accepted spellings.

17 Glenn E. Markoe, Phoenicians（London,2000）, pp.137–8. Also see Helen M. Dixon, 'Phoenician Mortuary Practice in the Iron Age i–iii（c.1200–c.300bce）Levantine "Homeland"', PhD dissertation, University of Michigan（2013）, p.40.

18 David Silverman, 'The Curse of the Curse of the Pharaohs', Expedition, xxix/2（1987）, p.56.

19 Herodotus, Histories,1.187, in John Dillery, 'Darius and the Tomb of Nitocris（Hdt.1.187）', Classical Philology Classical Philology, lxxxvii/1（1992）, p.30.

20 E. Theodore Mullen Jr, 'Baalat', in Dictionary of Deities and Demons in the Bible, ed. Karel van der Toorn, Bob Becking and Peter W. van der Horst（Grand Rapids, mi,1999）, p.139.

21 Ibid.

22 Translation adapted from George Albert Cooke, A Text-book of North Semitic Inscriptions：Moabite, Hebrew, Phoenician, Aramaic, Nabataean, Palmyrene, Jewish（Oxford,1903）, pp.18–19.

23 John C. L. Gibson, Textbook of Syrian Semitic Inscriptions, vol. iii：Phoenician Inscriptions, Including Inscriptions in the Mixed Dialect of Arslan Tash（Oxford,1982）, p.100.

24 Cooke, A Text-book of North-Semitic Inscriptions, pp.26–7.

25 Ibid., pp.31–2.

26 Translation adapted from Cooke, A Text-book of North-Semitic Inscriptions, pp.31–2.

27 Diodorus Siculus, Library of History, XVI.41.

28 Alan Ralph Millard, 'The Uses of the Early Alphabets：Phoenician', in Phoinikeia grammata：lire et écrire en Méditerranée, ed. Claude Baurain（Namur,1991）, p.105.

29 Josette Elayi and Jean Sapin, Beyond the River：New Perspectives on Transeuphratene, trans. J. Edward Crowley（Sheffield,1998）, pp.93–4.

货币往事：腓尼基的硬币

1 Herodotus, Histories,1.94. Translation from Herodotus：The Histories, trans. Aubrey de Selincourt（New York,1996）, p.40.

2 David Schaps, The Invention of Coinage and the Monetization of

Ancient Greece（Ann Arbor, mi,2010）, pp.102,105.
3 John W. Betlyon, 'Coinage', in The Anchor Bible Dictionary, ed. David Noel Freedman（New York,1992）, pp.1076–89.
4 John H. Kroll and Nancy M. Waggoner, 'Dating the Earliest Coins of Athens, Corinth and Aegina', American Journal of Archaeology, lxxxviii/3（1984）, pp.325–40.
5 Robert Manuel Cook, 'Speculations on the Origins of Coinage', Historia: Zeitschrift für Alte Geschichte, vii/3（1958）, pp.257–62; Colin M. Kraay, 'Hoards, Small Change and the Origin of Coinage', Journal of Hellenic Studies, lxxxiv（1964）, pp.76–91.
6 Schaps, Invention of Coinage, pp.108–10.
7 Kraay, 'Hoards, Small Change and the Origin of Coinage', pp.80–82.
8 William E. Metcalf, The Oxford Handbook of Greek and Roman Coinage（Oxford,2016）, p.64.
9 Stephen Album, Michael Bates and Willem Floor, 'Coins and Coinage', in Encyclopaedia Iranica, vi/1, ed. Ehsan Yarshater（Costa Mesa, ca,1993）, pp.36–40.
10 Ibid.
11 Josette Elayi, The History of Phoenicia（Atlanta, ga,2018）, p.241.
12 María Eugenia Aubet, The Phoenicians and the West: Politics, Colonies and Trade, trans. Mary Turton,2nd edn（Cambridge,2001）, pp.141–2.
13 Herman T. Wallinga, 'The Ancient Persian Navy and its Predecessors', in Achaemenid History i: Sources, Structures and Synthesis, ed. Heleen Sancisi Weerdenburg（Leiden,1987）, pp.47–77. For a recent critique, see Philippe Guillaume, 'Phoenician Coins for Persian Wars: Mercenaries, Anonymity and the First Phoenician Coinage', in Phéniciens d'Orient et d'Occident: mélanges Josette Elayi, ed. André Lemaire（Paris,2014）, pp.226–9.
14 Elayi, History of Phoenicia, pp.228,234–6.
15 Betlyon, 'Coins', p.386.
16 Josette Elayi and Alain G. Elayi, A Monetary and Political History of the Phoenician City of Byblos（Winona Lake, in,2014）, p.3; Elayi, History of Phoenicia, pp.228,266.
17 Elayi, History of Phoenicia, p.241.
18 John W. Betlyon, The Coinage and Mints of Phoenicia: The Pre-Alexandrine Period(Atlanta, ga,1982), p.113; Betlyon, 'Coins', p.394.

19 Betlyon, Coinage and Mints of Phoenicia, p.112.
20 Betlyon, 'Coins', p.395.
21 J. Elayi and A. Elayi, Monetary and Political History, pp.94–5.
22 Betlyon, Coinage and Mints of Phoenicia, p.118.
23 Margaret Cool Root, 'Animals in the Art of Ancient Iran', in A History of the Animal World in the Ancient Near East, ed. Billie Jean Collins（Leiden,2002）, pp.201–3.
24 Elayi, History of Phoenicia, p.96.
25 Betlyon, 'Coins', p.391.
26 Elayi, History of Phoenicia, p.96.
27 Paulo Naster et al., 'Numismatique', in Dictionnaire de la civilisation phénicienne et punique, ed. Edward Lipiń ski（Turnhout,1992）, p.320.
28 Margaret Cool Root, 'Circles of Artistic Programming: Strategies for Studying Creative Process at Persepolis', in Investigating Artistic Environments in the Ancient Near East, ed. Ann C. Gunter（Washington, dc,1990）, p.115.
29 Ernest Babelon, Traité des monnaies grecques et romaines（Paris,1910）, vol. ii, part2, no.889.
30 Mark B. Garrison, 'Achaemenid Iconography as Evidenced by Glyptic Art: Subject Matter, Social Function, Audience and Diffusion', in Images as Media: Sources for the Cultural History of the Near East and the Eastern Mediterranean,1st Millennium bce, ed. Christoph Uehlinger（Fribourg,2000）, pp.115–63.
31 Xenophon, Cyropaedia, VIII.3.13–14, in Xenophon in Seven Volumes, trans. Walter Miller（Loeb Classical Library, vol. v, London,1968）.
32 Mark B. Garrison and Margaret Cool Root, Seals on the Persepolis Fortification Tablets, vol. i: Images of the Heroic Encounter（Chicago, il,2001）, pp.53–60.
33 Translation from Roland Grubb Kent, Old Persian: Grammar, Texts, Lexicon,2nd edn（New Haven, ct,1953）, p.140.
34 Georges Le Rider, 'Le Début du monnayage achéménide: continuation ou innovation', in Light on Top of the Black Hill: Studies Presented to Halet Çambel, ed. Guven Arrabük, Machteld J. Mellink and Wulf Schirmer（Istanbul,1998）, pp.665–73.
35 Elspeth Rogers McIntosh Dusinberre, 'King or God? Imperial Iconography and the Tiarate Head Coins of Achaemenid Anatolia across the Anatolian Plateau: Readings in the Archaeology of Ancient

Turkey', in Across the Anatolian Plateau：Readings in the Archaeology of Ancient Turkey, ed. David C. Hopkins（Boston, ma,2002）, p.164.
36 Elayi, History of Phoenicia, p.96.
37 Betlyon, Coinage and Mints of Phoenicia, p.87.
38 Ibid., pp.78–9；Betlyon, 'Coins', p.394.

众神之城：腓尼基的宗教

1 Elizabeth Bloch-Smith, 'Archaeological and Inscriptional Evidence for Phoenician Astarte', in Transformation of a Goddess：Ishtar–Astarte – Aphrodite, ed. David T. Sugimoto（Fribourg,2014）, pp.167–94.
2 Peter Barr Reid Forbes, 'Philon of Byblos', in The Oxford Classical Dictionary, ed. Nicholas Geoffrey Lemprière Hammond and Howard Hayes Scullard（New York,1991）, p.823. Forbes mentions that the Ugaritic texts 'proved conclusively that Sanchuniathon is doubtless a verity in view of the many correspondences between him and these fresh texts'.
3 Eusibius, Preparatio Evangelica, I.10.22–4. Translation from Eusebius of Caesarea, Delphi Collected Works of Eusebius（Illustrated）, trans. Andrew Smith et al.（Delphi Ancient Classics, Kindle Edition,2019）.
4 Wolfgang Herrmann, 'Baal', in Dictionary of Deities and Demons in the Bible, ed. Karel van der Toorn, Bob Becking and Peter W. van der Horst（Grand Rapids, mi,1999）, pp.134–5.
5 See such Ugaritic texts as ktu1.47：5–11；1.118：4–10；1.148：2–4.
6 After anet533–4.
7 For example Paolo Xella, 'Pantheon e culto a Biblo', in Biblo：una città e la sua cultura, ed. Enrico Acquaro et al.（Rome,1994）, pp.191–214.
8 Paolo Xella, 'Eschmun von Sidon：Der phönizische Asklepios', in Mesopotamica – Ugaritica – Biblica：Festschrift für Kurt Bergerhof, ed. Manfried Dietrich and Oswald Loretz（Kevelaer and Neukirchen Vluyn,1993）, pp.481–98；Vadim S. Jigoulov, 'Eshmun', in The Routledge Encyclopedia of Ancient Mediterranean Religions, ed. Eric M. Orlin（New York and London,2016）, pp.313–14.
9 For other possibilities, see Sergio Ribichini, 'Eshmun', in Dictionary of Deities and Demons in the Bible, ed. van der Toorn, Becking and van der Horst, pp.306–9.
10 Bronwen Wickkiser, 'Asklepios', in Routledge Encyclopedia, ed. Orlin, pp.98–9.

11 Alan M. Cooper, 'Phoenician Religion', in Encyclopedia of Religion, ed. Lindsay Jones（Detroit, mi,2005）, pp.7128–33.

12 Paolo Xella, 'Religion', in The Oxford Handbook of the Phoenician and Punic Mediterranean, ed. Carolina López-Ruiz and Brian R. Doak（Oxford,2019）, p.277.

13 Herodotus, Histories,2：44.

14 Josephine Crawley Quinn, In Search of the Phoenicians（Princeton, nj,2017）, pp.121–6.

15 Xella, 'Religion', p.278.

16 Josephus, The Antiquities of the Jews, VIII.5.3. Of note, the most widely used translation of the Antiquities, by William Whiston（The Works of Josephus, updated edn, Peabody, ma,1987）, mistranslates the passage by stating that 'He both built the temple of Hercules and that of Astarte; and he first set up the temple of Hercules in the month of Peritius'（the mistranslated portion is in italics）.

17 For more on Adonis, see Sergio Ribichini, Adonis：Aspetti 'orientali' di un mito greco（Rome,1981）; Edward Lipiński, 'Adonis', in Encyclopedia of Religion, ed. Jones, pp.34–6.

18 Lucian, The Syrian Goddess,6.

19 Jigoulov, 'Melqart', in Routledge Encyclopedia, ed. Orlin, p.591.

20 Xella, 'Religion', p.282.

21 For more on tophets, see Paolo Xella, '"Tophet"：An Overall Interpretation', in The Tophet in the Phoenician Mediterranean, ed. Paolo Xella（Verona,2013）, pp.259–81; Valentina Melchiorri, 'Child Cremation Sanctuaries（"Tophets"）and Early Phoenician Colonisation：Markers of Identity？', in Conceptualising Early Colonisation, Proceedings of the International Congress, Rome,21–23June2012, ed. Gert Jan Burgers, Lieve Donnellan and Valentino Nizzo（Brussels,2016）, p.246; Adriano Orsingher, 'Understanding Tophets：A Short Introduction', The Ancient Near East Today：Current News about the Ancient Past, vi（2018）, www.asor.org. For tophets in the Punic world, see Josephine Crawley Quinn, 'Tophets in the "Punic World"', Studi Epigrafici e Linguistici,29–30（2012）, pp.23–48.

22 See for example Matthew M. McCarty, 'The Tophet and Infant Sacrifice', in Oxford Handbook of the Phoenician and Punic Mediterranean, ed. López Ruiz and Doak, pp.311–28; Xella, 'Religion', pp.287–8.

23 Jeffrey H. Schwartz et al., 'Skeletal Remains from Punic Carthage Do Not Support Systematic Sacrifice of Infants', plos one, v/2（2010）, e9177.

24 For an alternative take, see Paolo Xella et al., 'Phoenician Bones of Contention', Antiquity, lxxxvii/338（2013）, pp.1199–207.

25 Tawny L. Holm, 'Phoenician Religion [Further Considerations]', in Encyclopedia of Religion, ed. Jones, p.7134.

26 Aaron J. Brody, 'Further Evidence of the Specialized Religion of Phoenician Seafarers', in Terra Marique: Studies in Art History and Marine Archaeology in Honor of Anna Marguerite McCann, ed. John Pollini（Oxford,2005）, p.181.

27 Sara A. Rich, '"She Who Treads on Water": Religious Metaphor in Seafaring Phoenicia', Journal of Ancient West and East, xi（2012）, p.19.

28 Aaron J. Brody, 'Each Man Cried Out to His God': The Specialized Religion of Canaanite and Phoenician Seafarers（Atlanta, ga,1998）, p.179. For a more recent take, see Mark A. Christian, 'Phoenician Maritime Religion: Sailors, Goddess Worship, and the Grotta Regina', Die Welt des Orients, xliii/2（2013）, pp.179–205.

29 Amy G. Remensnyder, 'Mary, Star of the Multi-confessional Mediterranean: Ships, Shrines and Sailors', in Ein Meer und seine Heiligen, ed. Nikolas Jaspert, Christian A. Neumann and Marco di Branco（2018）, p.303.

30 Lorenzo Nigro, 'Temples in Motya and their Levantine Prototypes: Phoenician Religious Architectural Tradition', in Cult and Ritual on the Levantine Coast and its Impact on the Eastern Mediterranean Realm, Proceedings of the International Symposium, Beirut,2012, ed. Anne Marie Maila-Afeiche（Beirut,2015）, p.86.

31 For example, see a discussion in Ida Oggiano, 'Collecting Disiecta Membra: What Did the Cult Place of Kharayeb Look Like？', in Cercando con zelo di conoscere la storia fenicia: atti della giornata di studio dedicata a Sergio Ribichini, ed. Giuseppe Garbati（Roma,2018）, pp.17–35.

32 Glenn E. Markoe, Phoenicians（London,2000）, p.128.

33 For example, see1Kings9：10–11.

34 For example, see an entry in the Ancient History Encyclopedia, an otherwise commendable source for the layperson's study of history: 'Phoenician Architecture', Ancient History Encyclopedia, www.ancient.eu,23May 2016.

35 See Joseph Azize, The Phoenician Solar Theology: An Investigation into the Phoenician Opinion of the Sun Found in Julian's Hymn to King Helios (Piscataway, nj,2005).
36 José Luis Escacena Carrasco, 'Orientation of Phoenician Temples', Handbook of Archaeoastronomy and Ethnoastronomy (New York,2015), p.1797.
37 Ibid., p.1795.
38 Markoe, Phoenicians, p.120.
39 Translation from Silius Italicus, Punica, vol. i, Books1–8, trans. James D.Duff (Cambridge, ma,1934), p.115.
40 Herodotus, Histories,1.199.
41 Markoe, Phoenicians, p.120.
42 Maria Giulia Amadasi Guzzo and José Á. Zamora, 'The Phoenician marzeah: New Evidence from Cyprus in the4th Century bc', Studia Eblaitica,4 (2018), pp.187–214.
43 Nadav Na'aman, 'Four Notes on the Ancient Near Eastern Marzeah', in Open-mindedness in the Bible and Beyond: A Volume of Studies in Honour of Bob Becking, ed. Marjo Korpel and Lester L. Grabbe (London,2015), pp.219–21.
44 Translation from John C. L. Gibson, Textbook of Syrian Semitic Inscriptions, vol. iii: Phoenician Inscriptions, Including Inscriptions in the Mixed Dialect of Arslan Tash (Oxford,1982), p.149.
45 Glenn E. Markoe, Phoenician Bronze and Silver Bowls from Cyprus and the Mediterranean (Berkeley, ca,1985), pp.56–9.
46 Markoe, Phoenicians, p.121.
47 Ibid., p.122.
48 For example, see Brian R. Doak, Phoenician Aniconism in its Mediterranean and Ancient Near Eastern Contexts (Atlanta, ga,2015).
49 Markoe, Phoenicians, p.125.
50 Mireia López-Bertrán, 'Funerary Ritual', in Oxford Handbook of the Phoenician and Punic Mediterranean, ed. López-Ruiz and Brian R. Doak, p.293.
51 Quinn, In Search of the Phoenicians, p.73.
52 Aubet, 'The Phoenician Cemetery of Tyre', p.151.
53 Alan M. Cooper, 'Phoenician Religion', in Encyclopedia of Religion, ed. Jones, p.7132.
54 Markoe, Phoenicians, p.138.

工艺大师：腓尼基的艺术与贸易

1　For an overview of the issues associated with studying Near Eastern art, see Margaret Cool Root, 'Style', in A Companion to Ancient Near Eastern Art, ed. Ann C. Gunter（Medford, ma,2019）, pp.75–101.

2　James Whitley, 'Near Eastern Art in the Iron Age Mediterranean', in Companion to Ancient Near Eastern Art, ed. Gunter, pp.589–90.

3　Mark Woolmer, 'Art and Material Culture', in A Short History of the Phoenicians（I. B. Tauris Short Histories, Kindle Edition,2017）. Woolmer draws on the ideas first expressed in Glenn E. Markoe, 'The Emergence of Phoenician Art', Bulletin of the American Schools of Oriental Research,279（1990）, pp.13–26.

4　Glenn E. Markoe, Phoenicians（London,2000）, p.145.

5　Ibid., p.160.

6　For an extensive overview of pottery and its function in the two contexts, see Francisco J. Núñez, 'Pottery and Trade', in The Oxford Handbook of the Phoenician and Punic Mediterranean, ed. Carolina López-Ruiz and Brian R. Doak（Oxford,2019）, pp.329–48.

7　Ibid., p.332.

8　The following is adapted from ibid., pp.332–5.

9　Ibid., pp.335–6.

10　James Bennett Pritchard, Recovering Sarepta, a Phoenician City：Excavations at Sarafand, Lebanon,1969–1974, by the University Museum of the University of Pennsylvania（Princeton, nj,1978）, pp.11–26；William P. Anderson, 'The Kilns and Workshops of Sarepta（Sarafand, Lebanon）：Remnants of a Phoenician Ceramic Industry', Berytus, xxxv（1988）, pp.41–66；William P. Anderson, 'The Pottery Production Industry at Phoenician Sarepta（Sarafand, Lebanon）with Parallels to Kilns from Other East Mediterranean Sites', in Cross-craft and Cross-cultural Interactions in Ceramics, ed. Patrick E. McGovern and Michael D. Notis（Westerville, oh,1989）, pp.197–216.

11　William P. Anderson, 'The Beginnings of Phoenician Pottery：Vessel Shape, Style, and Ceramic Technology in the Early Phases of the Phoenician Iron Age', Bulletin of the American Schools of Oriental Research,279（1990）, p.279.

12　Ayelet Gilboa and Ilan Sharon, 'An Archaeological Contribution to the Early Iron Age Chronological Debate：Alternative Chronologies for Phoenicia and their Effects on the Levant, Cyprus, and Greece', Bulletin of the American Schools of Oriental Research,332（2003）, pp.7–80. See also Ephraim Stern, The Archaeology of the Land of the Bible: The Assyrian, Babylonian, and Persian Periods（732–332bce）（New York,2001）, p.101.

13 Vadim S. Jigoulov, The Social History of Achaemenid Phoenicia: Being a Phoenician, Negotiating Empires（London and Oakville, ct,2010）, p.115.

14 Patricia M. Bikai, 'The Late Phoenician Pottery Complex and Chronology', Bulletin of the American Schools of Oriental Research,229（1978）, pp.47–56; Patricia M. Bikai, The Pottery of Tyre（Warminster, Wilts,1978）, p.75. William Culican, 'Cesnola Bowl4555and Other Phoenician Bowls', Rivista di Studi Fenici, x（1982）, pp.13–32.

15 Josephine Crawley Quinn, In Search of the Phoenicians（Princeton, nj,2017）, pp.71–2.

16 Woolmer, 'Art and Material Culture', in A Short History of the Phoenicians（Kindle Edition）.

17 Ibid.

18 Eric Gubel, 'Art and Iconography', in Oxford Handbook of the Phoenician and Punic Mediterranean, ed. López-Ruiz and Doak, p.354.

19 Markoe, Phoenicians, p.163. The original report is in Vronwy Hankey, 'Pottery-making at Beitshebab, Lebanon', Palestine Exploration Quarterly, c/1（1968）, pp.27–32.

20 Pliny the Elder, Natural History,36.65.

21 Woolmer, 'Art and Material Culture', in A Short History of the Phoenicians（Kindle Edition）.

22 Josette Elayi, The History of Phoenicia（Atlanta, ga,2018）, p.21.

23 Woolmer, 'Art and Material Culture', in A Short History of the Phoenicians（Kindle Edition）.

24 Ibid.

25 Markoe, Phoenicians, p.158.

26 Gubel, 'Art and Iconography', p.359.

27 Markoe, Phoenicians, p.146.

28 Ibid.; Gubel, 'Art and Iconography', p.360.

29 Markoe, Phoenicians, p.146.

30 Ibid.

31 Georgina Herrmann and Stuart Laidlaw, 'Assyrian Nimrud and the

Phoenicians', Archaeology International, xvi（2013）, pp.84–95.
32 Markoe, Phoenicians, p.147.
33 Gubel, 'Art and Iconography', p.361.
34 Eric Gubel, 'Decoding Phoenician Art（i）: Pharaoh Triumphant', Rivista di Studi Fenici,40（2012）, pp.21–38.
35 Homer, Iliad,23: 740–45.
36 Markoe, Phoenicians, p.148.
37 The volume accompanying the exhibition contains a chapter on those bowls: Sabatino Moscati, 'Metal Bowls', in The Phoenicians, ed. Sabatino Moscati（New York,1999）, pp.491–9.
38 Woolmer, 'Art and Material Culture', in A Short History of the Phoenicians（Kindle Edition）.
39 Ibid.
40 The following is after Nicholas C. Vella, '"Phoenician" Metal Bowls: Boundary Objects in the Archaic Period', in Proceedings of the xviith International Congress of Classical Archaeology, ed. Martina Dalla Riva and Helga Di Giuseppe（Rome,2010）, pp.24–5.
41 John Boardman, 'Copies of Pottery: By and for Whom？', in Greek Identity in the Western Mediterranean: Papers in Honour of Brian Shefton, ed. Kathryn Lomas（Leiden,2004）, pp.149–62.
42 James D. Muhly, 'Comment to a Paper by Irene S. Lemos, "Craftsmen, Traders and Some Wives in Early Iron Age Greece"', in ploes: Sea Routes. Interconnections in the Mediterranean,16th–6th C. bc, Proceedings of the International Symposium Held at Rethymnon, Crete,29September–2October2002, ed. Nikolaos Chr. Stampolidēs and Vassos Karageorghis（Athens,2003）, p.193.
43 Vella, '"Phoenician" Metal Bowls', p.32.
44 Markoe, Phoenicians, p.150.
45 Woolmer, 'Art and Material Culture', in A Short History of the Phoenicians（Kindle Edition）.
46 Gubel, 'Art and Iconography', p.361.
47 Markoe, Phoenicians, p.154.
48 Gubel, 'Art and Iconography', p.363. See also John Boardman, Classical Phoenician Scarabs: A Catalogue and Study（Oxford,2003）.
49 Markoe, Phoenicians, p.159.
50 Gubel, 'Art and Iconography', p.354.
51 Ibid., p.355.

52 Adriano Orsingher, 'Phoenician and Punic Masks：What Are They and What Were They Good For？', The Ancient Near East Today：Current News about the Ancient Past, vii/4（2019）, www.asor.org.

53 Adriano Orsingher, 'Ritualized Faces：The Masks of the Phoenicians', in The Physicality of the Other：Masks from the Ancient Near East and the Eastern Mediterranean, ed. Angelika Berlejung and Judith E. Filitz（Tübingen,2018）, p.264.

54 Markoe, Phoenicians, p.151.

55 Hélène Sader, Iron Age Funerary Stelae from Lebanon（Barcelona,2005）, pp.15–16.

56 Ibid., p.16.

57 Ibid., pp.15–16.

58 Woolmer, 'Art and Material Culture', in A Short History of the Phoenicians（Kindle Edition）.

59 Eric Gubel, 'Bronze Work in the Phoenician Homeland：A Preliminary Survey', in Phoenician Bronzes in Mediterranean, ed. F. Javier Jiménez Ávila（Madrid,2015）, p.241.

60 Markoe, Phoenicians, p.152.

61 Ibid.

62 Ibid., p.153.

63 Homer, Iliad,6：289.

64 Salvatore Gaspa, 'Garments, Parts of Garments, and Textile Techniques in the Assyrian Terminology：The Neo-Assyrian Textile Lexicon in the1st Millennium bc Linguistic Context', in Textile Terminologies from the Orient to the Mediterranean and Europe,1000bc to1000ad, ed. Salvatore Gaspa, Cécile Michel and Marie-Louise Nosch（Lincoln, ne,2017）, pp.47–8.

65 Lawrence Stager, 'Phoenician Shipwrecks in the Deep Sea', in ploes：Sea Routes, ed. Stampolidēs and Karageorghis, pp.222–47.

66 Woolmer, 'Art and Material Culture', in A Short History of the Phoenicians（Kindle Edition）.

67 Julius Pollux, Onomasticon,1：45–9.

68 Robert R. Stieglitz, 'The Minoan Origin of Tyrian Purple', Biblical Archaeologist, lvii/1（1994）, pp.46–54; Dina Frangié-Joly, 'Perfumes, Aromatics, and Purple Dye：Phoenician Trade and Production in the Greco-Roman Period', Journal of Eastern Mediterranean Archaeology and Heritage Studies, iv/1（2016）, p.54.

69 Pliny the Elder, Natural History,9：60–65.

70 Strabo, Geography, XVI.2.23.

71 Frangié-Joly, 'Perfumes, Aromatics, and Purple Dye', p.51.

72 Pliny, Natural History,9：60–65.

73 David S. Reese, 'Shells from Sarepta（Lebanon）and East Mediterranean Purple-dye Production', Mediterranean Archaeology and Archaeometry, x/1（2010）, pp.113–41；Frangié-Joly, 'Perfumes, Aromatics, and Purple Dye', p.51.

74 David Jacoby, 'Silk Economics and Cross-cultural Artistic Interaction：Byzantium, the Muslim World, and the Christian West', Dumbarton Oaks Papers,58（2004）, p.210.

75 Eric Gubel, 'Un Dépôt votif phénicien d'œufs d'autruche', Semitica et Classica, viii（2015）, pp.117–23.

76 Gubel, 'Art and Iconography', p.363.

77 Ibid., pp.363–4；Baruch Brandl, 'Two Engraved Tridacna Shells from Tel Miqne-Ekron', Bulletin of the American Schools of Oriental Research, cccxxiii/1（2001）, pp.49–62.

航海贸易：腓尼基向地中海西部的殖民扩张

1 Jeffrey P. Emanuel, 'Seafaring and Shipwreck Archaeology', in The Oxford Handbook of the Phoenician and Punic Mediterranean, ed. Carolina López-Ruiz and Brian R. Doak（Oxford,2019）, pp.423–4. Emanuel also provides an overview of existing shipwrecks.

2 Jeffrey P. Emanuel, 'The Sea Peoples, Egypt, and the Aegean：Transference of Maritime Technology in the Late Bronze–Early Iron Transition（lh iiib–c）', Aegean Studies, i（2014）, pp.21–56.

3 Sean McGrail, Boats of the World：From the Stone Age to Medieval Times（Oxford,2004）, pp.129–34. For more on Phoenician ships, see María Eugenia Aubet, The Phoenicians and the West：Politics, Colonies and Trade, trans. Mary Turton,2nd edn（Cambridge,2001）, pp.172–8.

4 Homer, Odyssey,15：415.

5 Herodotus, The Histories,4：42.

6 Duane W. Roller, 'Phoenician Exploration', in The Oxford Handbook of the Phoenician and Punic Mediterranean, ed. López-Ruiz and Doak, pp.645–53.

7 Strabo, Geography, I.1.6. For more on Phoenician navigation, see Victoria Peña, Carlos G. Wagner and Alfredo Mederos, La navegación

fenicia: tecnología naval y derroteros (Madrid, 2005).
8 Diodorus Siculus, Library of History, V.20.3.
9 Roller, 'Phoenician Exploration', p.648.
10 Herodotus, Histories, 4.42.
11 Roller, 'Phoenician Exploration', p.649.
12 Ronald Fritze has a thorough overview of several theories in Ronald H. Fritze, Invented Knowledge: False History, Fake Science and PseudoReligions (London, 2011), pp.84–8.
13 Ibid., p.86.
14 From Frank Moore Cross, 'The Phoenician Inscription from Brazil: A Nineteenth-century Forgery', Orientalia, xxxvii/4 (1968), pp.437–60.
15 Fritze, Invented Knowledge, p.86.
16 For example, see Thomas Crawford Johnston, Did the Phoenicians Discover America? (London, 1890).
17 Mark A. McMenamin, Phoenicians, Fakes and Barry Fell (South Hadley, ma, 2000).
18 Jim Wyss, 'Dismissed as Fakes for a Century, Enigmatic Puerto Rican Stones Could Rewrite History', www.miamiherald.com, 7 October 2019.
19 Josephine Crawley Quinn, In Search of the Phoenicians (Princeton, nj, 2017), p.206. The entirety of Chapter Nine of the book is a splendid exploration of how Phoenicianism flourished in Britain and other countries.
20 Thomas W. Thacker and Richard P. Wright, 'A New Interpretation of the Phoenician Graffito from Holt, Denbighshire', Iraq, xvii/1 (1955), pp.90–91.
21 Quinn, In Search of the Phoenicians, p.199.
22 Maria Iacovou, 'Cyprus during the Iron Age through the Persian Period', in The Oxford Handbook of the Archaeology of the Levant, c.8000–332bce, ed. Ann E. Killebrew and Margreet Steiner (Oxford, 2013), p.799; Anna Georgiadou, 'La Diffusion de la céramique chypriote d'époque géométrique en Méditerranée orientale', Cahiers du Centre d'Etudes Chypriotes, xlvi (2016), pp.89–112.
23 Sabine Fourrier, 'The Iron Age City of Kition: The State of Research 85 Years after the Swedish Cyprus Expedition's Excavations', in Ancient Cyprus Today: Museum Collections and New Research, ed. Giorgos Bourogiannis and Christian Mühlenbock (Uppsala, 2016), p.137.

24 Adriano Orsingher, 'A Stopover Along the Journey of Elissa: Kition between Tyre and Carthage', in The Many Face (t) s of Cyprus, 14th Meeting of Postgraduate Cypriot Archaeology, ed. Kim Kittig et al. (Bonn,2019), pp.123–35.
25 Sabine Fourrier, 'Cyprus', in Oxford Handbook of the Phoenician and Punic Mediterranean, ed. López-Ruiz and Doak, p.484.
26 Josette Elayi, The History of Phoenicia (Atlanta, ga,2018), p.96.
27 Andrew T. Reyes, Archaic Cyprus: A Study of the Textual and Archaeological Evidence (Oxford,1994), p.125.
28 Vadim S. Jigoulov, The Social History of Achaemenid Phoenicia: Being a Phoenician, Negotiating Empires (London and Oakville, ct,2010), p.26.
29 Olivier Callot, 'Les Hangars du port de Kition (ve–ive s.av. J.C.)', in Res maritimae: Cyprus and the Eastern Mediterranean from Prehistory to Late Antiquity, ed. Stuart Swiny, Robert L. Hohlfelder and Helena Wylde Swiny (Atlanta, ga,1997), pp.71–81.
30 Fourrier, 'Cyprus', p.487.
31 Herodotus, Histories,6.47.
32 J. Nicolas Coldstream, 'The Phoenicians of Ialysos', Bulletin of the Institute of Classical Studies, xvi (1969), pp.1–18.
33 Diodorus Siculus, Library of History, V.58.2.
34 Herodotus, Histories,1.1 (Argos); Homer, Odyssey,15.403–84 (North Aegean).
35 Nikolaos Chr. Stampolidēs, 'The Aegean', in Oxford Handbook of the Phoenician and Punic Mediterranean ed. López-Ruiz and Doak, p.494.
36 Ibid., pp.494–5.
37 Ibid., p.495.
38 Glenn E. Markoe, Phoenicians (London,2000), p.171.
39 Ibid.
40 Stampolidēs, 'The Aegean', p.499.
41 Markoe, Phoenicians, p.173.
42 Vassos Karageorghis, 'Phoenician Marble Anthropoid Sarcophagi and their Parian Connection', in Paria lithos: Parian Quarries, Marble and Workshops of Sculpture [in Greek], Proceedings of the First International Conference of the Archaeology of Paros and the Cyclades, Paros,2–5October1997, ed. Demetrio Schilardi and D-ora Katsōnopoulo (Athens,2010), pp.469–77.

43 Quinn, In Search of the Phoenicians, pp.39–40.
44 Ibid., p.40.
45 Markoe, Phoenicians, p.172.
46 John Boardman, The Greeks Overseas: Their Early Colonies and Trade (London,1999), pp.56–7.
47 Nikolaos Chr. Stampolidēs and Antonis Kotsonas, 'Phoenicians in Crete', in Ancient Greece: From the Mycenaean Palaces to the Age of Homer, ed. Sigrid Deger-Jalkotzy and Irene S. Lemos(Edinburgh,2006), pp.337–60.
48 Stampolidēs, 'The Aegean', p.497.
49 Thucydides, History of the Peloponnesian War,6.2.
50 Markoe, Phoenicians, p.176.
51 Ibid., p.175.
52 Caterina Greco, 'La necropoli punica di Solunto', in Actas del iv Congreso Internacional de Estudios Fenicios y Púnicos: Cádiz,2al6de octubre de1995, ed. Manuela Barthélemy and María Eugenia Aubet (Cádiz,2000), pp.1319–35.
53 Salvatore de Vincenzo, 'Sicily', in Oxford Handbook of the Phoenician and Punic Mediterranean, ed. López-Ruiz and Doak, p.539.
54 Markoe, Phoenicians, p.174.
55 De Vincenzo, 'Sicily', pp.540–41.
56 Ibid., p.542.
57 For an overview of the Punic history of Motya, see De Vincenzo, 'Sicily', pp.543–7.
58 Jeremy Hayne, 'The Italian Peninsula', in Oxford Handbook of the Phoenician and Punic Mediterranean, ed. López-Ruiz and Doak (Oxford,2019), p.505.
59 Ian Morris, 'Mediterraneanization', Mediterranean Historical Review, xviii/2 (2003), pp.30–55.
60 Hayne, 'The Italian Peninsula', p.506.
61 Richard N. Fletcher, Patterns of Imports in Iron Age Italy(Oxford,2007), p.104.
62 Hayne, 'The Italian Peninsula', p.507.
63 Fletcher, Patterns of Imports, p.105.
64 Ibid., p.106.
65 Ibid.
66 Hayne, 'The Italian Peninsula', p.508.

67 Ibid., pp.508–15.
68 Olivia Kelley, 'Beyond Intermarriage: The Role of the Indigenous Italic Population at Pithekoussai', Oxford Journal of Archaeology, xxxi/1（2012）, pp.245–60.
69 Markoe, Phoenicians, p.177.
70 Ibid.
71 Emma Blake, 'Late Bronze Age Sardinia: Acephalous Cohesion', in The Cambridge Prehistory of the Bronze and Iron Age Mediterranean, ed. A. Bernard Knapp and Peter van Dommelen（Cambridge,2014）, pp.96–108; Andrea Roppa, 'Sardinia', in Oxford Handbook of the Phoenician and Punic Mediterranean, ed. López-Ruiz and Doak（Oxford,2019）, p.521.
72 Fletcher, for example, questions the dating based on epigraphy alone, stating, 'The Nora Stele, of which so much has been made, cannot be securely dated because it was found reused in the construction of a church some distance from Nora.' Fletcher, Patterns of Imports in Iron Age Italy, p.12.
73 Markoe, Phoenicians, p.177.
74 Roppa, 'Sardinia', p.526.
75 Markoe, Phoenicians, p.178.
76 Ibid., p.180; Irad Malkin, A Small Greek World: Networks in the Ancient Mediterranean（Oxford,2011）, pp.152–6.
77 Diodorus Siculus, Library of History, V.12.
78 Markoe, Phoenicians, p.180.
79 Nicholas C. Vella and Maxine Anastasi, 'Malta and Gozo', in Oxford Handbook of the Phoenician and Punic Mediterranean, ed. López-Ruiz and Doak, pp.561–5.
80 Ibid., p.558.
81 Ibid.
82 Ibid., p.553.
83 Ibid., pp.553–6.
84 Benjamín Costa, 'Ibiza', in Oxford Handbook of the Phoenician and Punic Mediterranean, ed. López-Ruiz and Doak, p.569.
85 Costa, 'Ibiza', p.569.
86 Diodorus Siculus, Library of History, V.16.2–3.
87 Costa, 'Ibiza', pp.570–71.
88 Maria Giulia Amadasi Guzzo and Paolo Xella, 'Eshmun-Melqart in

una nuova iscrizione fenicia di Ibiza', Studi Epigrafici e Linguistici sul Vicino Oriente Antico, xxii（2005）, pp.47–57.

89 Costa, 'Ibiza', p.574.

90 Manuel Álvarez Martí-Aguilar, 'The Gadir–Tyre Axis', in Oxford Handbook of the Phoenician and Punic Mediterranean, ed. López-Ruiz and Doak, pp.617–26.

91 José Luis López Castro, 'The Iberian Peninsula', in Oxford Handbook of the Phoenician and Punic Mediterranean, ed. López-Ruiz and Doak, p.585.

92 Ibid., pp.587–8.

93 Aurora Higueras-Milena Castellano and Antonio M. Sáez Romero, 'The Phoenicians and the Ocean: Trade and Worship at La Caleta, Cadiz, Spain', International Journal of Nautical Archaeology, xlvii/1（2018）, pp.81–102.

94 José Luis López Castro, 'Colonials, Merchants and Alabaster Vases: The Western Phoenician Aristocracy', Antiquity, lxxx/307（2006）, pp.74–88.

95 Ana Delgado and Meritxell Ferrer, 'Cultural Contacts in Colonial Settings: The Construction of New Identities in Phoenician Settlements of the Western Mediterranean', Stanford Journal of Archaeology, v（2007）, pp.18–42; López Castro, 'The Iberian Peninsula', p.592.

96 López Castro, 'The Iberian Peninsula', p.596.

97 Ana Margarida Arruda, 'Phoenicians in Portugal', in Oxford Handbook of the Phoenician and Punic Mediterranean, ed. López-Ruiz and Doak, p.603.

98 For the most recent update regarding archaeological research in northern Africa, see Alfredo Mederos Martín, 'North Africa: From the Atlantic to Algeria', in Oxford Handbook of the Phoenician and Punic Mediterranean, ed. López-Ruiz and Doak, pp.627–8.

99 Helmut Brückner and Julius Lucas, 'Geoarchäologische studie zu Mogador, Essaouira und Umgebung', Madrider Mitteilungen, l（2009）, pp.102–13; Helmut Brückner and Julius Lucas, 'Landschaftswandel und Küstenveränderung im Gebiet von Mogador und Essaouira. Eine Studie die zur Paläogeographie und Geoarchäologie in Marokko', Madrider Mitteilungen, li（2010）, pp.99–104.

100 Edward Lipiński, Le Dictionnaire de la civilisation phénicienne et punique（Turnhout,1992）, p.296; Mederos Martín, 'North Africa',

p.629.

101 Mederos Martín, 'North Africa', p.629. Aubet, who was using older reports, dates the earliest settlement to the seventh century bce: Aubet, The Phoenicians and the West, p.162.

102 José Luis López Castro et al., 'Proyecto Útica: Investigación en la ciudad fenicio-púnica', Informes y Trabajos,11（2014）, pp.204–20.

103 Hédi Dridi, 'Early Carthage: From Its Foundation to the Battle of Himera（c.814–480bce）', in Oxford Handbook of the Phoenician and Punic Mediterranean, ed. López-Ruiz and Doak, p.143.

104 Herodotus, Histories,3.19.

105 Diodorus Siculus, Library of History, XIII.108.2–4.

106 Martí-Aguilar, 'The Gadir–Tyre Axis', p.622.

107 Dridi, 'Early Carthage', p.146.

108 Markoe, Phoenicians, pp.181–2.

109 Hans Georg Niemeyer, 'The Phoenicians in the Mediterranean: A Non Greek Model for Expansion and Settlement in Antiquity', in Greek Colonists and Native Populations, ed. Jean-Paul Descoeudres（Oxford,1990）, pp.469–89.

110 Fletcher, Patterns of Imports, p.129.

111 For example, see Philip A. Johnson, 'Toward a Systematic Approach to the Study of Phoenician Economic Activity in the Western Mediterranean', in Identity and Connectivity: Proceedings of the16th Symposium on Mediterranean Archaeology, Florence, Italy,1–3March2012. Soma2012, ed. Luca Bombardieri et al.（Oxford,2013）, pp.667–76; Giorgos Bourogiannis, 'The Phoenician Presence in the Aegean during the Early Iron Age: Trade, Settlement and Cultural Interaction', Rivista di Studi Fenici, xlvi（2018）, pp.43–88; Tzilla Eshel et al., 'Lead Isotopes in Silver Reveal Earliest Phoenician Quest for Metals in the West Mediterranean', Proceedings of the National Academy of Sciences, cxvi/13（2019）, pp.6007–12.

112 Fletcher, Patterns of Imports, p.107.

113 Irene J. Winter, 'Homer's Phoenicians: History, Ethnography, or Literary Trope?（A Perspective on Early Orientalism）', in The Ages of Homer: A Tribute to Emily Townsend Vermeule, ed. Jane B. Carter and Sarah P. Morris（Austin, tx,1995）, p.253.

114 Niemeyer, 'The Phoenicians in the Mediterranean', pp.469–89.

115 Fletcher, Patterns of Imports, p.106.

116 For the periodization of Phoenician colonizing activities, see Ida Oggiano, 'The Mediterranean Dimension of Levantine Coast in the 1st Millennium bc: Ancient Sea Routes, New Explorations and "Colonial" Foundations', in Contexts of Early Colonization, i, ed. Lieve Donnellan, Valentin Nizzo and Gert-Jan Burgers（2016）, pp.89–103.

117 Fletcher, Patterns of Imports, p.104.

118 María Eugenia Aubet, 'From Trading Post to Town in the PhoenicianPunic World', in Social Complexity and the Development of Towns in Iberia: From the Copper Age to the Second Century ad, ed. Barry W. Cunliffe and Simon J. Keay（Oxford,1995）, pp.52–5.

尾声

1 Herodotus, Histories,1.1. Translation from Herodotus, Herodotus: The Histories, trans. Aubrey de Selincourt（New York,1996）, p.3.

2 Elizabeth A. Matisoo-Smith et al., 'A European Mitochondrial Haplotype Identified in Ancient Phoenician Remains from Carthage, North Africa', plos one, xi/5（2016）, e0155046.

3 Ibid.

4 See 'Ancient dna study finds Phoenician from Carthage had European Ancestry', https://phys.org,25May2016.

5 M. Haber et al., 'Continuity and Admixture in the Last Five Millennia of Levantine History from Ancient Canaanite and Present-day Lebanese Genome Sequences', American Journal of Human Genetics, ci/1 (2017), pp.274–82; Elizabeth A. Matisoo-Smith et al., 'Ancient Mitogenomes of Phoenicians from Sardinia and Lebanon: A Story of Settlement, Integration, and Female Mobility', plos one, xiii/1 (2018), e0190169; Pierre Zalloua et al., 'Ancient dna of Phoenician Remains Indicates Discontinuity in the Settlement History of Ibiza', Scientific Reports, viii/1 (2018), https://doi.org/10.1038/s41598-018-35667-y.

参考文献

Anderson, William P., 'The Beginnings of Phoenician Pottery: Vessel Shape, Style, and Ceramic Technology in the Early Phases of the Phoenician Iron Age', Bulletin of the American Schools of Oriental Research,279（1990）, pp.35–54.

Aubet, María Eugenia, 'From Trading Post to Town in the Phoenician-Punic World', in Social Complexity and the Development of Towns in Iberia: From the Copper Age to the Second Century ad, Barry W. Cunliffe and Simon J. Keay, Proceedings of the British Academy86（Oxford,1995）, pp.47–65.

—, 'The Phoenician Cemetery of Tyre', Near Eastern Archaeology, lxxiii/2–3（2010）, pp.144–55.

—, The Phoenicians and the West: Politics, Colonies and Trade, trans. Mary Turton,2nd edn（Cambridge,2001）.

Azize, Joseph, The Phoenician Solar Theology: An Investigation into the Phoenician Opinion of the Sun Found in Julian's Hymn to King Helios（Piscataway, nj,2005）.

Barrionuevo, Carmen Ana Pardo, and José Luis López Castro, Economía y sociedad rural fenicia en el Mediterráneo Occidental（Seville,2015）.

Betlyon, John W., The Coinage and Mints of Phoenicia: The Pre-Alexandrine Period（Atlanta, ga,1982）.

Bikai, Patricia M., The Phoenician Pottery of Cyprus（Nicosia,1987）.

—, The Pottery of Tyre（Warminster, Wilts,1978）.

Bloch-Smith, Elizabeth, 'Archaeological and Inscriptional Evidence for Phoenician Astarte', in Transformation of a Goddess: Ishtar-Astarte Aphrodite, ed. David T. Sugimoto（Fribourg,2014）, pp.167–94.

Boardman, John, Classical Phoenician Scarabs: A Catalogue and Study（Oxford,2003）.

—, 'Copies of Pottery: By and for Whom?', in Greek Identity in the Western Mediterranean: Papers in Honour of Brian Shefton, ed. Kathryn Lomas（Leiden,2004）, pp.149–62.

—, The Greeks Overseas: Their Early Colonies and Trade (London, 1999)

Bondì, Sandro Filippo, Massimo Botto, Giuseppe Garbati and Ida Oggiano, Fenici e cartaginesi: una civiltà mediterranea (Rome, 2009).

Bonnet, Corinne, Les Enfants de Cadmos: le paysage religieux de la Phénicie hellénistique (Paris, 2015).

—, 'The Religious Life in Hellenistic Phoenicia: "Middle Ground" and New Agencies', in The Individual in the Religions of the Ancient Mediterranean, ed. Jörg Rüpke (Oxford, 2013), pp.41–57.

Bourogiannis, Giorgos, 'The Phoenician Presence in the Aegean During the Early Iron Age: Trade, Settlement and Cultural Interaction', Rivista di Studi Fenici, xlvi (2018), pp.43–88.

Briant, Pierre, From Cyrus to Alexander: A History of the Persian Empire, trans. Peter T. Daniels (Winona Lake, in, 2002).

Brisch, Nicole Maria, ed., Religion and Power: Divine Kingship in the Ancient World and Beyond (Chicago, il, 2008).

Brody, Aaron J., 'Each Man Cried Out to His God': The Specialized Religion of Canaanite and Phoenician Seafarers, Harvard Semitic Monographs 58 (Atlanta, ga, 1998).

Bunnens, Guy, L'Expansion phénicienne en Méditerranée: essai d'interprétation fondé sur une analyse des traditions littéraires (Brussels and Rome, 1979).

Castellano, Aurora Higueras-Milena, and Antonio M. Sáez Romero, 'The Phoenicians and the Ocean: Trade and Worship at La Caleta, Cadiz, Spain', International Journal of Nautical Archaeology, xlvii/1 (2018), pp.81–102.

Christian, Mark A., 'Phoenician Maritime Religion: Sailors, Goddess Worship, and the Grotta Regina', Die Welt des Orients, xliii/2 (2013), pp.179–205.

Costa, Benjamín, and Jordi H. Fernández, Ibiza Fenicio-Púnica (Palma de Mallorca, 2006).

Cross, Frank Moore, 'The Phoenician Inscription from Brazil: A Nineteenthcentury Forgery', Orientalia, xxxvii/4 (1968), pp.437–60.

Culican, William, 'Cesnola Bowl 4555 and Other Phoenician Bowls', Rivista di Studi Fenici, x/1 (1982), pp.13–32.

Delgado, Ana, and Meritxell Ferrer, 'Cultural Contacts in Colonial Settings: The Construction of New Identities in Phoenician Settlements of the Western Mediterranean', Stanford Journal of Archaeology, v (2007), pp.18–42.

Dixon, Helen M., 'Phoenician Mortuary Practice in the Iron Age i–iii（c.1200–c.300bce）Levantine "Homeland"', PhD dissertation, University of Michigan,2013.

Doak, Brian R., Phoenician Aniconism in Its Mediterranean and Ancient Near Eastern Contexts, Archaeology and Biblical Studies21（Atlanta, ga,2015）.

Dongen, Erik van, '"Phoenicia": Naming and Defining a Region in SyriaPalestine', in Interkulturalität in der Alten Welt: Vorderasien, Hellas, Ägypten und die vielfältigen Ebenen des Kontakts, ed. Robert Rollinger, Birgit Gufler, Martin Lang and Irene Madreiter（Wiesbaden,2010）, pp.471–88.

Doumet-Serhal, Claude, 'Sidon during the Bronze Age: Burials, Rituals and Feasting Grounds at the College Site', Near Eastern Archaeology, lxxiii/2–3（2010）, pp.114–29.

Dunand, Maurice, Fouilles de Byblos v: l'architecture, les tombes, le matériel domestique des origines néolithiques à l'avènement urbain（Paris,1973）.

—, and Nessib Saliby, Le Temple d'Amrith dans la pérée d'Aradus（Paris,1985）.

Elayi, Josette, The History of Phoenicia（Atlanta, ga,2018）.

—, and Alain G. Elayi, A Monetary and Political History of the Phoenician City of Byblos（Winona Lake, in,2014）.

—, and Jean Sapin, Beyond the River: New Perspectives on Transeuphratene, trans. J. Edward Crowley, Journal for the Study of the Old Testament, Supplement Series250（Sheffield,1998）.

Fales, Frederick Mario, 'Phoenicia in the Neo-Assyrian Period: An Updated Overview', State Archives of Assyria Bulletin, xxiii（2017）, pp.181–295.

Fleischer, Robert, and Wolf Schiele, Der Klagefrauensarkophag aus Sidon（Tübingen,1983）.

Fourrier, Sabine, 'The Iron Age City of Kition: The State of Research85Years after the Swedish Cyprus Expedition's Excavations', in Ancient Cyprus Today: Museum Collections and New Research, ed. Giorgos Bourogiannis and Christian Mühlenbock（Uppsala,2016）, pp.129–39.

Frangié-Joly, Dina, 'Perfumes, Aromatics, and Purple Dye: Phoenician Trade and Production in the Greco-Roman Period', Journal of Eastern

Mediterranean Archaeology and Heritage Studies, iv/1（2016）, pp.36–56.

Frankenstein, Susan, 'The Phoenicians in the Far West: A Function of NeoAssyrian Imperialism', in Power and Propaganda: A Symposium on Ancient Empires, ed. Mogens T. Larsen（Copenhagen,1979）, pp.263–94.

Fritze, Ronald H., Invented Knowledge: False History, Fake Science and Pseudo-religions（London,2011）.

Garbati, Giuseppe, 'Tyre, the Homeland: Carthage and Cadiz under the Gods' Eyes', in Transformations and Crisis in the Mediterranean: 'Identity' and Interculturality in the Levant and Phoenician West during the 8th–5th Centuries bce, ed. Giuseppe Garbati and Tatiana Pedrazzi（Pisa and Rome,2016）, pp.197–208.

Genz, Hermann, and Hélène Sader, 'Bronze Age Funerary Practices in Lebanon', Archaeology and History in Lebanon,26–27（Autumn2007–Spring2009）, pp.258–83.

Gruen, Erich S., Rethinking the Other in Antiquity（Princeton, nj,2011）

Gubel, Eric, 'Decoding Phoenician Art（i）: Pharaoh Triumphant', Rivista di Studi Fenici, xl（2012）, pp.21–38.

Guillaume, Philippe, 'Phoenician Coins for Persian Wars: Mercenaries, Anonymity and the First Phoenician Coinage', in Phéniciens d'Orient et d'Occident: mélanges Josette Elayi, ed. André Lemaire（Paris,2014）, pp.225–32.

Herrmann, Georgina, and Stuart Laidlaw, 'Assyrian Nimrud and the Phoenicians', Archaeology International, xvi（2013）, pp.84–95.

Jigoulov, Vadim S., The Social History of Achaemenid Phoenicia: Being a Phoenician, Negotiating Empires（London and Oakville, ct,2010）.

Johnson, Philip A., 'Toward a Systematic Approach to the Study of Phoenician Economic Activity in the Western Mediterranean', in Identity and Connectivity: Proceedings of the16th Symposium on Mediterranean Archaeology, Florence, Italy,1–3March2012. Soma2012, ed. Luca Bombardieri et al.（Oxford,2013）, pp.667–76.

Karageorghis, Vassos, View from the Bronze Age: Mycenaean and Phoenician Discoveries at Kition（New York,1976）.

Katzenstein, H. Jacob, The History of Tyre, from the Beginning of the Second Millennium bce until the Fall of the Neo-Babylonian Empire in538bce（Jerusalem,1973）.

Killebrew, Ann E., and Margreet Steiner, eds, The Oxford Handbook of the Archaeology of the Levant, c.8000–332bce（Oxford,2013）.

Krahmalkov, Charles R., A Phoenician-Punic Grammar（Leiden,2001）.

Krings, Véronique, ed., La Civilisation phénicienne et punique：manuel de recherche（Leiden,1994）.

Kuhrt, Amélie, The Ancient Near East, c.3000–330bc（London and New York,1995）.

Lam, Joseph,'The Invention and Development of the Alphabet', in Visible Language：Inventions of Writing in the Ancient Middle East and Beyond, ed. Christopher Woods, Geoff Emberling and Emily Teeter（Chicago, il,2015）, pp.189–201.

Lincoln, Bruce, Religion, Empire, and Torture：The Case of Achaemenian Persia, with a Postscript on Abu Ghraib（Chicago, il,2007）.

Lipiński, Edward, Le Dictionnaire de la civilisation phénicienne et punique（Turnhout,1992）.

—, Itineraria Phoenicia, Studia Phoenicia xviii；Orientalia Lovaniensia Analecta127（Leuven,2004）.

López-Ruiz, Carolina,'Tarshish and Tartessos Revisited：Textual Problems and Historical Implications', in Colonial Encounters in Ancient Iberia：Phoenician, Greek, and Indigenous Relations, ed. Michael Dietler and Carolina López-Ruiz（Chicago, il,2009）, pp.255–80.

—, and Brian R. Doak, eds, The Oxford Handbook of the Phoenician and Punic Mediterranean（Oxford,2019）.

McMenamin, Mark A., Phoenicians, Fakes and Barry Fell（South Hadley, ma,2000）.

Markoe, Glenn E.,'The Emergence of Phoenician Art', Bulletin of the American Schools of Oriental Research,279（1990）, pp.13–26.

—, Phoenician Bronze and Silver Bowls from Cyprus and the Mediterranean, Classical Studies26（Berkeley, ca,1985）.

—, Phoenicians, Peoples of the Past（London,2000）.

Melchiorri, Valentina,'Child Cremation Sanctuaries（"Tophets"）and Early Phoenician Colonisation：Markers of Identity？', in Conceptualising Early Colonisation, Proceedings of the International Congress, Rome,21–23June2012, ed. Gert Jan Burgers, Lieve Donnellan and Valentino Nizzo（Brussels,2016）.

Moscati, Sabatino, ed., The Phoenicians（New York,1999）.

Niehr, Herbert, Ba'alšamem（Leuven and Paris,2003）.

Niemeyer, Hans Georg, 'The Phoenicians in the Mediterranean: A Non Greek Model for Expansion and Settlement in Antiquity', in Greek Colonists and Native Populations, ed. Jean-Paul Descœudres (Oxford,1990), pp.469–89.

Nigro, Lorenzo, 'Temples in Motya and their Levantine Prototypes: Phoenician Religious Architectural Tradition', in Cult and Ritual on the Levantine Coast and its Impact on the Eastern Mediterranean Realm, Proceedings of the International Symposium, Beirut,2012, ed. Anne-Marie Maila-Afeiche (Beirut,2015), pp.83–108.

Nunn, Astrid, Der figürliche Motivschatz Phöniziens, Syriens und Transjordaniens vom6. bis zum4. Jahrhundert v. Chr, Orbis Biblicus et Orientalis (Fribourg,2000).

Oggiano, Ida, 'The Mediterranean Dimension of Levantine Coast in the1st Millennium bc: Ancient Sea Routes, New Explorations and "Colonial" Foundations', in Contexts of Early Colonization, vol. i, ed. Lieve Donnellan, Valentino Nizzo and Gert-Jan Burgers (Rome,2016), pp.89–103.

Orsingher, Adriano, 'Ritualized Faces: The Masks of the Phoenicians', in The Physicality of the Other: Masks from the Ancient Near East and the Eastern Mediterranean, ed. Angelika Berlejung and Judith E. Filitz (Tübingen,2018), pp.265–305.

—, 'Phoenician and Punic Masks: What Are They and What Were They Good For?', The Ancient Near East Today: Current News About the Ancient Past, vii/4 (2019), accessible at www.asor.org.

—, 'Understanding Tophets: A Short Introduction', The Ancient Near East Today: Current News about the Ancient Past, vi/2 (2018), accessible at www.asor.org.

Peña, Victoria, Carlos G. Wagner and Alfredo Mederos, La navegación fenicia: tecnología naval y derroteros (Madrid,2005).

Prag, Jonathan, 'Tyrannizing Sicily: The Despots Who Cried "Carthage!"', in Private and Public Lies: The Discourse of Despotism and Deceit in the Graeco-Roman World, ed. Andrew J. Turner, James H. Kim On ChongGossard and Frederik Juliaan Vervaet (Leiden,2010), pp.51–71.

Pritchard, James Bennett, Recovering Sarepta, a Phoenician City: Excavations at Sarafand, Lebanon,1969–1974, by the University Museum of the University of Pennsylvania (Princeton, nj,1978).

Quinn, Josephine Crawley, 'The Cultures of the Tophet: Identification and

Identity in the Phoenician Diaspora', in Cultural Identity in the Ancient Mediterranean, ed. Eric Gruen（Los Angeles, ca,2011）, pp.388–413.

—, In Search of the Phoenicians, Miriam S. Balmuth Lectures in Ancient History and Archaeology（Princeton, nj,2017）.

—, and Nicholas C. Vella, eds, The Punic Mediterranean: Identities and Identification from Phoenician Settlement to Roman Rule（Cambridge,2014）.

Reese, David S., 'Shells from Sarepta（Lebanon）and East Mediterranean Purple-dye Production', Mediterranean Archaeology and Archaeometry, x/1（2010）, pp.113–41.

Reyes, Andrew T., Archaic Cyprus: A Study of the Textual and Archaeological Evidence（Oxford,1994）.

Rich, Sara A., '"She Who Treads on Water": Religious Metaphor in Seafaring Phoenicia', Journal of Ancient West and East, xi（2012）, pp.19–34.

Root, Margaret Cool, 'Circles of Artistic Programming: Strategies for Studying Creative Process at Persepolis', in Investigating Artistic Environments in the Ancient Near East, ed. Ann C. Gunter（Washington, dc,1990）, pp.115–39.

—, 'Imperial Ideology in Achaemenid Persian Art: Transforming the Mesopotamian Legacy', Bulletin of the Canadian Society for Mesopotamian Studies,35（2000）, pp.19–27.

—, The King and Kingship in Achaemenid Art: Essays on the Creation of an Iconography of Empire（Leiden,1979）.

Sader, Hélène, Iron Age Funerary Stelae from Lebanon, Cuadernos de Arqueología Mediterránea11（Barcelona,2005）.

Sass, Benjamin, The Alphabet at the Turn of the Millennium: The West Semitic Alphabet c.1150–850bce（Tel Aviv,2005）.

—, The Genesis of the Alphabet and Its Development in the Second Millennium bc（Wiesbaden,1988）.

Sommer, Michael, 'Shaping Mediterranean Economy and Trade: Phoenician Cultural Identities in the Iron Age', in Material Culture and Social Identities in the Ancient World, ed. Shelley Hales and Tamar Hodos（Cambridge,2010）, pp.114–37.

Stager, Lawrence, 'Phoenician Shipwrecks in the Deep Sea', in ploes: Sea Routes. Interconnections in the Mediterranean,16th–6th C. bc, Proceedings of the International Symposium Held at Rethymnon,

Crete,29September–2October2002, ed. Nikolaos Chr. Stampolidēs and Vassos Karageorghis（Athens,2003）, pp.222–47.

Stampolidēs, Nikolaos Chr., Sea routes: From Sidon to Huelva– Interconnections in the Mediterranean,16th–6th C. bc（Athens,2003）.

Winter, Irene J., 'Homer's Phoenicians: History, Ethnography, or Literary Trope?（a Perspective on Early Orientalism）', in The Ages of Homer: A Tribute to Emily Townsend Vermeule, ed. Jane B. Carter and Sarah P. Morris（Austin, tx,1995）, pp.247–71.

Woolmer, Mark, Ancient Phoenicia: An Introduction（Bristol,2011）.

—, A Short History of the Phoenicians（I. B. Tauris Short Histories, Kindle Edition,2017）.

Xella, Paolo, ed., The Tophet in the Phoenician Mediterranean（Verona,2013）.

Xella, Paolo, Josephine Crawley Quinn, Valentina Melchiorri and Peter Van Dommelen, 'Phoenician Bones of Contention', Antiquity, lxxxvii/338（2013）, pp.1199–207.

Yon, Marguerite, Kition dans les textes: Testimonia littéraires et épigraphiques et Corpus des Inscriptions, vol. v（Paris,2004）.

致谢

如果没有很多人的热情帮助、建议和指导，本书是不可能出版的。我谨向托德·博伦（Todd Bolen）、丹尼尔·布伦森（Daniel Brunson）、布赖恩·多克（Brian Doak）、安妮·菲舍尔（Anne Fisher）、杰西卡·加洛夫（Jessica Garloff）、马克·加里森（Mark Garrison）、史蒂夫·兰斯代尔（Steve Lansdale）、卡罗来纳·洛佩斯·鲁伊斯（Carolina López-Ruiz）、爱达·奥贾诺（Ida Oggiano）、阿德里亚诺·奥尔辛格尔（Adriano Orsingher）、玛格丽特·库尔·鲁特（Margaret Cool Root）和布赖恩·施密特（Brian Schmidt）表达我诚挚的谢意。也要感谢埃丝特·罗德里格斯（Esther Rodríguez）帮助制作了本书极佳的地图。瑞科图书（Reaktion Books）给予了极大的支持和帮助，我要感谢我的编辑大卫·沃特金斯（David Watkins）对我的鼓励和指导。我还要感谢巴尔的摩的马里兰艺术研究学院（Maryland Institute College of Art）为本书提供的资金支持。非常感激我的家人，玛丽亚（Maria）、亚历山德拉（Aleksandra）和阿纳斯塔西娅（Anastasia），感谢她们的耐心、爱和支持，这是我用言语无法表达的。谢谢妈妈和爸爸（1939～2021），谢谢你们的爱和鼓励。爸爸，即使你没能看到这本书的出版，我仍然珍视你的支持。我感谢罗伯特·格林（Robert H. Greene）（1975～2020），我所敬爱的一位朋友和杰出的历史学家，审校了本书的每一个章节，他英年早逝，离开我们太早了。在润色一些较难处理的句子的过程中，他给我提出了许多宝贵的建议，罗伯特的洞察力使得晦涩乏味的句子变得文笔更加流畅，而且他的耐心是惊人的。尽管如此，如果本书仍有不恰当之处，那所有的错误都是我的。

本书所有关于《圣经》的引证都依据"新修订标准版《圣经》（NRSV）"（New Revised Standard Version of the Bible），"美国基督教教会全国委员会"（National Council of the Churches of Christ in the United States of America）拥有版权©1989。本书版权所有，未经授权不可引用。

图片致谢

作者和出版商希望对下列原始图示材料和/或对复制这些材料的许可表示感谢。已经做出所有的努力以与版权所有者联系，如果有任何我们不能取得联系的情况或联系不准确的情况发生，请与出版商取得联系，以便在再版时予以更正。

本书作者：本书第33页；托德·博伦（Todd Bolen）/《圣经古迹网站》（BiblePlaces.com）：本书第35、89、117、119、120、129、135、153、159页；CNG：本书第98、107（上图）、113页；迭戈·德尔索（Diego Delso）：本书第34页；G. 埃里克和伊迪丝·马特森（G. Eric and Edith Matson）照片集：本书第85页；朱利安·古弗格（Julian P. Guffog）：本书第65页；《遗产拍卖》（Heritage Auctions）：本书第104页；约纳·朗德灵（Jona Lendering）：本书第160页；I. 卢卡（I. Luca）：本书第83页；芝加哥大学东方研究所（Oriental Institute of the University of Chicago）：本书第81、82页；M. 雷埃乐（M. Rais）：本书第201页；A. D. 里德尔（A. D. Riddle）/《圣经古迹网站》（BiblePlaces）.com：本书第41、86、90、101、125、127、131、136、137、143、156、157页；埃丝特·罗德里格斯（Esther Rodrigues）：本书第14、15、170、175、178、187、189、194页；玛格丽特·库尔·鲁特（M. C. Root）：本书第105页；沃尔夫冈·绍贝尔（Wolfgang Sauber）：本书第133页；杰尔茨·斯切莱茨基（Jerzy Strzelecki）：本书第130页；H. 泽尔（H. Zell）：本书第166页。

索引

A

阿波罗　59、246、269

阿波罗尼亚　225

阿卜达什塔特一世　36、43、125

阿卜迪米尔库特　24

阿卜杜勒奥尼莫斯　41-42、44

阿查提瓦达　123

阿赤基乌　30、210、216

阿多尼斯　168-169

阿多尼斯节　168

阿尔盖　9、12、41

阿尔戈斯　243

阿尔塔薛西斯二世　34

阿尔塔薛西斯三世　34、37、125

阿尔塔薛西斯四世　34

阿尔塔薛西斯一世　34

阿佛洛狄忒　168、243

阿格拉山　161

阿卡　17-18、20、24、30、90-91、225

阿卡尔平原　9、12、18-19

阿拉米语　90、112、253

阿拉什亚　238、240

阿里安　44-45

阿里什　277

阿里斯多芬尼斯　62

阿马苏斯　181、242

《阿玛纳文书》　14、16

阿蒙　17

阿蒙霍特普三世　14

《阿摩司书》　98

阿姆里特　41、174、177

阿瑟拉　118、141-142、165、172

阿什杜特　99

阿什克伦　99、172

阿斯克勒庇俄斯　48、166

阿斯塔蒂（阿斯塔特）　38、88-90、102、118、121-123、126、142、156-159、165-167、171、178、181、183、211-212、241、243、250、257

索引

阿希拉姆　114-117、187、218-219

阿兹巴力　118-119、140-141

埃拉特　79-80

埃萨尔哈登　24、164

埃什蒙　38、41、48、122-123、126、156、159、165-167、169、174、183、211、216、241、260

埃什蒙-麦勒卡特　260

埃什蒙那扎尔　119-122、126、159、166

埃伊纳岛　131-132

艾尔瓦德　3、19-20、22-24、39-40、44、62、72、76、99-100、135、140、151-152、218-219、225

艾因赫尔韦　186

艾因内尔　141

爱琴海　11、18、44、123、131、192-193、207、230、243-247

安克架 209、218、221

安纳托利亚　11、147、191、244

安娜特　118、165、241

安条克四世　47

《奥德赛》54-55、106、199

B

巴比伦　22、25-27、32-33、35、37、39-40、73-74、92、95-96、98、100、116、181、236、241、272

巴尔迪亚　34

巴克特里亚　133

巴拉特古巴尔　142、159

巴勒斯坦　3、11、24、41、75、118、133、165、201、218

巴力哈达德　139、160

巴力哈蒙　61、169-170、250、268

巴力沙梅姆　156

巴卢一世　24-25

巴斯公墓　31-32

"拜尔萨的年轻人" 277-278

碑座　216、218、248、258

贝卡谷地　3-4、9、12、29、77

贝利特　49

贝鲁特　4、9、12-13、17、19、29、41、49、210、216、218、225、279

贝斯神　183-184、187、211

贝希斯敦铭文　34

比布鲁斯　5、7-10、12-13、17、19-20、22-24、40-41、44、72、76、100、112、

321

114–119、126–127、135、139–143、146、156–157、159、164–165、168–169、178、186、201、215、217、219

比雷埃夫斯 124、182、247

毕提尔 182–183、218

柏拉图 62

波 斯 2、19、27、32–46、55–58、64、74、89、91–93、95–99、102、117、119、122–125、127、131、133–142、146–153、159、167、185、194、198、210–211、213、215、221、223、241、246、268

C

赤土陶器 210–211、213、240、255

D

大衮 122

大流士二世 34

大流士三世 34–35、43

大流士一世 34–35、134

大马士革 12

大卫 73、78、83、94、116

狄奥多罗斯 38–39、59、61、64、66、233、243、256、259、269

狄多 68

F

非洲 56、85、230、232–233、237、266、269

菲洛 157

菲尼克斯国王 223

腓尼基遗址 181、218、248、257、260

弗莱维厄斯·约瑟夫斯 25、96

福尼亚 272

G

冈比西斯 34、57

冈比西斯二世 34、36、269

H

哈里谢夫-雷 10

《海景中的以西结在提尔的废墟上哭泣》 101

海勒代 5、216、279

海上民族 18、27

荷马 54、98、103、106、190、199、204、222-223、232、243

赫拉克勒斯 45、47-48、167、210、223、233

赫梯 11-12、18、123

红海 79、85、235-236

胡利安-米坦尼 12

护身符 199、211、221、246-247

环带骨螺 224

霍尔瓦特罗什宰伊特 29、90

J

基蒂姆 240

基蒂翁 123、181、239-242、247-248、255

基克拉泽斯 246

基拉姆瓦 123

基抹 175

基纳里特堡 4

加的斯 45、262-263

加迪尔 172、179、201、261-265、270、272

加利利 79、85-86、90、162

加沙 83、99

迦南 16、73-74、82-83、89、110、112、118、235-236

迦太基 45-46、52、57、64-68、112-113、162、165、169-171、183、201、204、214、218、220、226-227、234、237、239、249-251、255、257-258、261-264、266-270、277-278

居鲁士大帝 131

居鲁士二世 33-35

K

卡布尔 29、79、85、90

卡德摩斯 57、109

卡赫美士 25

卡米德洛斯 29

卡修山 161

《凯菲索多托斯法令》 124-125

凯莱赫 22

凯撒·奥古斯塔斯 68

科林斯 132、251、263

克劳德·洛兰 101

克里特岛 107、233、243、247-248

克洛诺斯 158

克诺索斯 247-248

L

拉巴特　256-258

拉美西斯三世　13、232

黎巴嫩　3-7、9、11、13-14、22、28-29、32、77、100、142、198、232、238、279

黎凡特　14-16、18、23、26-29、35、37-39、44、53、58、72、83、89、119、130、147、164、175、191、201、206、210、213、238、240、246、251-257、259、262-265、270-272

《历代志》　78、80-81、92-95

利比亚　270

利西亚　140

两耳细颈椭圆土罐　197-198、258、263、267

吕底亚　130-131、135

M

马坦-巴力　24

美吉多　11

美索不达米亚　11、22、106、157、159

米堤亚人　25

米内特埃德-达利　5

米诺斯文明　223

米坦尼　11-12、198

摩提亚　183、214、248-250

摩押　175

N

尼布甲尼撒二世　25-27、32

尼姆鲁兹　22、201-202

尼尼微　24-25

O

欧里庇得斯　53、57

P

帕台农神庙　125

皮格马利翁　268

珀塞波利斯　33、43、143、150

普林尼　267

Q

七十子的希腊文本《圣经》　76

奇兰　79-80

R

染料骨螺　224-226

人形石棺　121、186

瑞舍夫　241

瑞舍夫-麦勒卡特　172

S

撒马利亚 201

撒缦以色三世 23

萨拉米斯海战 35

萨摩斯岛 246

塞琉西帝国 77

塞浦路斯 10、14、23、29、32、35、56、100、112、123、165、169、181-182、190-193、195、199、204、210、230、233、238-242、245、247、252、254-255、267

赛纳克里布 23

桑楚尼亚松 157

沙德拉法 250

苏格拉底 62

苏萨 36

苏伊士湾 3

所罗门 73、79-81、83-88、90-91、94、97-98、177、190

T

他施 85、261

塔布尼特 89-90、119、121-122、126、159

《塔纳赫》72

泰勒阿布哈瓦姆 28

泰勒阿尔盖 41

泰勒布拉克 41、216

泰勒多尔 29

泰勒卡泽尔 18-19

泰勒凯桑 20、28-29、225

泰勒拉希迪耶 30、194、196、216

坦尼斯 37、40、125、148

坦尼特 169-172、218、250

坦尼特-阿斯塔蒂 171

提尔 3、7、12-14、17-18、20、22-24、26-32、36-37、39-40、42、44-45、48-49、57-60、62、72、76-79、81、83、85-86、89-102、107、112-113、116、135、138、140、143-147、156、158-159、162、164、166-167、169、174-175、177-178、182-183、190、194、204、213、216、223-225、239、246-248、256、260-264、268-270、272-273

提格拉特-帕拉沙尔三世 23、27

提格拉特-帕拉沙尔一世 22

提洛岛 246

提洛同盟 132、246

突尼斯 46、101、214、267-268、277-278

图特摩斯三世 11、13

土耳其 3、123

托勒密王朝 46-47、242

W

乌加里特 12、17、27、111、157-158、161-162、207-208、238

乌姆阿米德 174、179

X

西顿 4-5、7、9-10、12-13、17、19-20、22-24、26-28、30-31、36-44、48、54、58、62、72、77-78、82-83、85-92、95-100、102、112、119-127、135-136、138、140-142、146-150、152、156-157、159、166、169、174、177、182-183、198、204、210、215-216、218-219、221-222、225、235、246、260、273

西顿-达喀尔曼 5、7

西里西亚 244

希兰二世 23

希梅拉战役 63-64

《小迦太基人》 66

叙利亚 3、8、11-12、17、24-25、40、48、77、112、118、158、160-161、163-165、173、191-192、201-202、204、211

Y

雅典 39-40、43、65、124-125、131-133、139、145-147、152-153、168、247

雅典娜 47、125、145

雅典卫城 43

亚哈 88、116

亚里士多德 65、268

《亚里斯提亚斯书信》 76

亚历山大大帝 35、37、44、46、49、59、96、124、242

亚历山大勒塔湾 3

亚历山大石棺 41-42

亚摩利人 8、82

亚述 11、20、22-25、27、32、40、74、164、191-192、201-203、206-207、215、222、230、239-240

亚述巴尼拔 24–25、240

亚述纳西拔二世 22、201-202

耶豪密尔克 117–118、141、165

耶和华 87、89、92、94、99、183

《耶利米书》 98

耶路撒冷 76、91–93、99-100、177、236

耶希密尔克 117、164

耶洗别 88、116

伊师塔 157

伊施巴力 23、88、116

伊特鲁里亚 210、233、250、252、263–264

伊托巴力 114、116、187

伊托巴力三世 26

以杜米亚 80

以弗所的米南德 96、107

以色列 16–17、20、40、73–77、79–80、86、88、91、94、98–99、116、157、162、177、183、185

《以斯拉记》 78、92

《以西结书》 77、98–102、223

以旬迦别 79–80

犹大王国 73–75、88、92、98–99

约旦 175

约帕 122

《远征记》 149

Z

衡制标准 135、138、140、145、153

宙斯 47、158、168